나도 그렇게
생각한다

나도 그렇게 생각한다

공감의 두 얼굴

DIE DUNKLEN SEITEN DER EMPATHIE

프리츠 브라이트하우프트 지음 | 두행숙 옮김

이 책은 우리가 공감 능력이 없어서가 아니라 오히려 공감 능력이 있기 때문에 벌어지는 비인간적인 일들을 다루고 있다. 다시 말해 공감 능력이 발휘된 불행한 결과들을 다루고 있다. 문제가 매우 심각한 일련의 인간적인 행동들 중에는 공감이 중심 역할을 하는 경우가 있다. 그중에는 경직되고 적대적인 감정부터 테러에 이르기까지, 흡혈귀 행위vampirism, 괴롭힘, 사디즘* 같은 각종 착취에 이르기까지 다양한 형태가 있고, 잘못된 연민과 지속적인 억압도 공감에 의한 행동에 포함된다. 공감은 곧바로 행동에 나서도록 동기를 부여하기 때문에, 공감하지 않아서가 아니라 오히려 공감해서 참혹한 행동이 벌어지는 경우가 많다.

이 같은 설명은 일상적인 상식에 어긋난다. 공감은 도덕적으로

---

* 사디즘sadism은 타인에게 고통이나 굴욕을 가하거나 타인을 지배함으로써 성적 만족을 얻는 성도착증을 일컫는 말로, 정신의학상으로 병적인 심리 상태를 의미한다. 프랑스 작가 드 사드de Sade의 작품에서 유래한 용어다 – 옮긴이

올바른 행동을 유도하는, 인간의 특별한 능력으로 여겨지기 때문이다. 따라서 공감의 좋은 면에 대해서는 논란의 여지가 없어야겠지만, 그렇더라도 우리는 공감에 대한 단순한 이미지에서 벗어나야 한다. 그래서 두 가지 공감에 대해 우선 살펴보기로 한다.

2015년 12월의 어느 공개 포럼에서 '임의의 남자Just that random guy'라는 사람이 다음과 같이 발표했다.

> 다음은 텔레비전 시리즈 「한니발」에 등장하는 의사이자 심리학자인 '베델리아'의 대사입니다.
> "극단적으로 잔인한 행동들은 고도의 공감을 요구한다."
> 나는 이 말이 맞다고 생각합니다. 나는 누군가를 쳐다보면서 사디즘적인 상상을 시작할 때면, 그가 무슨 일을 겪으며 어떤 고통과 불안을 품게 되는지 이해하고 느끼게 됩니다. 그러면 흥분됩니다. 그에게 가해지는 고통과 괴로움에 대한 나의 상상이 강해질수록 내가 체험하는 만족감도 강해집니다.[1]

위의 글을 쓴 사람은 자신이 정신병자가 아니라 그냥 '임의의 남자'라면서 공감적인 이해를 다른 사람이 겪는 (고통과 공포 같은) 극단적인 정서와 결부시키고 있다. 이처럼 다른 사람에게 공감하고 그의 고통을 함께 느끼는 것이 자극과 만족이 되는 것이다. 언뜻 그는 다른 사람들을 이해하고 공감하는 것처럼 보인다. 그들이 느낀다는 고통은 바로 그가 꾸며낸 고통이기 때문이다. 그래서 그 역시 그 고통을 상상해내고 가학적인 느낌을 갖게 된다. 그들을 이해하고 또 공감하기 위해서 말이다. 여기서는 공감 능력이 부족해서가 아니라 오히려 공감 능력이 풍부해서 사디즘(가학적 욕구)으로까지 나아가게 된다. 끔찍한 환상과 아마도 그에 이어서 나타나는 행위들은 공감 덕분에 가능한 것이다.

이 책에서 보게 되겠지만 그런 일은 문제가 있는 개인만이 아니라 수많은 일상적인 현상과 연관되어 나타난다. 즉 우리의 사회구조, 예를 들면 선악과도 연관되어 나타나게 된다.

또 다른 경우도 생각해보자. 학창 시절 내게는 규칙적으로 뭔가 이상한 일이 일어나곤 했다. 내 나이 열두세 살쯤부터 말이다. 당시 독일의 한자동맹도시인 함부르크에서는 학생들이 국가의 지원을 받는 모든 극장과 음악당에 드나들 수 있도록 정기 회원권 제도를 실시했다. 나는 어머니 덕분에 정기 회원권을 구해, 때로는 혼자, 때로는 친구들과 함께 저녁때 시내로 나가곤 했다. 그런데 대개 공연이 한창일 때 나는 갑자기 식은땀을 흘리면서 나도 모르는 사이에 마치 무대 위에 있는 듯한 상상을 하곤 했다. 나는 바이올린을 들거나 무대의상을 입고는 음도 제대로 내지 못하거나 대사도 제대로 말하지 못한 채 계속 서 있었다. 그러다 보면 몇 초 뒤에는 고통스러운 장면을 체험하게 된다. 나는 당황하다 못해 새빨개진 얼굴로 무대 위에서 비틀거리다가 결국 놀라는 관객들 앞에서 도망가는 나 자신을 보았다. 아니, 내가 그러는 것처럼 느껴졌다. 그런 상상 속에서 또 다른 음악가나 연극배우들과 부딪히기도 했다. 그러면 내 고통은 커질 뿐이었다. 이런 상상은 너무나 실감나서 공연 중에 적어도 한 번은 복도로 나가 숨을 돌려야만 했다. 이처럼 (남 앞에 나서기를 두려워하며) 당황하는 무대공포증은 사실 '공감의 어두운 면'은 아니다. 그러나 이런 경험 덕분에 내가 일단 내 몸에서 벗어나면 항상 나 자신을 통제할 수 있는 것은 아니라는 사실을 알게 되었다.

내가 겪은 이상한 체험의 경우는 도저히 공감이라는 개념으로 설명할 수 없었다. 만약 그것이 공감이라면, 나와 다른 사람을 구별하는 한편, 다른 사람의 체험을 공유할 수도 있을 테니 말이다.[2]

대신 나는 내가 준비도 되지 않은 상태로 다른 사람의 상황 속으로 옮겨진 것을 보았다. 내 경우에는 다른 사람의 감정을 공유했거나 능력을 이해했기 때문에 그런 일이 발생한 것은 아니었다. 오히려 기능이 오작동했거나, 아니면 공감 이전 단계에서 그렇게 되었던 것이다. 이 책의 뒷부분에서는 무대 위의 다른 사람을 관찰하게 하는 일명 '빛나는 피부' 현상에 대해 다시 살펴볼 것이다.

이 책은 언뜻 공감에 대해 어떠한 결론을 내리려는 것처럼 보인다. 그렇다면 이 책은 결국 공감에 반대하는 것일까? 그런 일반적인 결론에 대해 최근 폴 블룸과 제시 프린츠가 각각 의견을 발표했다.[3] 피터 골디 역시 『반反공감』이라는 책에서 공감의 개념에는 정확성이 결여되어 있다고 비판했다.[4] 이미 그 이전에도 판결문[5]이나 미학[6] 같은 특정 분야에서 공감에 대한 이의가 제기되었다.

그러나 공감에 대한 이런 모든 공격에는 공통점이 있다. 바로 공감의 잘못된 개념에 맞서 마치 풍차를 향해 달려드는 돈키호테처럼 허세 넘치는 싸움을 벌이고 있다는 사실이다. 예컨대 피터 골디처럼 공감이 정말 다른 사람을 정확히 이해하게 해주기를 바라는 학자라면 실망할 것이다. 다른 사람에게 아무리 가까이 다가가도 공감으로는 그런 일을 해낼 수 없기 때문이다. 제시 프린츠처럼 공감으로부터 객관적이고 올바르며 도덕적인 판단을 기대하는 학자라면 그것이 왜곡되는 것을 보고 소스라치게 놀랄 것이다. 그러나 여기서 문제는 이런 학자들이 반대하는 공감에 있는 것이 아니라 오히려 그들의 지나친 요구에 있다. 공감에 대해 격렬하게 반대하는 사람은 현학적인 허풍선이가 되지 않게 조심해야 한다. 어쨌거나 이들 유명한 저자들은 공감이 세계 평화와 보편적 정의의 수단이 된다는 주장에는 반대하고 있다.

반면에 이 책은 좀 더 본질적인 이유에서 공감을 비판한다. 즉 우리가 저지르는 끔찍한 일들이 바로 공감에서 나온 것일 수 있다는 것이다. 그럼에도 공감 자체를 '반대'하지는 않는다. 공감은 우리를 인간으로 만들어준다. 물론 인간적인 것이 모두 좋은 것은 아니고, 모든 형태의 공감이 환영할 만한 것도 아니다. 또한 공감을 끌어다대는 것도 특정한 맥락에서는 법률적 또는 의학적인 맥락에서와 마찬가지로 논쟁의 여지가 있을 수 있다. 그렇지만 과연 공감을 저지할 수 있는지, 또한 어떻게 저지할 수 있는지가 의문이다. 그러므로 이 책에서는 공감 능력이 인간 존재에 어떤 의미인지를 전반적으로 고찰하고, 이른바 '공감 능력을 지닌 인간(라틴어 : Homo empathicus)'의 문제점에 대해 알아보고자 한다.[7]

결국 우리는 하나의 딜레마에 부딪힐 것이다. 단순히 공감에 '반대'하는 것은 무의미하거나 인기를 노리는 짓일 뿐이다. 그렇다고 단순하게 '그것에 찬성하는' 일도 더는 없어야 한다.

도대체 공감에 찬성하는 주장들은 어떤 것들일까? 우리는 다른 사람들과의 관계 속에서 살아가고, 그들을 관찰하며, 그들에게 자극받고, 함께 이리저리 흔들리며, 무엇보다 그들을 통해 세상에 참여한다. 그들의 괴로움은 우리의 괴로움이고, 그들의 즐거움은 우리의 즐거움이기도 하다. 거꾸로 우리가 느끼는 정서와 기분도 다른 사람들

을 흔들리게 한다. 하르트무트 로자가 주장하듯이 반향을 바라는 것이 인간의 본질일지 모른다.[8]

분명한 것은 공감을 전쟁, 고통, 불의에 맞서는 만병통치약, 즉 스티븐 핑커가 그러듯이 '우리의 본성에 들어 있는 천사 같은 면'으로 묘사하려 한다는 것이다.[9]

공감은 생명을 구해준다. 예를 들어 어떤 10대 소년이 자살을 생각하는 경우, 그를 이해하고 공감하는 누군가가 있다면 그에게 다가가 자살을 막을 수도 있다.

엄마는 젖먹이 아기의 표현을 보고 뭔가 이상이 있음을 알아채고 반응한다. 우리는 절망에 빠지면 우리를 이해해줄 누군가를 간절히 바란다. 부모나 친구, 사랑하는 사람도 있지만 의사나 교사, 그리고 치료 전문가들도 공감 능력을 키우다가 자신이 개입해야 할 일이 생기면 그 자리에 등장한다. 수많은 후원자, 돌봄이, 기부자, 유엔 평화유지군, '국경 없는 의사회' 같은 조직이 없다면 매일 수많은 사람이 죽어갈 것이다. 우리는 한 번쯤 공감이 결정적으로, 아마도 생명을 구해준 상황을 경험했을 것이다. 스티븐 핑커가 증명하려고 하듯이 우리는 수많은 형태의 불이익과 폭력에 점점 더 민감해져가고 있다.

동시에 우리는 공감 능력을 배우고 습득해야 한다는 것도 알고 있다. 공감은 아마 생물학적인 근간을 갖고 있겠지만, 공감을 요구하고 그 형태들을 제시해주는 문화가 필요하기도 하다. 폭력이 난무하고, 여러 나라가 살벌하게 대치하고, 새로운 국가주의가 생겨나고, 테러가 발생하지만 인간이 개체화되고 고립되는 시대에 공감은 그에 맞서는 중심 수단으로 보이기도 한다. 아쉽게도 청소년들의 공감 능력이 현저하게 감소하고 있다는 증거들이 나오고 있다.[10]

그렇다면 공감 능력을 향상시키는 약 같은 것이 필요하지 않을까? 좀 더 일반적으로 묻자면 공감이란 널리 장려해야 할 만큼 좋은 것일까?

스티븐 핑커 외에 마사 누스바움 같은 학자도 인간의 정서적인 지성과 정치적인 감정에 대해 이야기하고 있다.[11] 그러면서 공감에 대해 한 가지 결론적인 입장을 보인다. 전임 미국 대통령이었던 버락 오바마는 재판관들에게 공감 능력을 요구하면서 우리 시대에 "공감이 부족"한 것을 우려했다. 한편 대니얼 뱃슨은 수십 년 전부터 공감에 따른 배려가 다른 사람들을 염려하는 행동을 하게 한다는 증거들에 대해 분석 평가해왔다.[12] 공감을 옹호하는 사람들을 열거하면 끝도 없다. 그런데도 공감에 반대할 수 있을까?

이 책에서는 그와 반대되는 주장들도 소개할 것이다. 한 가지 중요한 가정에 의하면, 공감은 다른 능력들처럼 하나의 속성이거나 능력일 뿐만 아니라 우리가 인간 존재로서 공감하는 특성을 지니고 있다.[13] 공감은 인간 존재의 중심적인 부분으로서 간단히 배제할 수 없는 것이다. 우리는 주변 세계를 공감에 의해 채색할 뿐더러 조직화하는 방식으로 체험하고 있다. 공감은 육감과 같은 것이다. 우리는 다른 사람들(또는 다른 생명체나 의인화된 사물들)과 접촉하게 되면 그들의 시각으로 세상을 체험하기 시작한다. 그러다 소스라치게 놀랄 수도 있다. 마치 프랑스 작가 장 폴 사르트르가 (그의 소설 『존재와 무』에서) 공원 벤치에 앉아 있다가 갑자기 누군가가 자신을 응시하고 있음을 알아차릴 때처럼 깜짝 놀랄 수 있다. 그러나 공감은 우리의 인지認知를 몇 배나 증가시켜준다. 우리는 여러 가지 방식으로 다른 사람들의 정서, 상상, 의도에 참여하며, 덕분에 주변 세계는 물론 우리 자신에 대해서도 다르게 해석하게 된다. 다른 사람의 존재는 우리가 (종종 그들의 안위를 염려하면서) 반응하는 하나의 기정사실이 된다.

언뜻 보기에 가장 공감하지 않는 것처럼 보이는 사회심리학자나 정신질환자조차 놀라울 정도의 감정이입 능력을 분명히 보여주곤 하며, 더구나 다른 사람의 생각을 인식하고 조작하는 데도 탁월하다.[14]

자폐증이 있는 사람들은 공감 능력이 부족할 수 있지만, 그렇다고 그들에게 공감 능력이 전혀 없는 것은 아니다.[15] 만약에 전혀 공감 능력이 없는 사람이 있다면 우리는 그를 인간으로서 이해하지 못할 것이다. 실제로 도덕 능력과 공감 능력이 갑자기 달라진 사람은 기억을 잃은 사람보다도 이탈적인 것으로 인지된다.[16]

그러니 이성적으로 시작해보자. 대개의 인간적인 능력들과 마찬가지로 공감도 처음에는 공감을 느끼는 사람에게 유용하지, 감정이입의 대상이 되는 다른 사람에게 유용하지는 않다. 아직은 이런 통찰로 얻어지는 것이 별로 없다. 그러나 그 통찰은 공감 자체가 자기중심주의나 나르시시즘 또는 사리사욕에 맞서는 수단이라는 지나친 희망을 막아준다. 공감 능력이 있는 사람이 함께 체험하고 느끼는 일은 그가 체험하는 세계와 지식을 풍요롭게 해준다. 그런 점에서 이 책도 공감의 이기주의 또는 공감의 미학, 즉 감정이입과 공감이 지닌 미학적인 만족에 대하여 다루고 있다.

많은 독자가 이 책의 집필 동기를 궁금해할지 모른다. 앞서 설명한, 내가 과거에 겪었던 끔찍한 무대공포증이 독자 여러분에게 신뢰를 불어넣는 데는 도움이 되지 않았을 수도 있다. 나는 예술사에서 법학에 이르기까지 일련의 전공 분야에서 교육을 받았다. 그러나 대학 졸업 후에는 인지과학 분야로 방향을 바꾸었고, 지금은 교수로 일하

고 있다. 그러나 무엇보다 나는 문학과 예술을 연구하는 학자다. 비록
이 책이 좀 더 좁은 의미의 문예학을 다루고 있지는 않지만 필요한 경
우에 대비하여 그에 대한 지식은 갖추고 있다.[17] 다시 말해 문예학자
가 되면 심리학의 새로운 연구 자료들과 호응하고,[18] 모든 인간적인
행동에 대해 이야기하고 설명하고 또는 상상하는 것을 배우게 된다.
어떤 상황에서 사람들이 가장 사악한 범죄를 저지르거나 가장 부조
리해 보이는 느낌을 가지는지를 상세히 그려볼 수 있게 되는 것이다.
이런 관점에서 바라보면 비록 '나쁘거나' '비합리적인' 행동이라 해
도 단순히 악한 것으로 낙인찍기는 어렵다. 그러므로 이 책의 목적은
공감의 어두운 면에 대해 단순히 도덕적으로 경계를 그으려는 것이
아니라 어떻게 이런 어두운 면도 공감의 일부인지, 더 나아가 인간적
인 것인지에 대해 제대로 추적해보려는 것이다. 물론 그렇게 함으로
써 공감이 법적 책임을 완화해준다는 식으로 공감을 옹호하거나 공
감에 가치를 부여해서는 안 될 것이다.

공감, 함께 체험하는 것

여기서는 공감을 '함께 체험하는 것co-experience'으로 정의하면서
여러 다양한 정의들에 대한 연구 결과도 함께 살펴보려고 한다. 함께
체험한다는 것은 폭넓은 의미를 갖고 있지만, 지난 수십 년간 뇌 연구
자들이 강조한 '감정의 공유emotion-sharing'라는 개념보다는 좀 더 특수
한 의미를 지니고 있다. 후자의 배경이 되는 것은 기능적 자기공명영
상fMRI: functional Magnetic Resonance Imaging을 통해 타성적으로 일어나는 특수

한 정서적 활동을 측정하는 것인데 새로운 뇌 연구는 아니다. 이미 예전에도 뇌 활동성은 측정 가능했고, 따라서 객관적인 공감의 형태가 드러났다. 하지만 측정 가능성만으로 공감을 정의할 수는 없다.

달리 함께 체험하는 것은 다른 사람이 처한 상황을 강조한다. 거기서 감정이 중심적인 역할을 하는 것은 분명하다. 왜냐하면 상황들은 정서적으로 충전되기 때문이다. 그러나 상황들은 몸으로도 인지되기 때문에 신체적인 반응도 마찬가지로 매우 중요하다. 게다가 함께 체험하는 것은 감정의 공유나 격정보다 더 분명하게 행위를 내포하며, 또한 사태를 예견하거나 숙고한 다음 무슨 일을 해야 할지를 함께 고민하는 등의 여러 인지적 과정을 포함한다. 함께 체험한다는 것은 대개 상상으로 다른 사람의 입장을 받아들이고 그의 반응을 공유하며 그의 피부 속으로 스며든다는 의미다.

그렇다면 함께 체험하는 것은 공감의 맥락 속에서 어떤 의미를 가질까? 함께 체험한다는 것은 다른 존재의 (인지적·정서적·육체적) 상황 속으로 이동한다는 뜻이다. 여기서 강조할 것은 다른 사람이 처한 상황이다. '이동 transport'은 영화를 보거나 소설을 읽을 때처럼 처음에는 마음이 함께 흘러가다가[19] 결국에는 어떤 결정에까지 적극적으로 함께 나아가는 것이다. 공감이란 사람들이 다른 사람이 처한 상황, 즉 특수한 요구가 동반되는 특수한 상황 속에서 자신을 체험하고 또 누군가가 무엇을 해야 할지 혹은 할 수 있는지에 대해 함께 생각하고 느낀다는 뜻이다.

상상 속에서 다른 사람의 상황으로 들어가는 것은 자신이 직접 그 상황에 있는 것과는 근본적으로 다르다. 그런 차이들 가운데 한 가지는, (대개는) 나와 다른 사람이 다르다는 의식이 남아 있다는 것이다. 또 다른 차이로는 '내'가 그 상황 자체에 반응할 필요가 없거나 반응할 수 없다는 것을 들 수 있다. 그리고 핵심적인 차이는 우리가 그 상황의 외부에 있으면서 대개 그 상황에 대해 좀 더 분명한 시각을 갖고 있다는 점이다. 즉 다른 사람의 상황으로 옮겨가거나 그 상황을 함께 체험하면서 우리는 그 상황을 핵심적인 특징들로 축소시키게 된다. 그런데 그와 반대로 우리 자신은 어떤 상황에 처하면, 비록 매우 구체적으로 압박받는 상황일지라도 수많은 감각적인 인상이나 생각을 갖게 된다. 우리가 느끼는 감정과 인상이 우리 자신에게 분명해지는 경우가 드물고, 오히려 자주 혼합된 감정들로 드러나게 된다. 중요한 상황에서도 우리가 무엇을 느끼고 있는지 분명하지 않을 때가 종종 있다. 따라서 치료사들은 그런 상황에 처한 사람들이 무엇을 느끼는지 분류해야 한다.

우리가 다른 사람이 처한 상황 속으로 들어가면, 그 상황은 정제淨濟되어 몇몇 핵심적인 특징으로 축소된다. 대개 이것은 다른 사람이 실제로 인지하는 것을 축소한 것이지만, 그가 아직 각인하지 않은 일들에 대한 인지(예컨대 관찰자가 덤불 속의 호랑이처럼 어딘가에 숨어 있는 위험을 보는 경우)도 포함될 수 있다. 공감 능력이 있는 관찰자는 특정 상황에 처한 사람이 아직 주시하지 못하고 있는 결과들을 헤아릴 수 있다.

공감 능력이 있는 관찰자는 '미학적' 장점을 갖고 있다. 여기서 '미학적'이란 18세기에 감각적 인지의 명확성을 설명하기 위해 예술계에 도입된 의미로 사용된다. 우리는 다른 사람이나 그의 상황이 분명하게 보이기 때문에 그의 처지로 옮겨갈 수 있다. 달리 말하자면, 우리는 다른 사람이 처한 상황을 미화美化하면 상황이 분명해지기 때문에 공감하는 것이다. 대체로 우리 자신에게는 비껴가는 인간적인 상황이 분명해지는 이유는 매체, 다시 말해 체험의 매체인 다른 존재 덕분이다. 거기서는 강한 정서적인 상황들, 즉 행위로 가득 찬 극적인 체험들과 결정적인 순간들이 공감에 특히 적합하다. 왜냐하면 거기서는 다른 사람이 겪는 압박이 분명해지고 인지와 상상이 가능해져서 그것을 미화하는 것도 가능하기 때문이다. 이런 상황에서는 다른 사람과의 개인적인 차이가 작아지므로 우리는 그와 함께 체험할 수 있다.[20]

그러나 함께 체험할 때 다른 사람에 대한 생각을 서서히 약화시켜 없앨 필요는 없다. 공감적인 관찰자는 최소한 그의 특징, 경험, 체험을 상황의 일부로 받아들일 수 있다. 그래서 예컨대 소심한 사람이 들려주는 이야기를 함께 체험하는 것은 그가 품었던 부끄러움이나 그것을 극복하는 과정에서 가졌던 자부심을 함께 느끼게 하므로 특히 효과적이다.

이렇게 함께 체험한다는 것은 다른 사람이 느끼는 것을 우리가 정확하게 느낀다는 뜻일까? 당연히 아니다. 어느 강도로 함께 느끼느냐 하는 문제는 상대방이 처한 상황, 감정의 강도와 관련되어 있을 수도 있고 느끼는 사람에 따라 서로 아주 다를 수 있다. 수줍어하는 사람이 실제로 무엇을 느끼는지, 그리고 그것을 어떻게 느끼는지 과연 누가 알겠는가? 기쁨이라고 해서 곧 기쁨이 아니고, 슬픔이라고 해서 곧 슬픔이 아니다(비록 뇌의 흐름은 비슷하더라도). 게다가 공감적인 관찰자는 자신의 배경, 상처, 트라우마도 그 공감의 유희 속에 함께 반영한다.

그런 점에서 관찰의 대상이 된 사람은 어느 정도 관찰자의 생각에서 서서히 잊힌다고 할 수 있다. 그는 관찰자 자신의 체험에 의해 가려지는 것이다. 그렇다고 해서 그가 사라진다는 뜻은 아니다. 함께 체험하는 것은 그를 위해 최선을 다하자는 권고일 수 있다. 이는 관찰자가 그와 비슷하다거나 그와 서로 결속되어 있다는 느낌을 갖게 해줄 수도 있다. 그러나 그것은 관찰자가 그와 거리를 두고 싶어 하는 것일 수도 있다. 여기에 이 책에서 다룰 몇 가지 복잡한 문제가 들어 있다.

우리는 어떤 상황에 처한 사람과 그 상황을 함께 체험하는 공감적인 관찰자 사이에 존재하는 차이들을 고찰해볼 것이다. 어떤 사람이 좋은 레스토랑에서 의자에 몸이 걸려 요란하게 휘청거리다가 유리잔이 깨지면서 손을 베인다. 이때 관찰자는 그가 드러내는 혼란스러운 정서적 반응들을 체험한다고 가정할 수 있다. 그는 손에 통증을 느끼는 동시에 자신이 공공장소에 있다는 것을 의식한다.

아마 그는 사람들의 주목이 고통스러울 것이므로, 손의 통증이 별것 아닌 듯이 행동할 것이다. 어쩌면 그는 놀라고 부끄러워서 통증을 제대로 느끼지도 못했을 것이다. 그는 식당의 웨이터와 이야기를 나누면서 유리잔을 재빨리 집어들려고 하지만 그러는 중에도 계속 피를 흘릴지 모른다. 어쩌면 그는 사람들의 관심을 돌리기 위해 자기가 가는 길목에 그 의자를 갖다놓은 사람에게 책임을 돌리려고 할 수도 있다. 아니면 그는 같은 식탁에 앉아 있는, 중요한 사업상의 파트너에게 신경이 쓰일 수도 있다. 그렇지 않으면 얼마 전에 비슷한 일이 여러 차례 있었던 것, 즉 그의 형제들이 넘어지려는 그를 잡아준 일이나 그에게 의사한테 가보라고 했던 일, 또는 파킨슨병에 대해 읽었던 일이 그의 머릿속을 스쳐갈 수도 있다.

그에 반해 공감적인 관찰자는 혼란을 덜 겪으며, 그런 상황을 이런저런 방향으로 빠르게 풀어갈 수 있다. 이때 관찰자에게는 부상을 살펴보거나 그 당황스러운 장면을 해결하는 일이 중요할 수 있다. 아마도 관찰자는 정작 당사자는 거의 인지하지 못하는 손의 통증을 본의 아니게 느낄 것이다. 또한 관찰자는 그 사회적인 장면을 좀 더 분명한 시각으로 보고, 곧 그 불행한 사건을 무해한 것으로 등급 매길 수도 있다.

관찰자는 아마 주저하지 않고 그 상황이 어떻게 해결될지 또는 해결되어야 할지 계획을 세울 것이다. 상처는 적절하게 치료하고, 사회적 상황은 재빠르게 정상으로 되돌리면 되는 것이다. 추측하건대 실제로 해당 상황에 처한 사람은 너무 많은 자극을 받고 갑자기 흥분했기 때문에 어떻게 해야 할지 별로 방향을 잡지 못하고 있을 것이다. 그는 웨이터에게 의자를 잘못 놓았다고 욕을 퍼부으며 숨을 돌리려 하지만, 오히려 모든 것이 악화될 뿐이다. 그는 그 상황으로부터 별로 벗어나지 못한다.

이 사례는 다른 사람이 느끼는 것을 함께 체험하는 사람은 그냥 느끼는 데만 그치지 않는다는 것을 보여준다. 그도 역시 그 상황을 다소 느낀다. 함께 체험하면서 다른 사람이 처한 상황과 정서에 정서적이고 인지적으로 반응한다.[21] 함께 체험함으로써 다른 사람의 입장을 받아들이고(혹은 의도치 않게 상상을 통해 그의 입장으로 옮겨가고), 직접 관찰한 것에 대해 심적으로 반응하며, 자신이 상상한 상황에 대해서도 반응하고, 장차 그 상황이 어떻게 발전해갈지를 미리 투사하는 것이다.

그 상황은 '상상'된다. 그런데 그 상황은 그냥 상상적일 뿐만 아니라 전적으로 사실적이다. 그 상황 속에 '사실적'으로 존재하는 것은 다른 사람임에도 그렇다. 많은 경우에 그 상황에 처해 있는 사람이 느끼는 실제 감정과 공감적인 관찰자가 느끼는 감정은 비슷할 것이고, 많은 기본적인 정서가 시뮬레이션될 수 있을 것이다. 더구나 몇몇 강한 정서는 그 상황에 속하기 때문에 이미 그 상황의 일부다. 하지만 그 외에 그 상황에 처한 사람이 인지하는 것과 느끼는 것, 과거의 경험과 계획은 공감적인 관찰자의 그것과는 큰 차이가 있다.

물론 공감적인 관찰자가 항상 미래로 향한 확실한 길을 보는 것은 아니다. 가까운 사람이 궁지에 몰려 있을 때면 관찰자 역시 행복한 미래가 현재 방해받고 있는 것에 낙심할 수 있다. 길이 없으면 고통도 커진다. 그러나 이 경우에도 상황 밖에 있는 사람은 상황 안에 있는 사람보다 더 분명한 시각을 가지고 있다. 왜냐하면 그의 눈에는 그런 어려움이 보이기 때문이다.

이와 같이 공감할 때 나오는 결과들 중 하나는, 어떤 삶의 체험이 그런 상황을 만든 전제가 되었다고 추측하게 되는 것이다. 다른 사람의 상황을 이해하고 그 안으로 옮겨갔다가 다시 밖으로 나와 미래를 바라보는 것이 가능하기 때문에 함께 체험하는 것도 가능하다. 좀 더 제한적이긴 하지만 아이들도 이런 일을 할 수 있다. 동화나 이야기들은 상황의 레퍼토리를 서술적으로 습득해서 미래의 반응들을 투사하게 한다. 그러나 너무 많은 인생을 체험하면 역효과가 날 수도 있다. 어떤 상황에서든 해결을 예상할 수 있는 사람은 사실 그 상황에 별로 얽혀 있지 않은 법이다.

함께 체험하는 것에는 다른 사람의 이익을 가정하고 추구해보는 것도 포함된다.[22] 다른 사람의 상황 속에 자신을 옮겨놓음으로써 아직 정해지지 않은 미래를 들여다보게 된다. 이 미래는 어느 정도 절박성을 띠어야 한다. 그렇지 않은 경우 다른 사람의 상황은 별로 흥미롭지 않고, 또 공감할 만큼 관심을 끌지 못하기 때문이다. 가정된 다른

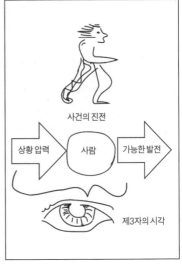

자기 인지와 제3자에 의한 인지(공감). 관찰자는 관찰 대상의 불분명한 상황을 대개 시간 순으로 나열하고 문제를 해결해보게 된다.

사람의 이해관계는 공감적인 관찰자에게 체험의 토대가 된다. 그것은 관찰자에게 (예컨대 '그 상황은 좋은가, 나쁜가'라는 식으로) 비교할 기준과 미래의 가능성에 대해 (예컨대 '무엇이 바람직하고 무엇이 그렇지 않은가'라는 식으로) 평가할 기준을 부여하기 때문이다. 거기서 이익을 좇는 것은 분명하지 않고 일반적으로 똑같은 특징을 보여주지도 않는다. 다른 사람에게 이익이 될 만한 것은 (정서적인 편안함, 심오한 체험, 경제적 부, 관심, 명성 등등) 다양하다.

　우리는 이제 공감에 대해 좀 더 상세하게 정의 내릴 수 있다. 공감은 다른 사람과 함께 체험하는 것에서 온다. 거기서 공감적인 관찰자는 다른 사람의 상황으로 자신이 옮겨진 것으로 보고 최소한의 이익을 추구하며 다른 사람의 시각으로 해당 상황을 고찰하고 정서적으로 체험한다. 감정을 직접적으로 시뮬레이션하거나 느끼는 것이

꼭 전제되거나 결과로 나오지는 않는다. 덧붙여 말하면, 공감은 반드시 다른 사람을 위한 개입으로 이어지지 않는다. 바로 이것이 이 책에서 다루고자 하는 주제다.

공감의 어두운 면

여기서는 인내심이 없는 독자를 위해 이 책의 주제를 일차적으로 살펴보고자 한다. 이 책은 공감에서 비롯되는 위험을 다섯 가지 경향에 따라 장별로 순서대로 고찰하고 있다.

1. 공감은 자아 상실로 이어질 수 있다. 독일 철학자 프리드리히 니체의 사상을 바탕으로 '자아'와 '자아 상실'의 전제와 결과에 대해 설명할 수 있다. 이는 오늘날 공감이 줄어들 가능성이 있다는 통계 자료에 대한 고찰로 이어진다.
2. 공감은 흑백 사고, 또는 '친구 아니면 적'이라는 식의 사고방식을 보인다. 갈등은 공감하고 있음에도 커지는 것이 아니라 공감하고 있어서 커지는 것이다. 왜냐하면 사람들은 누구의 편을 들 때면 자신이 선택한 쪽을 공감적으로 미화하기 때문이다. 각각의 장은 공감의 구조, 공감의 폐쇄, 공감과 도덕 간의 구조적 관계에 대해 설명하고 있다. 어쩌면 우리는 공감하기 때문에 도덕적으로 행동하는 것이 아니라 너무 서둘러 공감하고 편들기 때문에 도덕적으로 미화하는 것인지 모른다. 이와 관련하여 북아일랜드의 어느 학교에서 실시한 연구를 소개할 것이다.

3. 공감은 늘 동일시하는 것으로 혼동되어 잘못 표현되곤 한다. 사람들은 곤경에 처한 사람과 함께 느끼는 대신 자신을 구원자이자 조력자로 생각한다. 이것은 공감적인 사람에게는 즐거운 일이겠지만 곤경에 처한 사람은 대가를 치르게 된다. 예를 들어 근래에 독일 총리 앙겔라 메르켈의 난민 정책이 논쟁의 대상이 되었던 것처럼 말이다.

4. 인간이 다른 사람의 고통을 즐기는 것은 예외적인 일이 아니다. 공감적인 사디즘에는 정신병적인 행위만 포함되는 것이 아니라 남을 모욕하고 깎아내리고 폭로해서 웃음거리로 만드는 등의 행위를 비롯한, 일상적인 수많은 행동이 포함된다. 사디스트가 다른 사람과 공감하기 위해 얼마나 다른 사람의 고통을 원하거나 야기하는지에 대해 생각해볼 것이다.

5. 도덕적으로 위험한 공감의 또 다른 양상으로는 다른 사람을 수단 삼아 자신의 체험을 넓히려고 하는 '흡혈귀 행위'가 있다. 흡혈귀 행위는 자신에게 불가능한 것을 자식들을 통해 체험하고 싶어 하는 '헬리콥터 부모'와 '스테이지 맘stage mother'에게서 찾아볼 수 있다.

마지막으로 다룰 것은 이런 상황들 속에서 과연 공감을 가르치거나 배워야 할까라는 문제다. 이 질문에 대한 대답은 '그렇다'다. 하지만 이는 직접적으로 도덕성을 확대하기 위해서가 아니라 점점 늘어나는 복잡성 때문이다. 사회적인 상황에 대한 인지는 관여한 사람이 많고 그들의 정서적 시각이 널리 공유될 때 더 정확하고 더 다양해진다.

물론 여기서는 공감의 다른 어두운 면도 생각해볼 수 있다. 즉 의사처럼 남을 돕는 직업을 가진 사람들은 그 때문에 고통을 겪을 수 있다.[23] 공감은 아주 쉽게 조작된다. 이 책에서는 언어 개입 등과 관련해서 공감의 조작을 다뤄볼 것이다. 당연히 그에 대해서도 할 말이 많다. 게다가 공감은 이미 언급했듯이 어떤 사람들의 기대에는 맞지 않을 수 있다. 즉 다른 사람을 정확하게 이해하거나 올바르게 판단하는 데 적합하지 않고 일반적인 도덕성에도 맞지 않을 수 있다는 것이다. 그러나 이것이 실제로 공감의 어두운 면은 아니고 공감의 효과도 전혀 아니며, 단지 개념상으로 잘못된 평가일 뿐이다.

　　어떤 책이든 어떤 주장이든 자신의 관심사를 지나치게 과장하는 경우가 많다. 이 책에서는 공감의 미학이라고 말할 수 있는 것, 즉 인지의 명확성을 다루고 있다. 공감을 느끼는 사람은 다른 존재를 통찰할 수 있다. 거기서 중요한 것은 과연 그런 통찰이 얼마나 정확한가가 아니라 다른 사람의 감정이 기정사실이 되고 분명하게 드러나며 특정한 방식으로 인지된다는 것이다. 거기서 이런 명확성과 인지 가능성, 그리고 특정 방식의 인지 가능성에 대한 관심이 형성되기도 한다. 인지 가능성을 원하고 바라면서 그것이 가치 있는 것이 된다. 심지어 공감적인 사디스트도 다른 사람을 통찰할 기회를 즐기고 또 바란다. 흡혈귀 행위를 하는 경우에도 흑백 회화처럼 분명하고 대조적인 것은 무대를 통찰하는 일뿐만 아니라 인지하는 것도 용이하게 해준다. 이 책에서는 그런 미학적인 효과들을 고려하고, 또 특별히 강조할 것이다. 이는 힘들지만 하나의 기회가 될 것이다.

공감을 바라보는 4가지 시선

대학생 시절 나는 모든 일에 들어 있는 방법론적인 전제에 매우 끌리곤 했다. 전적으로 1990년대의 정신에 근거하여 연구자가 자신의 가정과 접근법을 먼저 해명하고 나면 결과는 저절로 나와줄 거라고 생각했던 것이다. 방법론이 결과를 결정한다고 생각했기에 사실상 그것에 대해서만 논쟁할 가치가 있었다. 20년이 지난 지금은 정반대가 되었다. 이제 나는 결과들에 끌린다. 내 눈에 방법들은 상황과 결과에 따라 이리저리 흔들리는 것처럼 보인다. 비록 그 자체로는 정당해 보일지라도 구체적인 사안에는 제대로 적용되지 않는 이론적 차이들도 마찬가지다. 방법에 대한 논쟁은 이제 시간 낭비로 보인다. 즉 먼저 결과가 나와 있으면 그것을 어떤 조건에서 바라보아야 할지 이해하기 위해 비로소 방법 등의 섬세한 차이를 고찰하는 것이 도움이 된다.

실제로 공감 연구에서 이런 식의 고찰이 이뤄지고 있다. 결과로 나오는 것은 아주 많은데 모두가 다 일치하지는 않는다. 그러므로 어떻게 이런저런 결과에 이르게 되는지를 이해하려면 방법들을 주시해야 한다. 이제부터 살펴볼 네 가지 사항은 실제적인 연구의 표준에 대한 설명이 아니라, 오히려 어떤 방법론적인 단초가 공감에 대해 어떤 견해들을 낳고 또 그것들이 어떤 결과들을 도출하는가에 대한 설명이다.

1. 진화론적인 고려와 추측
2. 다른 사람에 대한 이해의 모형화(마음 읽기Mind Readings, 마음 이론)

3. 경험적 측정 절차를 이용한 뇌 연구fMRI

4. 현상학적인 전제들

1. 진화론적 전제들은 공감 같은 특성이나 능력이 하나의 동물종의 생존 기회와 관련해서 어떤 장점이나 단점을 부여하는가라는 질문에서 출발한다. 이때 사회적 협동과 사회적 지성은 한 종의 성공에 중요한 요인인 것으로 증명된다. 생물학자들은 집단 내에서 협동을 유도하는 것이 무엇인가라는 질문을 던진다. 그 답변으로 유력한 것이 바로 공감이다. 공감 능력을 갖춘 존재는 다른 존재의 요구 사항을 인지하고 반응할 수 있다. 특히 어린 동물을 양육할 때는 그런 능력이 중요하다. 물론 한 개인이 다른 개인을 도움으로써 반대급부가 증가하면 상호적인 이타주의 역시 공감에 의해서 생겨날 수 있다. 그런 종류의 행동은 집단의 협동을 촉진할 수 있다. 그러면 공감은 해당 집단이 가족 단위를 넘어 더욱 커지게 한다. 게다가 공감은 갈등을 억제하는 데도 기여한다. 이는, 예컨대 개인이 공격적인 행동과 오해에 의한 행동을 구분하는 것에서 시작된다. 공감을 지닌 존재에게는 공격적인 보복이 이어지는 경우가 드물다. 그런 점에서 공감과 협력은 서로를 장려하며, 심지어 서로를 규제하는 것으로도 추측된다.

그러나 한 가지 걸리는 점이 있다. 공감 능력에는 고도의 에너지가 필요해 보인다는 것이다. 하나의 뇌가 다른 존재를 시뮬레이션하고 이해하거나 함께 감정을 느끼려면, 뇌 소유자의 전체적인 에너지가 더 커진 뇌를 유지하는 쪽으로 관리되어야 한다.[24] 뇌에 초점을 맞추는 것에는 여러 장점이 있지만 대신 대가가 크고 단점도 많다. 인간의 경우 뇌가 완전히 발달하기 전에 태어나는 것이 단점 가운데 하나다. 또한 비슷한 크기의 다른 동물들에 비해 발달이 느리고 신체적으로 나약하며 먹이를 구하는 데도 많은 에너지가 필요하다. 거기에 더해 협력할 준비가 갖춰질 때까지 공감의 장점을 배워가더라도 그 결과는 기대보다 불확실할 수도 있다.

공감 능력이 별로 없거나 아예 없어 보일지라도 집단을 이루어 살면서 공동으로 먹이를 찾고 새끼들을 보호하며, 소리를 내어 의사소통을 하는 많은 동물도 협력을 하는 것은 분명한 사실이다. 진화생물학자들은 이 같은 사실을 바탕으로 어떻게 공감을 정의하고 발견하며, 또한 어떤 실험을 전개해갈지를 연구하고 있다. 진화생물학자들이 보기에 공감은 다른 사람에게 호의적으로 다가가는 인지적인 행위와 행동을 요구한다.[25] 왜냐하면 공감이 생존에 유리한 장점이 되려면 그것이 실제 행위 속에 녹아들어야 하기 때문이다. 포유류, 특히 사회적 집단을 이루는 원숭이가 선호되는 연구 대상이다(그러나 돌고래, 코끼리, 개는 물론이고 얼마 전부터는 새도 연구 대상이 되고 있다). 많은 종류의 동물, 예를 들어 우리 인간과 진화생물학적으로 비슷하지만 집단을 이루지는 않는 오랑우탄 같은 동물은 오랫동안 연구 대상으로는 무시되어왔다. 아마도 우리 인간과 가장 거리가 먼 새와 낙지속 등이 별 관심을 받지 못한 데에는 인간중심주의가 한몫을 했을 것이다. 반면에 1만 년 전부터 인간의 동반자였던 개는 특별한 관심의 대상이 되어왔다.

다른 사람을 이해하는 것으로서의 공감은 개인 간의 경쟁을 유발하는 데도 이용될 수 있다. 그럴 경우 항상 승자와 패자가 생겨나게 마련이므로, 과연 그것이 인간이라는 종 전체에 유익한지는 분명하지 않다. 그러나 인간 사이의 경쟁은, 예컨대 내부적인 마찰에도 불구하고 주위 세계는 이롭게 하는 인지적인 경쟁 관계로 이어질 수 있었다. 연구 대상으로 높은 관심을 끄는 분야 가운데 이른바 이타적인 행동이 있다.[26] 예를 들면 같은 종류의 두 개체를 한 우리 안에 가두고 함께 지레를 당겨야만 먹이가 공급되게 했다. 또는 하나의 개체가 단추를 누를 때만 다른 개체가 원하는 것을 얻게 했다. 이때 단추를 누르는 개체는 거기서 아무런 이득을 얻지 못한다. 단추를 누르는 개체는 실험의 구성 방식에 따라 심지어 불이익을 받을 수도 있었다. 예컨대 단추를 누를 때마다 통증이 가해지거나 노동을 해야 하는 것이다. 이런 실험들에서 문제가 되는 것은 어떤 동물이 어떤 상황에서 다른 개체를 위해 행동하거나 일하거나 고통받을 준비가 되어 있는가다.[27]

많은 진화생물학 이론에서 특히 흥미로운 것은 행위의 초점이다. 심리적인 과정이 실제적인 행동으로 녹아들어야 비로소 그것은 중요해진다. 그것은 다른 사람에게 공감하려는 사람에게도 중요한 기준이 된다. 그러나 협력 양상들을 관찰하기는 쉽지 않다. 왜냐하면 머뭇머뭇 나타나고 그 의도가 관찰되지 않는 반응이 많기 때문이다. 인간의 공감 능력에 대해 뭔가 밝혀내려고 하는 사람은 협력 같은 개념 역시 명확한 자아 인지와 체험의 일부가 아니라는 점에서 어려움을 겪는다. 우리는 '나는 다른 사람들과 협력하기 위해 이제 공감을 사용한다'라든가, '나는 우리 집단을 보살피기 위해 이제 공감을 사용한다'라는 식으로 방향을 정해 공감 능력을 발휘하는 경우가 드물다. 다른 동물의 심리 과정과 의식은 여전히 어둠에 싸여 있다.[28]

진화생물학적인 전제들만으로 인간의 공감 능력을 설명하는 데는 한계와 어려움, 그리고 도전이 있는 것이 분명하다. 왜냐하면 많은 것이 불확실하기 때문이다. 서서히 진행되는 진화론적인 발전 대신에 우리의 눈앞에 보이는 것은 단지 현재 존재하는 종들뿐이다. 그러므로 공감 자체가 현재 진화에 중요한 요소인지, 혹은 과거에 그런 요소였는지, 아니면 다른 능력들에 따르는 부수적인 효과였는지는 분명하지 않다. 인간의 경우 언어적 의사소통은 공감 자체의 요소로서 특히 중요하다. 우리가 다른 사람들의 행동을 전달할 때는 그 행동이 이미 자율적으로 존재하는 것으로 전달되면서 이해된다. 게다가 실제로 신호에 의해 의사소통이 이루어지기 전에 아마도 뭔가에 주목하는 일이 공유되어야 할 것이다. 마이클 토마셀로와 그의 동료들은 의사소통에 앞서 가리키는 제스처가 있어야 한다는 주장을 했다.[29] 이런 제스처 속에서 둘 이상의 존재가 하나의 대상을 주목하도록 조율된다. 그것은 공감이 아니고 다른 존재는 '나'와 다르다는 깊은 인식이 필요하지도 않지만, 다른 존재가 눈으로 보는 것을 관찰하는 행위를 포함한다.

2. 진화생물학에서는 한 가지 특수한 의문이 생겨났다. 에밀 멘첼,[30] 데이비드 프리맥과 기 우드러프[31]를 비롯하여 몇몇 원숭이 연구자는 한 유인원이 다른 유인원의 생각을 들여다볼 수 있는지에 관해 질문을 제기했다. 이 질문은 '마음 이론'이라는 용어로 유명해졌다. 즉 침팬지는 다른 침팬지가 생각하거나 느끼는 것에 대한 이론을 지니고 있을까라는 질문이다. 연구자들은 사람들이 자신이 아는 것을 다른 사람은 알지 못한다는 것을 이해하는지 실험을 실시했다. '틀린 믿음 과제false belief tasks'라는 실험이었다. 예를 들어 한 무리의 아이들에게 '스마티Smarties' 초콜릿 상자 안에 들어 있는 것을 보여준다. 그런데 거기에는 초콜릿이 아니라 연필들이 들어 있다. 이제 새로운 아이가 무리에 들어오게 되면 다른 아이들에게 그 아이가 상자 안에 무엇

이 들어 있을 거라고 생각할지 물어본다. 아이들이 자신들이 아는 것을 토대로 새로운 아이의 생각을 추측하지 않는다면, 당연히 "스마티 초콜릿"이라고 대답할 것이다.[32] 대다수의 어린아이들은 만 4세만 되어도 이런 실험에 참여할 수 있다. 그러나 언어 능력과 결부되지 않은 다른 실험들을 살펴보면 어린아이들은 훨씬 이전부터 마음 이론을 지니고 있는 것으로 보인다.[33] 침팬지들도 이런 과제를 수행할 능력이 있는 것으로 보인다.[34]

이런 실험들은 완전한 생각 읽기나 '마음 읽기mind reading'가 가능하지 않다는 것을 보여준다. 대신 그런 실험들이 목표로 하는 것은, 안다는 것은 사려 깊은 것으로서 모든 사람이 공유하는 것은 아니라는 점을 밝히는 일이다. 거기서 중요한 것은 단지 두 개인이 알고 있는 상태의 차이지, 그 내용을 자세하게 밝히는 일은 아니다. 그러나 마음 이론의 구성 요소들에 대한 논의는 많은 통찰을 낳는다. 예컨대 마음 이론에서는 다음과 같은 질문들이 해명되었다. 자아와 다른 사람을 구별하는 기본 능력이 표현되고 있는가? 다른 사람의 상황을 시각적으로 받아들이는 능력이 중요한가? 다른 사람의 상황을 시각적으로 받아들이기 위해 체험을 공유하고 시뮬레이션하는 메커니즘이 있는가(이것은 대개 시뮬레이션 이론으로서 다루어진다)? 혹은 마음 이론에서는 누군가가 특정한 상황에서 알고 느끼는 것(이 전제는 특히 마음 이론 또는 '대중심리학'이라는 용어로 알려져 있다)에 대한 표준적 지식의 집합이 드러나는가?[35] 아니면 우리는 개인들에 대한 지식을 분류하는 마음의 파일들mental files을 저장하고 있는 것일까? 그리고 과거의 체험은 다른 사람이 처한 상황과 비슷한 상황을 인식하는 데 어느 정도로 전제가 되어줄까?

이런 질문들 또는 이와 비슷한 질문들은 수십 년 전부터 마음 이론의 문제들을 해결하기 위해 다양한 전략을 제시하는 집중적인 토론에 이용되었다. 시뮬레이션이나 일상적인 지식을 토대로 구축되는 전략 같은 것들 말이다. 거기서 특히 관심을 끄는 것은 자폐증 환자들이다. 그들은 많은 경우에 '틀린 믿음 과제'를 실패하거나 다른 사람들보다 늦게 해결한다. 자폐증 환자들은 시뮬레이션이 힘들며 다른 사람들을 독립적인 존재로 각인하지 못할 거라고 추측되었다.[36] 이런 가정에는 '깨진 거울 이론broken mirror-theory'이라는 명칭이 붙었다.[37] 그러나 자폐증 환자들은 일상적인 지식과 추정 과정에서 얻은 체험을 통해 나중에 마음 이론을 발전시킬 수 있을 것이다.[38]

마음 이론이 다른 사람과 정서적으로 함께 느끼는 것이 아닌, 그가 지닌 지식과 생각을 제대로 추정하는 것을 목표로 한다면 공감과는 일치하지 않는다. 공감은 마음 이론보다 범위가 훨씬 더 넓다.

그로써 마음 이론의 개념은 좀 더 분명하게 한계 지어질 수 있으며, 예컨대 '틀린 믿음 과제'로 시험해볼 수도 있다. 그럴 때면 종종 그렇듯이 경험적인 증명 가능성에서 먼저 구상이 나온다. 사람들은 이따금 경험적인 증명 가능성이 연구의 수단일 뿐만 아니라 연구의 원래 내용 자체라는 인상을 받는다. 그런 경우 사람들이 언제부터 자신의 심리적 과정 속에서 다른 사람을 독자적인 존재로 파악하고, 그렇게 파악하는 것이 무슨 뜻인가라는 좀 더 원칙적인 질문들은 시야에서 사라져버린다.

어떤 사람이 자신이 아는 것을 다른 사람들은 알지 못한다는 사실을 알고 있는가 하는 것이 기본적인 실험 주제가 된다. 이외에도 상태, 의도, 상상, 소망 등으로 실험은 확대된다. 마음 이론을 이용할 수 있는 사람은 다른 사람들에 대해 근거를 갖고 다음과 같이 진술할 수 있다.

"그는 Y라는 대상 또는 사람에 대해 X라고 생각한다."

"이런 상황과 관련해서 그는 Z라고 생각하거나 느끼고 있으므로 아마 A를 하지는 않을 것이다."

이런 식의 구체적인 진술들(그런 진술들은 비록 근거가 분명해도 맞거나 틀릴 수 있다)을 증명할 가능성이 마음 이론의 전형적인 구상이기에 스스로 '마음'을 갖거나 다른 사람들 속에서 마음을 발견하는 것이 무슨 의미인가라는 좀 더 복잡한 질문에 대한 고민은 지워진다.

좀 더 최근에 주목받고 있는 한 실험에 따르면, 수준 높은 문학 텍스트를 읽으면 마음 이론도 개선된다(비교집단은 수준 낮은 베스트셀러를 읽었다).[39] 마음 이론을 산출한다는 것은 정서적인 가치판단 없이 이루어지는 지적인 과정으로 보인다. 선의나 악의는 마음 이론의 일부가 아니다. 지적인 과정으로서 마음 이론은 다른 사람들을 돕거나 그들과 경쟁하는 데 이용될 수 있다. 마음 이론의 발전에서 직접적으로 끌어낼 수 있는 즐거움은 없으며, 두 존재 사이에서 생겨나는 구속이나 위험도 없다. 그저 다른 사람에 대하여 뭔가 좀 더 많이 배울 뿐이다.[40]

철학자들은 물론 정보학자들도 마음 이론에 관심을 갖는다. 이런 형태의 지적인 정서는 근거가 증명된 가정과 진술 능력 속에서 표현되기 때문이다. 그런 점에서 마음 이론은 인공지능의 요소로도 적합하며, 따라서 많은 도덕적 결정을 내리는 데도 이론적으로 적합하다.[41]

3. 수년 전부터 뇌의 활동을 측정하는 기술이 비약적으로 발전해 왔다. 무엇보다 기능적 자기공명영상처럼 영상을 활용한 기술이 빠르게 개선되었다. 중요한 가정은, 혈액이 강하게 순환되는 뇌 영역에

서 활동이 일어난다는 것이다. 사람마다 일반적인 뇌 활동에 아주 큰 차이가 나타나는 동시에 유사점도 뚜렷이 드러났다. 실험 참가자 모두에게 동일한 자극을 가하고 그 반응들을 측정·비교함으로써 밝혀낸 사실이다.

기능적 자기공명영상을 이용하면 '실시간' 측정이 가능하다. 그러나 사람들은 스캐너 안에 꼼짝도 하지 않고 누워서 굉음을 내는 거대한 금속 롤러가 머리 위로 움직여가는 것을 견뎌야 한다. 이때 엄청난 전기가 사용되면서 전자장이 만들어진다. 따라서 밀실 공포증이 없는 실험 참가자들도 그것에 익숙해질 필요가 있다. 공감 실험에 참가한 사람들은 대개 청각 신호나 영상 신호들에 대해 훈련을 해야 한다. 예컨대 이야기를 읽어주거나 텍스트를 영상으로 투사하거나 영화의 시퀀스를 보여주기도 한다. 이때 실험 참가자는 결코 실험에 개입할 수 없으며, 따라서 그런 장치의 인위성을 줄곧 의식하게 된다.

이제 마음 이론과 관련해서는, 예컨대 다양한 사람들이 하나의 '틀린 믿음 과제'를 풀면서 비슷한 뇌의 영역을 작동시키는지 측정할 수 있게 되었다. 하지만 비슷한 뇌의 영역이 특별히 마음 이론에만 작동되는지, 아니면 다른 사고 과정에도 작동되는지에 대해서는 의견이 분분하다.[42]

그러나 공감 능력을 지닌 뇌는 관찰되는 사람의 뇌와 비슷하게 작동된다는 연구 가설이 관철되었다. 이는 행동뿐 아니라 정서와 고통 같은 격정에도 해당된다.[43] 특정한 정서를 보이는 사람이 관찰 대상이 되면 관찰자 역시 해당 정서와 연결된 뇌 영역이 작동할 것으로 예상된다. 이는 정서의 '공유 sharing'라고 불린다. 좀 더 일반적으로 말하자면, 행동하고 (이 행동을) 관찰할 때 뇌 속에서 조율되는 것은 비숫할 거라는 가정이다. 그런 모형은 대개 '지각과 동작의 결합perception action coupling', '지각과 동작 모델perception action model' 또는 '공통 조율 이론common coding theory(볼프강 프린츠)'이라고 불린다.[44] 이런 생각은 이미 에두아르트 베네케, 헤르만 로체, 윌리엄 제임스에게서도 엿보였다. 물론 당시에는 경험적인 증거가 없었지만 말이다.

행위와 그에 대한 관찰을 비슷하게 처리하면 뇌는 이중 작업을 피하게 되므로 경제적인 이점이 있다. 이런 모형에 따르면 기본적인 정서를 느끼는 능력이 떨어지는 사람은 다른 사람들에게서도 그런 정서를 인지하지 못할 것이다. 이런 추측은 역겨움 같은 몇몇 정서의 경우에는 입증되었지만 모든 정서에 대해 입증된 것은 아니다.[45] 물론 어떤 사람이 스스로 어떤 행위를 하는 동시에 다른 사람들을 관찰하는 경우도 흥미롭다. 그런 경우에는 어떻게 그것들을 분류하는지가 의문이다.

'지각과 동작의 결합'을 '거울신경mirror neuron'과 혼동해서는 안 된다. 1993년 거울신경이 발견되었을 때는 그 안에 공감 신경의 근간이 있으리라는 기대감이 컸지만, 이제 대다수 연구자들의 생각은 좀 더 회의적으로 바뀌었다.[46] '지각과 동작의 결합'에 맞게 행위와 관찰이 완벽한 습성으로 되는 것이 오히려 가능성이 높아 보인다. 거기서 거울신경이 어떤 역할을 할 수 있을지는 불분명하다.

기능적 자기공명영상 같은 신기술 덕분에 성별의 차이도 통찰할 수 있게 되었다. 타냐 싱거와 그녀의 동료들은 대다수의 상황에서 남녀가 보이는 비슷한 반응들을 기록했다. 그러나 처벌에 대해서는 한 가지 차이가 드러났다. 죄 없는 사람을 처벌할 때 남자와 여자는 공감적으로, 즉 고통에 대한 인지를 활성화하여 반응했다. 예를 들어 어떤 게임에서 누군가가 속임수를 쓰다가 신체적인 처벌을 받으면 여성 실험 참가자들의 뇌는 전적으로 '공감하는 것으로(즉 고통을 느끼는 것으로)' 나타났다. 물론 죄 없이 처벌받는 사람에게 보이는 공감보다는 약했지만 말이다. 반면에 남자들은 정서적인 뇌 활동이 적은 대신, 만족과 보상을 느끼는 뇌 영역의 활동이 나타났다.[47] 그런 차이는 주목할 만하다. 지금까지는 공감과 관련된 상황에서 남녀 간의 근본적인 차이가 기록된 적이 없었기 때문이다.

그런 연구를 주도하거나 그런 연구에서 도출된 공감에 관한 정의는 행동하는 자(느끼는 자)와 공감적인 관찰자 간의 뇌 활동이 아주 비슷하리라는 것을 목표로 삼는다. 즉 관찰되는 자의 뇌 활동을 시뮬레이션 내지 공유하는 데서 공감이 생겨난다는 것이다. 그럴 때 다른 사람의 생각이나 느낌을 지적으로 이해하는 과정은 공감으로서의 효력이 없다. 그것은 어떤 상황을 체험하는 데 이미 익숙해진 사람들(예컨대 의사, 사회복지사)에게 유효하며, 또한 합리적으로 계산하고 생각하는 사람들에게 오히려 유효하다. 이때 일상적으로 지식을 모으는 식으로 다른 사람을 이해하는 '아스퍼거 증후군' 환자들은 아무런 공감을 하지 않지만 마음 이론은 갖고 있을 것이다. 이런 의미에서 누군가가 자신이 겪은 고통과 자신이 처한 상황에 냉정하게 반응해도 그것을 관찰하는 사람이 그 고통과 상황에 적합한 격정을 느낀다면 공감이라고 할 수 없다. 따라서 관찰 대상이 자신의 상황을 관찰자와 다르게 인지하거나 아예 인식하지 못하는 경우들은 공감으로서 유효하지 않고, 대신 상상력과 동감의 효과로서는 유효하다. 이 같은 정의에 따르면 동감은 곤경에 처한 다른 사람에 대해 갖는 격정적인 반응으로서 공감과는 확연히 구별된다(동감이 공감에서 나올 수는 있다).[48]

사회적 느낌은 뇌 측정을 정의하는 데도 역시 문제가 된다. 다른 사람이 사랑에 빠졌을 때 그에게 공감하는 사람도 그와 마찬가지로 사랑을 해야 할까?

오히려 문제점 있는 많은 경우들이 공감으로 분류되어야 한다. 거기에는 정서적인 감염, 온정적인 태도, 의도하지 않은 비슷한 반응들이 포함된다. 실생활에서는 별로 공감과 동감을 보이지 않는 사람일지라도 허구적이지만 생생한 영화들을 보고 많은 것을 관찰·체험한다면 그 영화들은 관객들을 매우 공감하게 한다고 가정해야 한다.

실제로 많은 뇌 연구자가 '공감은 감정의 일부'라는 좁은 의미의 (그러나 이론의 여지가 없는) 정의에서 출발하여 그런 한정된 의미 또는 시종일관한 결론을 피하기 위해 유연하거나 애매한 개념을 사용하거나, 아니면 마음 이론의 현상들을 통합하기 위해 두 개의 공감 시스템에 대해 이야기하기도 한다.[49]

뇌 연구의 결과는 물론 놀라웠다. 하지만 그 때문에 그것의 한계를 분명히 밝히는 것이 중요하다.

현재로서는 영상의 정확도가 아주 높은 기계장치 안에서 실험 대상자들이 꼼짝 않고 있어야 한다는 이야기를 이미 했다. 지금까지의 모든 연구 결과는 오직 실험실 내의 스캐너 밑에서 이루어진 실험에 대해서만 가치가 있을 뿐, 일상생활에 적용되기에는 부족하다. 따라서 이 책에서 고찰할 대다수의 경우는 아마 스캐너로 확인될 수 없을 것이다.

아직까지는 아무리 정밀한 스캐너라도 별로 정확하지 않은 영상들만 전해준다. 오랫동안 그러한 영상에 기반한 연구는 기능적으로 서로 다른 거의 80개의 뇌 영역에서 진행되어왔다. 여기에 제시된 모든 연구는 그런 차이에 근거하고 있다. 그러나 2016년 7월에 기능적으로 서로 다른 180개의 새로운 뇌 영역에서 출발하는 뇌 지도가 나왔다.[50] 이로써 서로 인접한 수많은 (뇌) 영역을 하나의 영역으로 파악했던 기존의 연구 결과들은 시대에 뒤떨어진 것이 되고 말았다. 예컨대 잊혔다가 재발견된 뇌의 55b 영역은 이 책에서 다룰 중요한 새로운 (뇌) 영역으로서 특히 사람들이 서술적인 이야기를 들을 때 작동한다.

개선된 뇌 지도와 기계장치들로도 각각의 영역에서 일반적으로 일어나는 혈액 순환만 측정할 수 있다. 하지만 우리가 사고의 흐름과 내용의 다양성을 눈앞에서 보려면, 불일치하는 것들을 인식해야 한다. 아마도 뇌 활동에 대한 영상들로는 누가 무엇을 생각하고 체험하는지에 관한 결론에 이르지 못할 것이다.

그러나 일반적인 감정의 모형과 운동 및 인지 과정의 활동 모형들은 점차 인지 가능성이 분명해지고 있다. 간단히 말하면, 스캐너 밑에서 누군가가 수준 높은 문학작품을 읽는지, 아니면 좀 덜 까다로운 텍스트를 읽는지, 혹은 어떤 긴장 곡선이 있는지에 대해 일반적인 감정 상태와 똑같이 인지할 수 있을 것이다.[51] 다만 우리는 그가 어떤 텍스트를 읽고 정확히 무슨 생각을 하는지는 체험하지 못할 것이다.

또 다른 근본적인 한계는 뇌 활동과 실제적인 태도의 분리다. 앞서 언급한 타냐 싱거 연구팀의 연구를 예로 들 수 있다. 그 연구는 (비슷한 대다수의 연구와 마찬가지로) 남녀의 공감적인 뇌 활동에 커다란 유사성이 있음을 보여준다. 그러나 비슷한 뇌 반응들에도 불구하고 남성과 여성이 공감을 보여주는 방식에는 현저한 차이가 있다. 여러 다양한 문화가 영향을 줄 수도 있다. 남성의 뇌도 아마 여성의 뇌처럼 공감적으로 반응하겠지만, 예를 들면 그것으로 그들이 곤경에 처한 사람들을 자주 도와주는 건지는 알 수 없다.[52] 우리의 문화에서는 배려를 여성의 몫으로 보는 경향이 있기 때문이다. 대다수의 서구 문화가 공감을 여성적인 것으로 여기기 때문에 여성이 남성보다 공감이라는 어휘를 자주 사용하기는 하지만, 그럼에도 남성이 자신을 관찰하는 눈이 없다고 믿을 때는 오히려 여성보다 공감적으로 행동하는 것이 아닐까라는 관점에서 연구를 해볼 수도 있다. 그러나 기능적 자기공명영상 연구는 이런 문제에 대해 별로 해명해주지 못한다.

대니얼 뱃슨 같은 심리학자들은 공감 자체보다는 공감적인 배려에 따르는 이타적인 행동에 관심을 가졌다. 이때 공감은 다른 사람의 정서적인 스트레스를 염려하는 행동이나 태도로 이어지는 심리적인 반응을 의미한다.[53] 이로써 또 다른 방법론적인 단초가 동원된 것이다.

4. 공감 연구에 대한 네 번째 단초는 가장 오래된 것으로[54] 현상학적인 방법에 속한다. 현상학적인 연구들은 관찰자들이 인지할 수 있는 차이들에서 출발한다.[55] 현상학적인 연구에서 핵심 문제는 어떤 상황에서 언제 어떻게 누군가가 다른 존재와 함께 체험하는가 하는 것이다. 그런 점에서 현상학적인 단초는 특히 공감이 나타나는 개별적인 경우들에 대해 민감하다.

구체적으로 이것은 현상학적인 단초들이 개별적으로 공감 유발자들을 관찰한다는 뜻이다. 어떻게 누군가가 어떤 상황이나 관찰에 공감적으로 반응하게 되는 것일까? 상황 속에서 또는 관찰 중에 공감을 작동하게 하는 것은 무엇이며, 그런 상황이나 관찰에 대한 반응으로서의 공감은 어디에 있는 것일까?

이런 질문은 공감 유발자를 공감의 구성 요소이자 공감적인 과정의 관찰자로서 시종일관 함께 생각하게 한다. 즉 공감을 현상학적으로 관찰하는 일은 공감의 특징들을 표시하는 것만이 아니라 공감 없이 시작되었다가 공감의 '삽입'으로 이어지고 다시 이를 다른 과정들에 통합하는 태도들을 고찰하는 것이다.

현상학적으로 공감은 동정(독일어 : Mitleid)과 감정이입의 유산이며, 개념사적으로 거기서 유래한다.[56] 왜냐하면 거기에서는 고통이나 감정이입 대상이 함께 중점적으로 생각되기 때문이다. 그때 공감을 유발할 가능성이 있는 사람들의 목록은 고통과 미학적인 대상의 수를 넘어선다.

이 책에서는 그런 공감 유발자들의 수많은 사례에 대해 설명할 것이다. 그러면서 중점적으로 다뤄지는 것은 제2장에 소개되는 공감의 3단계 구조다. 예컨대 공감의 주요 유발자들 중 하나는 관찰자에게 자발적 참여를 유도하는 다툼이나 경쟁 같은 사회적인 긴장이다. 현상학자들은 공감으로 이끄는 조건과 과정의 연속을 관찰하고 또 그 결과로 이어지는 태도들을 추적한다.

앞서 설명했듯이 공감의 현상학적인 정의는 함께 체험하는 데 있다. 함께 체험하는 것은 우리가 다른 사람의 운명에 참여하는 순간에 시작된다. 이런 참여는 다른 사람이 처한 상황에 대한 정서적인 반응과 고려, 또는 그에게 앞으로 닥칠 일에 대한 정서적 예측을 포함한다. 그런 점에서 함께 체험하는 것은 감정의 공유 이상이며, 미래를 바라보는 시선도 포함한다. 공감 연구의 대가이자 선구자인 프란스 드 발은 이와 비슷하게 공감을 이해하되, 미래에 대한 전망은 하지 않고 다음과 같이 주장했다. 즉 공감은 다른 사람이 처한 상황에 감정이입을 하는 것 또는 신체적 의사소통을 통해 다른 사람이 처한 상황을 정신적으로 공유하는 것으로 정의해야 한다고 말이다.[57]

한 명의 관찰자가 취할 수 있는 여러 시각이 중요한 역할을 하지만, 현상학적인 단초로는 예나 지금이나 그 역할을 개념적으로 파악하기 어렵다. 사실 다른 사람의 시각을 공유하지 않고도 그가 처한 상황을 함께 체험할 수 있다. 물론 관찰자의 시각이 종종 빠르게 바뀌기도 한다. 그럼에도 보통 동시에 가질 수 있는 시각은 하나뿐이다. 이런 통찰은 현상학적인 단초에만 고유한 것이 아니다. 마음 이론에 대한 생각들 역시 이런 방향으로 나아가고 있다. 그러나 현상학적인 방법은 어떤 시각에는 위험 가능성도 있다는 것, 즉 공감하는 사람이 자아를 상실할 수도 있다는 통찰을 더해준다. 이런 생각은 제1장에서 다루어진다.

현상학적인 관찰은 필연적으로 주관적일 수밖에 없다는 한계가 있다. 비록 공감 유발자들과 그들이 공감을 유발하는 형태 및 내용 속에는 상호주관적인 모습들이 나타나지만, 그것들은 문화에 의해 각인된 것들이다. 반면에 현상학적인 방법은 개인적인 체험에 가까이 있고, 또 공감이 어떻게 다른 책략들과 연결되는지 관찰할 수 있다는 것이 이점이다. 다만 현상학적인 방법은 신경망의 작동에 대해서는 아무것도 알려주지 못하며 확인 절차가 거의 없다는 것이 단점이다. 현상학적인 방법은 다른 단초들에서 경험적인 데이터를 빌려 사용한다.

여기서 간단히 살펴본 내용은 여러 방법론적인 단초들, 거기서 나오는 공감의 정의와 연구 주제들의 특징을 알기에 충분할 것이다. 그로써 몇 가지 가능한 공감의 전 단계도 예측해볼 수 있다. 예컨대

방법적인 단초	진화생물학, 태도 연구	마음 이론, 철학	뇌 연구, 뇌 이미징	현상학
전 단계	정서적인 전염, 비도의적인 공감의 이전, 집단의 조정	'나'와 다른 사람들의 분리, 이해 과정, 자아 인식	시뮬레이션, 강한 정서, 정서적 감염, 신체 행위의 모방	적극적인 감정이입 또는 동일화, 동정, 서사적이고 허구적인 세계로의 이동, 비자발적인 참여나 시뮬레이션
공감의 형태	협력(이타주의)으로 이어지거나 나를 경쟁적인 태도로 표현하는 인지적인 행위	마음 이론, 공감과 다른 사람의 상태에 대한 이해	관찰자와 피관찰자의 뇌 활동의 유사성	다른 사람이 처한 상황을 함께 체험하기
정서	정서에 대한 반응	정서 이해하기	정서를 복사하고 공유하거나 시뮬레이션하는 일	정서로 유도하는 상황들을 나중에 느끼거나 함께 느끼기
경향	친사회적인 태도 (도와주기, 협력하기)	다른 사람을 좀 더 정확하게 이해하기	상호주관성의 신경적인 근거	상호주관성의 문화적인 근거
연구 사례	영장류의 협력, 의사소통, 그리고 이타주의에 대한 분석	이타주의에 대한 연구, 인간적인 발전에 대한 연구	정서 공유 모형들, 성별의 차이	미학적인 형태와 공감의 일치(카타르시스, 아나그노리시스*)

이미 강조했듯이 '나'와 다른 사람의 분리, 다른 사람의 감정에 대한 인식,[58] 자아 인식[59] 또는 동정이 그것이다. 그 밖에 현재로서는 자기통제가 어느 정도까지 공감을 위한 특수한 전제인지, 아니면 그냥 일반적인 전제인지에 대해 논쟁이 일고 있다.[60]

'공감'의 다양한 개념에 대해서는 대니얼 뱃슨의 고찰이 도움이된다. 그는 전체적으로 공감을 여덟 가지 개념으로 나누고 각각의 개념은 두 가지 질문에 의해 구별된다고 강조한다. 첫째, 우리는 다른 사람의 생각이나 느낌을 어떻게 아는가, 그리고 둘째, 다른 사람을 배

---

* 아나그노리시스Anagnorisis는 고대 그리스 비극에서 운명의 갑작스러운 변화가 일어날 것이 분명해지는 순간을 일컫는다 – 옮긴이

려하도록 동기를 부여하는 것은 무엇인가.[61]

여기에 소개된 네 가지 단초는 앞서 내가 소년 시절에 갑자기, 그것도 비자발적으로 어느 연극배우의 입장이 되었던 체험에 대해서도 평가해준다. 이 네 가지 방법 중에서 어떤 것도 나의 경험이 공감이었다는 결론은 내려주지 못할 것이다. 그러나 각각의 방법은 그 전 단계의 양상으로 인식할 수 있을지도 모른다. 진화생물학과 뇌 연구를 토대로 스트레스와 긴장이 과민한 정서로 옮겨가는 것에 대해 이야기할 수 있을 것이다. 여기서 중요한 것은 발전된 마음 이론이 아니고(만약 그런 것이었다면 나는 연극배우가 어떤 상황에 처했는지 이해했을 것이다), 다른 사람의 상황을 그도 모르는 사이에 시뮬레이션하는 것이다. 현상학적으로는 다른 사람의 상황으로 옮겨가는 일이 일어나지만, 그것은 다른 사람이 되기 위한 전문적인 준비 과정을 은폐하므로 그 상황을 잘못 인식하게 한다.

네 가지 단초는 대개는 함축적이지만 그것들에 상응하는 공감의 정의와 마찬가지로 방법상 비교적 자세히 분리된다. 그렇다고 진화생물학자, 철학자, 심리학자, 교육학자, 뇌 연구자, 현상학자가 이런 구분을 고수한다는 뜻은 아니다. 영장류학자인 프란스 드 발은 태도 연구와 진화생물학, 그리고 뇌 연구의 결과들에 근거하여 현상학적 경향을 띠는 정의를 제시했다. 이 책 또한 모든 분야의 실상과 거기서 얻어진 결과들을 설명할 것이다. 비록 그것들이 현상학적 통찰을 넘어서더라도 말이다.

제1장

자아 상실

공감은 '나'에게 해롭다?

동정과 더불어 공감에 대해 문제를 제기한 독일 철학자 쇼펜하우어는 다른 어느 사상가보다 그것의 가치를 평가절상해야 한다고 느꼈다. 그는 지난 세기의 거의 모든 사상가, 특히 독일의 관념주의 사상가들과 달리, 개인적인 '나'와 '나'의 자의식에 대해 체계적으로 어떤 중요한 의미를 부여하지는 않았다. 오히려 그는 오성에 합당하게 또는 정서적으로 고립된 '나'라는 것은 다름 아닌 공허한 환상에 지나지 않는다는 시각에서 출발한다. 쇼펜하우어의 목적은 동정 속에서 "너와 나 사이의 벽"을 허무는 것이다.[1] 동시에 그는 "허무는 것"은 감정이입의 구체적인 행위 속에서 짧은 동안에만 일어난다고 주장한다. 쇼펜하우어에게 '나'라는 환상과 동정은 서로 대립된다.

그는 동정 속에서 '나'라는 환상이 정정된다고 생각한다(거꾸로 그의 사고 구조는 동정을 조절하고 저지하는 일종의 변환장치 및 필터가 되는 것이 온갖 관심사와

47

질투 같은 체험 형태들을 가진 '나'의 환상이라는 생각을 허용하기도 한다).

나중에 보게 되겠지만, 철학자 니체에게도 '나'는 일종의 환상이다. 또 니체에게도 동정과 '나'는 서로 반대되는 명제들이다. 그러나 쇼펜하우어와 달리 니체는 동정을 위험의 원천으로 보고 있다.

이제 우리는 니체의 저서에서 발췌한 짧은 인용문으로 그의 생각을 설명하고 거기에 내포된 의미를 밝혀나갈 것이다. 그러다 보면 '나(독일어 : Ich)' 또는 '자아(독일어 : Selbst)'라는 것은 무엇일까라는, 어려운 질문에 접근하게 될 것이다('나'와 '자아'는 더 이상 구별하지 않기로 한다). 다른 사람의 발밑으로 스며 들어갈 때 자신의 '나'를 잃는다는 것은 무슨 의미일까?

니체의 저서 『선악의 저편』(1886) 207항을 들어 이야기해보기로 하자. 거기서 니체는 '동정Mitleid'이라는 개념을 모호하게 사용한다. ('공감'의 개념에 대해서도 마찬가지다. 사실 1909년에야 비로소 에드워드 티치너Edward Titchener가 독일어의 '감정이입Einfühlung'이라는 단어를 영어의 '공감empathy'으로 번역했다.)

그럼에도 거기서 벌어지는 논쟁은 바로 다른 사람을 지적으로, 그리고 감정이입적으로 이해하는 것에 대한 의문이다. 거기서 언급되는 객관적인 인간은 인지 능력을 지니고 있다. 인지 능력의 핵심적인 형태는 바로 오늘날 공감이라고 불리는 그것이다. 거기에다 그 책의 앞부분인 206항은 '동정과 다른 사람에 대한 이해'라는 질문으로 끝나고 있다.[2] (나중에 우리는 니체에게 동정이 공감의 특수한 경우임을 보게 될 것이다.)

먼저 207항 전체를 다음과 같이 인용하고 이를 자세히 분석해보고자 한다.

비록 객관적인 정신을 맞이할 수 있는 것에 늘 감사하더라도 – 사실 온갖 주관적인 것과 저주받은 자기 지상주의에 이미 한 번쯤 죽도록 싫증을 느껴보지 않은 사람이 있었던가! – 결국 우리는 감사에 대해서도 조심해야 된다는 것을 배우지 않으면 안 되며, 요즈음 정신의 자기부정과 비인격화를 마치 목적인 듯이, 구제나 정화淨化인 듯이 찬미하는 것도 제지하지 않으면 안 된다. 이런 일은 주로 '무관심한 인식'에 최고의 경의를 표할 충분한 이유를 갖고 있는 염세주의 학파의 내부에서 일어나곤 한다. 염세주의자처럼 더는 저주하거나 욕설을 퍼붓지 않는 객관적인 인간, 즉 수천 번의 완전한 실패나 절반의 실패를 거친 후에 학문적인 본능이 한 번쯤 만발했다가 지는 이상적인 학자는 확실히 이 세상에서 가장 귀중한 도구들 가운데 하나이기는 하지만, 그는 더욱 강한 자의 소유가 되고 만다. 그는 하나의 도구에 불과하다는 말이다. 즉 그는 하나의 거울이지, '자기 목적'이 아니다. 객관적인 인간은 사실 하나의 거울이다. 그는 인식되기를 바라는 모든 것 앞에서 복종하는 데 익숙하며, 인식하고 '비추는 것' 외에 다른 즐거움은 알지 못한다. 그는 무언가가 다가올 때까지 기다리면서 유령 같은 존재가 걸어가는 가벼운 발소리나 미끄러지듯 지나가는 소리조차 자신의 피부가 놓치지 않도록 자신을 부드럽게 펼쳐놓는다. 그에게 아직 '개인'적인 것이 조금이라도 남아 있으면, 그것은 그에게 우연적인 것으로, 때로는 자의적인 것, 때로는 방해되는 것으로 여겨진다. 그렇게까지 그는 스스로 낯선 형태들과 사건들이 지나치는 통로나 그것들의 반사反射가 되어버렸다. 그는 '자기' 자신에게 되돌아가려고 열심히 생각해보지만 종종 잘못을 저지르게 된다. 그는 자신을 쉽게 혼동하고 긴급한 자신의 일에 관해 그르치며, 오직 이런 점에서만 서투르고 게으르다. 아마도 건강이나, 여자 또는 친구의 방 안 공기 같은 사소한 일이나, 사교와 교제 부족이 그를 고통스럽게 할 것이다. 사실 그는 자신의 고민에 대해 억지로 생각해보려고 하겠지만 소용없는 일이다! 이미 그의 사고는 좀 더 일반적인 경우를 향해 어슬렁거리고 있으며, 자신에게 어떻게 도움을 줄 수 있는지 어제도 몰랐던 것처럼 내일도 알지 못한다. 그는 자기 자신에 대한 진지함을 잃었고 때도 놓쳤다. 그는 쾌활하다. 하지만 이는 고난이 없기 때문이 아니라 자신의 고난을 다룰 손가락과 능력이 없기 때문이다. 모든 사물과 체험을 습관적으로 명랑하고 거리낌 없이 받아들이는 친절함, 나름대로 무분별한 호의와 긍정과 부정에 대한 위험할 정도의 무관심. 아, 그가 이런 자신의 미덕들을 속죄해야 하는 경우는 얼마든지 있다! 그리고 인간으로서 그는 너무나 쉽게 이런 미덕들의 찌꺼기가 되고 만다. 만약 사람들이 그에게서 사랑과 증오를 원한다면 – 내 생각에는 신이나 여성 또는 동물들이 이해하는 사랑과 증오 말이다 – 그는 자신이 할 수 있는 일을 하고 줄 수 있는 것을 주게 될 것이다. 그러나 그것이 대수롭지 않다고 해서, 그때 그가 불순하고 허약하고 모호하고 허물어져가는 모습을 보인다고 해서 놀랄 일은 아니다. 그의 사랑은 의도적인 것이고, 그의 미움은 인위적인 것, 오히려 힘의 기교이고 작은 허영이며 과장이기 때문이다. 그는 오직 객관적일 때에만 순수하다. 오직 자신의 밝은 전체성 안에 있을 때만 그는 여전히 '자연'이고 '자연적'이다. 사물을 반영하면서 영원히 스스로를 갈고닦는 그의 영혼은 더는 긍정할 줄도, 부정할 줄도 모른다. 그는 명령하지 않으며 파괴하지도 않는다. "나는 거의 아무것도 증오하지 않는다"라고, 그는 라이프니츠의 입을 빌려 말한다. '거의'라는 말을 건성으로 듣거나 경시하지 말아야 한다! 그는 또한 모범적 인간이 아니다. 그는 누구를 앞서가거나 뒤따라가지 않는다. 그는 선과 악 중에 어느 편을 들 이유를 갖기에는 도대체 너무 멀리 떨어져 있다. 사람들이 그토록 오랫동안 그를 철학자로, 문화의 제왕적 육성자나 난폭자로 혼동해왔다면, 이는 그에게 너무 높은 영예를 부여하고 그의 가장 본질적인 특성을 간과한 탓이다. 그는 하나의 도구이고, 아무리 고상한 종류의 노예라고 하더라도 노예일 뿐이며, 그 자체로는 아무것도 아니다. 거의 아무것도 아닌 것이다! 객관적인 인간은 하나의 도구다. 값비싸면서도 망가지기 쉽고 흐려지기 십상인 계량기이자 소중히 하고 존중해야 하는 예술품으로서의 반사경인 것이다. 그러나 그는 목적도 아니고, 출구나 올라가는 길도 아니다. 여타의 존재자를 정당화해주는 보조적인 인간도 아니고, 종결자도 아니다. 더구나 발단도 생산도 가장 첫 번째의 원인도 아니고, 주인이 되려는 강건하고 강력하고 자립적인 자도 아니다. 오히려 부드럽게 부풀려서 섬세하고 유연하게 만든 항아리의 주형, '그 형태가 만들어지려면' 어떤 내용이나 성분을 기다려야 하는 주형에 불과하다. 보통 그는 성분도 내용도 없는 인간이며, '자아 없는' 인간이다. 따라서 덧붙여 말하자면, 여성에게도 아무 의미가 없는 존재다.[3]

니체는 여기서 인간의 인지 능력을 사전 준비와 직접 관련시키고 있다. 이 사전 준비는 바로 인간을 약화시키는 일, 즉 다음과 같은 것들이다.

유령 같은 존재가 걸어가는 가벼운 발소리나 미끄러지듯 지나가는 소리조차 자신의 피부가 놓치지 않도록 자신을 부드럽게 펼쳐놓는다.

스스로를 갈고닦는 영혼.

객관적인 인간은 사실 하나의 거울이다.

이런 식의 약화는 객관적인 인간, 즉 인지하는 인간이 다른 사람을 복사판처럼 수용하기 위한 조건이 된다. 인간이 수용적으로 되기 위해서는 자기 자신의 외피와 방해물들을 조절하고 다음과 같이 자신을 비우거나 갈고닦아야 한다.

유령 같은 존재가 걸어가는 가벼운 발소리나 미끄러지듯 지나가는 소리조차 자신의 피부가 놓치지 않도록 자신을 부드럽게 펼쳐놓는다. 그에게 아직 '개인'적인 것이 조금이라도 남아 있으면, 그것은 그에게 우연적인 것으로, 때로는 자의적인 것, 때로는 방해되는 것으로 여겨진다.

오히려 부드럽게 부풀려서 섬세하고 유연하게 만든 항아리의 주형, '그 형태가 만들어지려면' 어떤 내용이나 성분을 기다려야 하는 주형에 불과하다.

이런 비유들은 인지 능력이 한 인간의 정체성에 근본에서부터 영향을 준다는 것을 암시한다. 따라서 인간이 사물과 다른 사람들을 단순히 감각적·인지적인 도구로 인지하고, 그런 인지를 다른 심리적 체계들과 정보로서 공유한다는 것은 맞지 않다. 오히려 인지하고 인식하는 일은 인간이 인지와 인식을 위해 자신을 완전체로 사전에 준비해놓아야 한다는 의미다. 인간은 객관적인 인간이 되어야 하고 '수용적'으로 되어야 한다. 그렇다고 해서 '수용적인 나'를 소유한다는 뜻은 아니다. 니체에게 이것은 말의 모순, 즉 난센스일 것이다. 니체에 의하면 '수용적인 나'라는 것은 있을 수 없는 일이다.

객관적인 인간이 주로 하는 일은 인지다. 니체는 늘 그렇듯이 화해라는 것이 없는 듯하다. 즉 인간은 인지하고 인식하는 일이 주요 목적일 때는 오직 인지하고 인식만 한다는 것이다. 인간은 인지하는 동시에 표현할 수는 없다. 인지 능력은 대가를 치른다. 이처럼 인지하면서 자신을 표현하지 못하는 것은 어느 한순간에 다른 사람들을 관찰하면서 인지하거나 다른 순간에 자신을 표현하는 식으로 차례로 해결되지는 않는 것으로 보인다. 오히려 인지 능력은 사람이 어느 한 시점에 표현적으로 바뀌는 것을 배제한다. 인지 능력, 즉 동감하고 공감하는 능력은 전체로서 한 인간의 성품 구조와 관련된다. 니체에 따르면 우리는 인간으로서 인지하면서 객관적으로 공감하거나, 아니면 표현적이고 개성적일 수 있다.

인지 능력, 공감에는 대가가 따른다. 니체는 그 대가에 다음과 같은 것을 포함시킨다.

그의 사랑은 의도적인 것이고, 그의 미움은 인위적인 것, 오히려 힘의 기교이고 작은 허영이며 과장이기 때문이다. 그는 오직 객관적일 때에만 순수하다. 오직 자신의 밝은 전체성 안에 있을 때만 그는 여전히 '자연'이고 '자연적'이다. 사물을 반영하면서 영원히 스스로를 갈고닦는 그의 영혼은 더는 긍정할 줄도, 부정할 줄도 모른다. 그는 명령하지 않으며 파괴하지도 않는다. [⋯] 그는 또한 모범적 인간이 아니다. 그는 누구를 앞서가거나 뒤따라가지 않는다. 그는 선과 악

중에 어느 편을 들 이유를 갖기에는 도대체 너무 멀리 떨어져 있다.

객관적으로 인지하고 공감 능력이 있는 인간이 표현 능력을 가지면 자신의 입장을 취할 가능성을 상실한다. 그는 다른 사람들을 판단하지 않고 수동적으로 머문다. 그러나 이 수동성은 단지 행동하지 않는다는 의미가 아니라, 오히려 인지로부터 나오는 수동성이다. 니체에 의하면 인지하는 사람은 판단할 수 없다. 판단한다는 것은 하나의 입장을 취하면서 강인함을 보여주는 것이다. 그러나 객관적인 인간이 인지할 때는 바로 그것이 배제된다. 객관적인 인간, 즉 인지하는 인간은 판단하거나 강인함을 보이는 일, 즉 주도적으로 행동하거나 정서를 보이는 일을 할 수 없다.

니체는 공감이, 예컨대 자기 자신과 비슷한 사람에게만 발휘된다고 말하지는 않는다. 오히려 니체는, 인지하는 습관 때문에 인간이 자신의 입장을 갖지 못한다고 말한다.

따라서 객관적인 인간의 정체성은 정체성을 갖지 않는 데에 있다. 그런 사람은 (거의) 아무것도 아니고, 아무런 발자취도 남기지 않으며, 자아나 '나'라는 것도 없다. 객관적인 혹은 인지하는 인간의 '나'는 인지하는 자신의 정체성을 갖지 못한다. 인지하는 객관적인 인간은 정체성이나 '나'를 갖고 있지 않기 때문에 스스로 인지와 공감의 대상이 될 수 없다.[4]

니체에 의하면 공감은 사심 없이 '나' 바깥에서 오는 자극을 기다리게 한다. 여기와 또 다른 대목에서 니체는 공감 능력이 있는 인간의 '나'와 '무아無我'의 이원론에 대해 암시하고 있다. 니체의 독자들은 그의 저서 속에서 비슷한 이원론을 감지할 것이다. 예컨대 적극적이고 수동적인 것, 남성적이고 여성적인 것, 금발의 짐승과 불구의 졸장부 같은 이원성이 그것이다. 그러나 우리는 이런 평행한 이원론적인 요소들을 해명하고 싶다는 유혹을 뿌리치고 『선악의 저편』을 계속 고찰하기로 한다.

207항은 '자아' 또는 '나'의 상실에 대해 계속 언급하고 있다.

정신의 자기부정과 비인격화 […].
그에게 아직 '개인'적인 것이 조금이라도 남아 있으면 […].
그는 '자기' 자신에게 되돌아가려고 열심히 생각해보지만 종종 잘못을 저지르게 된다. 그는 자신을 쉽게 혼동하고 […].
자기 자신에 대한 진지함을 잃었고 […].
객관적인 인간은 […] '자아 없는' 인간이다.

그렇다면 공감 능력을 지닌 인간에게서 없어졌거나 그가 전혀 가져본 적이 없는 '나' 또는 '자아'라는 것은 정확히 무엇일까?

207항을 보면 '나'는 그의 행동이나 활동에서 드러난다. 그런 종류의 행위 목록에는 사랑하는 것, 미워하는 것, 동의하는 것, 거절하는 것, 판단하는 것, 그리고 지배하는 것이 포함된다. 즉 신체적인 행동이 아니라 선택과 결정을 포함하는 행위들이 강조되고 있다. 중요한 것은 선호("그렇다" 또는 "아니다"라고 말하는 것), 판단(좋은 것과 나쁜 것 중에서 결정을 내리는 것), 그리고 정서(사랑이나 증오를 표현하는 것)다. 그런 결정은 '자유로운 선택'을 전제로 하지 않는다(이 점은 『선악의 저편』 제2부에서 니체에게 중요한 사항이다). 대신 그런 결정들은 모두 같은 공동체에 속한 사람을 포함해서 상대에게 어떤 태도를 취하는가와 관련된다. 니체의 말대로 (나아가 207항대로) 행동한다는 것은 다른 사람에 대해 지배자, 결정자, 혹은 독재자로 행동하면서 그때 아마 열정에 휩쓸리게 된다는 뜻이다. 즉 이런 형태의 행위에 있어서는 어디에서도 합리적이거나 자유로운 숙고에 대한 이야기가 없다.

그렇게 행동하는 사람은 강한 정체성, 즉 '나'를 갖고 있다는 것이다. 니체 식으로 결론을 내리면, 그런 사람이 다른 사람들을 관찰할 때는 칭찬하고, 저주하고, 사랑하고, 미워하는 것 외에 다른 것은 할 수 없을 것이다. 따라서 그의 관찰은 객관적인 인지나 공감과 전혀 다른 뭔가일 것이다. 다시 말해 그것은 증오, 동의, 거절, 판단 또는 사랑의 표현인 것이다. 그러므로 그런 '나'에게는 객관적인 관찰과 공감이 불가능하다. 왜냐하면 그의 행동들 속에는 '나'가 명시되어야 하기 때문이다. '나'는 다른 사람들을 지배할 수만 있기 때문에 공감을 할 수는 없다. 그럴 때 공감은 '나'가 '나'가 되는 것을 방해할 것이다.

바로 여기서 니체가 어떻게 공감적인 또는 객관적인 인간과 '나'를 하나의 스펙트럼 양 끝에 세우는지 알 수 있다. 객관적인 인간은 판단을 내리거나 정서를 느끼지 않기 위해, 다른 사람을 정서적이고 합리적으로 이해하지 않기 위해 자기를 통제해야 한다. 반면에 '나'는 충동적이고 강한 행동을 보이면서 객관적인 인간에게는 불가능한 결정들을 내린다. 즉 사랑하고, 증오하고, 판단할 수 있다(어쩌면 그래야 한다).[5]

이제 객관적이거나 공감 능력이 있는 인간은 그 자신으로서는 접근할 수 없는, 즉 다른 사람을 '나'로 만들어주는 강인한 행위들 속으로 마치 감정이입이 되는 것처럼 보인다. 사심이 없는 객관적인 인간은 공감하기 위해 포기해야 했던 강한 '나'에 대해 공감을 느낀다.

그 말은, 사전에 자신을 약화시키고 자기부정을 하지 않고는 다른 사람의 자아나 '나'를 인지할 수 없다는 뜻이다.

이런 관찰에서 시작하여 우리는 공감에 관한 니체의 주장에 대해 다음과 같은 첫 번째 가정을 할 수 있다.

인간은 자기의 '나'를 잃거나 내려놓음으로써 공감 능력이 생긴다. 공감은 다른 사람들에게서 강한 '나'를 다시 인식하게 한다. 공감적으로 자세히 관찰된 강한 인간은 공감 능력이 있는 사람에게서 떨어져나간 바로 그것, 즉 '나'를 갖고 있다. 아마도 여기서 객관적이고 공감 능력이 있는 인간이 자기 자신의 '나'라는 이념을 포기하는 인과관계가 성립할 것이다. 그것을 다른 사람에게서 발견하기 위해서 말이다. 니체에 의하면 인간은 '나'보다는 다른 사람에게 공감한다.

마지막의 "'나'보다는 다른 사람"이라는 표현은 강조할 만하다. 그러나 아직까지 결정하는 자, 지배하는 자, 열정을 가진 자가 정말로 '나' 또는 자아를 갖고 있는지에 대해 실제로 확인된 것은 없다. 우리는 단순히 니체의 『선악의 저편』 207항을 읽고 추론을 해보았을 뿐이다. 사실 그것에 대해 전적으로 의심을 해봐도 된다. 그러나 우선은 그래 보인다는 점을 강조할 수밖에 없다. 실제로 사랑하고, 증오하고, 지배하고, 행동하는 사람은 다른 사람, 즉 관찰되는 다른 사람이다. 우리는 이런 행위들을 하는 사람이 강하고 자연적이며 직접적인 '나'와 강력한 정체성을 지닌 존재로서의 특징을 지니고 있다고 생각해도 좋다.

다른 사람의 강한 정체성에 대해 약간 불안한 가정을 하게 되는 것은 그가 그의 행위들에 비하면 부차적인 존재라는 데서 나온 것이다. 즉 객관적인 인간이 관찰하는 것은 사랑하고 증오하고 자제하는 사람이 아니라 오히려 사랑하고, 증오하고, 지배하는 일이다. 그러고는 그런 행위들 속에서 강한 '나'가 표현된다고 가정하는 것이다.

그러나 약화의 비유에 계속 몰두하게 되면 다른 사람이 지닌 확고한 정체성과 '나'에 대한 가정은 더 강하게 흔들린다. 여기서 니체는 한 가지 기술적인 장치를 염두에 두고 있는 것 같다.[6] 즉 다음과 같은 표현들은 우연치 않게 카메라를 연상시킨다. "그는 무언가가 다가올 때까지 기다리고 있으며, 그때 유령 같은 존재가 걸어가는 가벼운 발소리나 미끄러지듯 지나가는 소리조차 자신의 피부가 놓치지 않도록 자신을 부드럽게 펼쳐놓는다."[7] 니체의 짧은 구절들은 종종 시각적인 비유를 사용한다. 예를 들어 '거울'이라는 말도 네 번이나 나온다. 니체 시대에 사진을 만드는 화학적인 과정이 '은거울Silberhaldid'에 기초하고 있었다는 사실을 떠올릴 필요는 없다. 거울은 동시에 약화의 비유와 밀접하게 연관된다. 이는 객관적이고 수용적인 인간은, 건조시킨 젤라틴(아교)과 은을 함유한 합금으로 가공하여 거울 같은 얇은 막이 생겨난 민감한 유리잔과 비슷하다는 점을 암시하고 있다. 그러나 이 같은 얇은 막과 카메라에 대한 비유가 객관적인 인간 존재를 순수하게 반응하고 수용하며 변화하는 정체성을 지닌 존재로만 명시하지는 않는다. 이 비유는 공감적인 인간이 무엇에 열중하는지를 보여준다. 우리는 객관적인 인간 또는 카메라의 대물렌즈를 지닌 것 같은 인간은 특별한 행위, 즉 사랑하고, 증오하고, 지배하는 일을 지향한다고 이미 말했다. 그러나 강한 '나'는 이런 행위들에 직접 매달리지 않는다. 그럼에도 그런 행위를 하는 사람들은 마치 강한 자연 존재처럼 보일 수도 있다. 그들을 관찰하는 사람의 눈에는 그들이 그렇게 보일 수 있기 때문이다. 객관적인 인간에게 다른 사람들은 마치 카이사르 같은 영웅으로 보이는 것이다.

그러므로 여기서 객관적인 인간의 표면은 단순히 대상을 받아들이는 얇은 막(필름)이 아니라 투사하는 표면이다. 즉 그 표면 위에서 다른 사람은 그냥 '나'라기보다는 영웅으로서 빛을 발하는 것이다. 여기서 그런 투사 표면이 없다면 다른 사람은 전혀 '나' 혹은 영웅, 또는 자연 존재이자 알파Alpha 존재로 보일 수 없으리라는 인식이 가능하다. 그 '나'는 오직 관찰자의 눈에만 존재한다고 통찰할 수 있는 것이다. 객관적인 인간은 수용을 통해 자신을 약화시켜야만 강한 정체성의 투사와 환상이 생겨날 수 있다.

투사하는 표면이 없으면 '나'도 없다.[8] 따라서 객관적인 관찰이나 공감의 역할은 '나'를 드높이기 위해 다른 사람을 찬미하는 것이다. 이제는 니체의 텍스트에 대한 두 번째 가정을 알아보자. 객관적인 인간에게 짝이 되는 기능을 하는 것, 즉 지배하고 미워하고 사랑하는 알파 동물은, 추측하건대 존재하지 않거나, 만약 존재한다고 해도 '나'로서 존재하지는 않는다. 적어도 우리는 그것을 알 수 없다.[9] 다음과 같이 오직 관찰자의 눈에만 그것이 '나'가 되는 것이다.

공감은 '나'의 효과를 가져온다. 즉 공감적인 사람은 관찰된 다른 사람을 자기화自己化한다verselbstet. '나'는 공감적인 사람에 의해서 관찰된 대상으로 옮겨간다exportiert. 관찰된 강인한 사람은(즉 사랑하고 미워하고 판단하는 사람은) '나'가 어떤 것이든 아마도 그것을 갖고 있지 않은 반면에, 관찰자에게는 마치 관찰된 사람이 자아를 갖고 있는 강인한 사람처럼 보인다. 공감이 치르는 대가와 보상은 바로 '나'를 상실하고 다른 사람 안에서 '나'를 다시 발견하는 일이다. '나'는 오직 외부의 시각 속에, 즉 관찰자에 의한 투사 속에만 존재한다.

니체의 세계에는 자유로운 '나'와 강한 정체성이라는 것이 없다. 대신 특정한 행위들이 외부에서 관찰되면서 '나'라는 개념을 불러온다. 관찰자는 그 행위의 내면을 들여다볼 수 없기 때문에 그에게는 이런 행위들이 어딘지 낯선 것으로 표현된다. 그는 자신에게 회의를 느끼는 반면, 다른 사람에게서는 강한 입장이 표현되는 것을 보게 된다. 그는 자신을 '나'로 여길 수 없을수록 강인함을 표현하는 듯한 그런 행위들에 끌리게 된다. 객관적이고 사심이 없으며 공감적인 인간과, 강인한 '나'의 투사는 서로에게 요구 조건이 되는 것이다.

앞서 언급한 니체의 저서 207항에서 행위들(사랑, 지배, 판단)은 그저 관찰자의 시각으로만 나타나게 된다. 실제로 207항에 언급된 모든 작업은 오로지 공감적인 관찰자에 의해서만 이루어진다. 그는 자신을 약화시키고 확장시키는 가운데 '나'를 (그가 혹시 그것을 갖고 있었다면) 상실한다. 그렇게 그는 수용적으로 인식하고, 자신에게는 없는 '나'를 다른 사람 안에서 투사한다. 그러므로 그의 실제 성과는 다른 사람이 처한 상황을 하나의 '나'로 변화시키는 것이다. 하지만 그것으로 우리의 논의가 끝난 것은 아니다.

여성, 공감의 지배자

논의를 이어가기 전에 207항의 또 다른 두 가지 양상에 대해 간단히 살펴보아야 한다. 첫 번째는 자기관찰의 문제다.

207항에 따르면, 객관적인 인간은 "'자기' 자신에게 되돌아가려고 열심히 생각해보지만 종종 잘못을 저지르게 된다. 그는 자신을 쉽게 혼동하고 긴급한 자신의 일을 그르친다". 여기서 우리는 왜 그의 탁월한 인지 장치가 더 나은 자기관찰 능력과 연결되지 않는지 의문을 가질 수 있다. 오늘날에는 다른 사람들을 관찰하는 것(공감)과 자기를 아는 것 사이에 일련의 관계가 있는 것으로 여겨진다.[10] 니체가 '눈'의 비유를 사용했더라면 '내면의 눈'에 비유적으로 도달하는 길이 가까이에 있었을 것이다. 그에 반해 카메라에 비유하는 것은 자기를 직접 볼 수 있는 길로 이어지지 못한다. 니체에 의하면 공감적인 인간에게는 왜 자기관찰이 배제되거나 적어도 어려운 일이 되는 것일까?

니체에게 인지와 공감의 역학이 자기 인지의 문제가 되면 곧 모순이 드러난다. 이는 우리가 ('나'의) 강인한 인간과 객관적이고 공감적인 인간 간의 관계에 대해 더 자세히 생각해보면 분명해진다.

니체에 의하면 '나'로서 강하게 행동하는 사람은 판단하고, 지배하고, 사랑하고, 증오하고, 거부하는 일 외에 다른 것은 전혀 할 수 없다. 거기서 직접 나오는 결과는, 그런 사람은 다른 사람을 관찰하는 일에는 서투르다는 것이다. 왜냐하면 그는 인지한 모든 데이터에 대해 작업을 하기 전에 이미 그것들을 규제하고 평가하기 때문이다. 행동에서 비로소 자신의 강인함이 증명되는 강한 '나'는 강인함을 보이고 대상을 지배하고 소홀히 하는 것 외에 다른 일은 전혀 못한다. 강한 인간은 정의롭거나 객관적일 수가 없으며 또 그럴 필요도 없다.

그에 반해 객관적인 인간은 인지하기 위한 준비가 최적으로 갖추어져 있다. 그러나 인지의 대가는 '자기자신'을 지우고, 약화시키고, 비워야 하는 것이다. 그가 자기 관찰이라는 행위 속에서 기록할 수 있는 실체는 없다. 니체가 그의 짧은 텍스트 끝에서 설명하고 있듯이 객관적인 인간은 마치 그릇처럼 아주 유연해서 모든 것에 적용할 수 있지만 자기 자신의 프로필은 잃고 만다. 따라서 (자기)관찰을 위한 대상은 없다.

결과적으로 강인한 '나'를 위해서도, 객관적인 인간을 위해서도 자기 인식은 있을 수 없다. 자기 스스로를 강하게 하고 스스로를 증명하는 행위(사랑, 증오, 지배)를 하는 강한 인간은 자기관찰 속에서 미움받고 사랑받고 지배되는 대상이 되어야 한다. 하지만 니체에 의하면 그것은 더 이상 강하고 자유로운 행위들에 의해 나타나는 강한 '나'가 아닐 것이다. 강한 '나'에게 귀속되는 강인한 행위들은 판단, 수동성, 그리고 관찰을 넘어서는 것들이다.

따라서 자기관찰의 본래 문제는 내면의 눈이 없는 것이 아니라 오히려 그 눈이 대상들을 언제나 바로 변화시키는 것에 있다.

그 눈은 강한 '나'로 행동하는 것을 불가능하게 할 것이다. 니체에 의하면 지배자들에게서는 자기 인지 능력을 기대해서는 안 된다 (나는 2016년 미국 대통령 선거 유세가 진행되는 중에 이런 생각들이 얼마간 시사하는 바가 있음을 확인했다).

이제 두 번째 양상에 대해 다루어보자. 니체는 『선악의 저편』 207항뿐만 아니라 이 단원의 끝에서도 여성과 여성성이라는 맥락 속에서 객관적인 인간에 대한 논쟁을 벌이고 있다. 니체에게 여성은 객관적인 인간과 강한 인간 사이의 관계에서 특별한 역할을 한다. 거기서 여성은 세 번째의 위치를 차지한다. 『선악의 저편』에 따르면 여성들은 자신들이 인지되는 방식을 조종하는 대가들이다. 그들은 다른 사람들이 자신들을 어떻게 관찰하는지 알지만, 객관적인 인간과는 달리 관찰에 대해 단순히 수용적·투사적인 태도를 취하는 대신 자신을 치장하고 가면을 쓰고 아름답게 꾸밈으로써 다른 사람들의 관찰을 스스로에게 적응시킨다. 니체는 여성들의 이런 전략을 '수줍음', 즉 관찰되는 것에 대한 민감함이라고 표현한다. 이런 의미에서 여성들은 대상으로서도, 주체로서도 공감에 희생되지 않고 오히려 공감을 주도하는 실제 대가들이다.[11] 즉 그들은 다른 사람들이 그들을 어떻게 관찰하는지를 관찰하면서 조종하는 2차 관찰자들인 것이다.

적개심도 공감이라고?

니체의 독자들은 『선악의 저편』과 밀접하게 관련된 그의 또 다른 저서 『도덕의 계보』에서도 『선악의 저편』 207항을 떠올릴 것이다. 니체는 『선악의 저편』에 이어서 도덕의 문화적 뿌리를 다룬 속편인 『도덕의 계보』를 완성했다.

『도덕의 계보』에서 니체는 유럽 문화의 놀라운 한 장면을 설명한다. 두 '인종'의 문화투쟁 끝에 더욱 강하고 거친 야만인이 패배하는 장면이다. 과거에 '맹수'로서 먹이와 승리를 찾아 돌아다니며 금발의 야수로[12] 찬양되었던 더욱 강하고 거친 야만인이란 지배인종(독

일어 : Herrenrasse)을 총체적으로 가리키는 개념이다. 금발의 야수는 간교한 열등인종의 계략에 희생된다. 열등인종은 힘센 자연적 존재인 야수에게 어딘가 도덕적인 것처럼 보이며, 따라서 약한 자들을 동정하는 선한 인간이라는 확신을 심어주고, 이로 인해 지배인종은 도덕과 그 감시자들에 의해 노예화되고 만다.

주인과 노예의 개념, 그리고 그와 비슷한 수많은 개념 속에서 우리는 객관적이고 동정심 있는 인간과 '나'를 지닌 강한 인간 간의 관계와 일치하는 것을 발견하게 된다. 여기서 특히 주목할 것은 다른 점들이 아니라 상응하는 점들이다. 그러나 해석을 통해서만 이끌어낼 수 있는 핵심적인 것은 노예와 객관적인 인간은 강한 개인을 투사하여 나온다는 것이다. 그것도 추종할 만한 존재를 만들어 경탄하기 위해서다. 다른 사람의 눈에 주인, 귀족, 지배자, 강한 '나'를 지닌 인간은 자기 안에 머물며 자족하는 것으로 보인다.

『도덕의 계보』 제1부의 내용을 간략하고 예리하게 요약해보면, 도덕은 두 개의 정치적 계급과 인종들, 말하자면 지배자와 민중들 간에 존재하는 갈등의 산물이다. 니체에 의하면 '선하다'라는 말의 기원은 귀족을 특징짓는 개념들과 밀접하게 연결되어 있다. 그에 반해 '나쁘다'라는 말의 기원은 민중들의 핵심적인 특성에서 나온 것이다. 유대교-기독교 사제들이 이끄는 더 나약한 계급이 쓰는 책략은 그런 개념들 간의 위계질서를 뒤집어서 '선하다'라는 말을 가난과 권력 부재의 특성인 것처럼 선언하는 것이다(『도덕의 계보』 7항 참조). 바로 그 안에 가치를 뒤집고 왜곡하는 '도덕에서의 노예 반란'이 있는 것이다.

귀족적인 주인들은 자기 자신과 적들마저 긍정하는 반면, 열등하고 간교한 인간들은 모든 것을, 특히 주인들의 독자성과 정체성을 부정한다. 노예들은 심지어 자기 자신들과의 관계에 대해서조차 부정적이어서 결국에는 자신들마저 미워한다. (객관적인 인간도 증오를 한다면 마찬가지로 오직 자기 자신을 증오하게 된다. 사실 그는 증오하는 것이 '거의 아무것도' 없다.) 노예들은 자기 자신 안에 안주하지 못하고 마치 객관적인 인간이 강한 존재를 관찰하듯이 다른 사람들에게 관심의 초점을 맞춘다.

니체 자신은 『도덕의 계보』에 나오는 노예와 열등인간을 『선악의 저편』 207항에 따라 '객관적인 인간'으로 묘사하지 않는다. 양쪽 텍스트의 문맥은 일련의 중요한 차이들도 보여준다. 객관적인 인간은 자신을 약화시키고 수용적으로 바뀌지만 그가 자신을 미워하는지는 분명하지 않다(그는 사실 거의 아무것도 증오하지 않는다). 반면에 『도덕의 계보』에 등장하는 간교한 노예들은 증오로 인해 약해진다. 그럼에도 객관적인 인간은 간교한 노예들과 마찬가지로 마치 독자적인 '나'를 갖고 있는 것처럼 보이는 다른 강한 인간에게 집착한다. 그들은 '나'와는 다른 인간의 강인함에 맞서 ─ 그 강한 인간을 경탄하기 위해서든 혹은 그를 길들이고 중독시키기 위해서든 ─ 노력을 한다(『도덕의 계보』 11항).

두 저서에 차이가 있기는 하지만 그것들을 함께 읽으며 상호 관계 속에서 설명하면, 『도덕의 계보』에서 주인(지배자)들의 정신을 중독시키려는 노예들의 목적은 노예 자신이 정체성 없이 예리한 관찰자가 되어야만 달성 가능하다. 더구나 그런 예리하고 객관적인 관찰은 강한 개인들을 불구자처럼 위축시키고 나약한 존재로 변화시킨다. 이처럼 불구자로 만드는 것은 순전히 부수적 효과일 수도 있고, 아니면 직접적인 목적일 수도 있다. 그것은 강한 '나'를 파괴하거나 예전의 삶을 후회하는 노예로 변화시키거나, 아니면 그를 관찰자로 재교육하는 것으로 나타날 수 있다.

『도덕의 계보』에서는 처음에 자유로웠던 주인들이 간교한 노예들의 가치관을 내면화한다. 어떻게 이 내면화나 흡수가 일어나는지는 분명하지 않다. 이것은『도덕의 계보』의 현저한 결함이다. 그러나『선악의 저편』207항을 보면 동정(공감, 객관적인 관찰)이 공백을 메워줄 적절한 후보자로 등장한다.

노예들이 주인들에게 바라보도록, 즉 관찰하도록 하는 일에 성공하면, 주인들은 약한 자들의 고통을 보고, 자신들이 그 고통에 가담하고 있음을 깨닫게 된다. 동정심이 생겨나면 주인들은 자유롭지 못하게 되고 사심도 없어지게 된다.

이 과정에서 공감은 동정이 되며, 니체가 보기에 이것은 왜곡된 관찰의 형태로 표현된다. 그것은 사람들에게 뭔가를 가르쳐주는 강력한 모범을 지향하는 것이 아니기 때문에 왜곡된 형태인 것이다. 한편 동정은 고통을 마치 이상理想인 것처럼 투사한다. 공감이 동정으로 축소되면 주인은 노예로 바뀐다. 니체는 진정한 동정은 고통을 배가하고(134항), 우리에게 인간적인 강인함을 잊게 만든다고 경고한다(135항). 그 밖에도 동정은 아주 드문 경우에만 다른 사람에게 도움이 된다.[13] 공감, 특히 왜곡된 형태의 동정은 나약한 자들의 보복이다. 공감은 지배하는 인종을 처벌하고 억압하는 수단인 것이다.

두 번째 논제에서『도덕의 계보』는『선악의 저편』207항보다 더 멀리 나아간다. 거기서는 저급 인간들의 태도가 복수심에서 나오며, 다음과 같은 특징을 보여준다.

도덕의 노예 반란은 복수심 자체가 창조적으로 되면서 가치를 지니는 것에서 시작된다. 즉 그것은 원래의 반응이, 다시 말해 행위에 대한 반응이 거부된 존재들의 복수심이며, 그런 자들은 오직 상상 속의 복수를 통해 자신들을 무해한 존재로 유지한다. 모든 고귀한 도덕은 자기 자신에 대해 승리를 구가하는 긍정적인 말을 할 때 자라나지만, 노예의 도덕은 처음부터 '바깥의 것', '다른 것', '자신이 아닌 것'에 대해 아니라고 말하며, 이렇게 '아니다'라고 말하는 것이 그들의 창조적 행위다.[14]

노예들은 귀족들과는 반대로 밖을 지향하며, '나'를 지니고 있는 사람들을 목표로 삼는다. 귀족들의 핵심적인 태도는 자신들이 '선하다'고 느끼는 것에 있다.[15] 그에 반해 노예들의 태도는 다른 사람들에게 초점을 맞추는 것, 말하자면 "복수심으로 가득한 독을 품은 눈으로"[16] 사악해 보이는 귀족들에게 초점을 맞추는 것에 있다. 이 관찰자들, 즉 공감을 지닌 존재들은 다른 사람들을 추종하며 살아간다. 그들은 귀족들이 무엇을 느끼는지 나중에야 체험한다. 이것이 바로 '복수심'이다. 글자 그대로 보면 '나중에 느낀다(독일어 : nach-fühlen)'라는 의미다. 공감적인 인간은 자기 자신의 감정이 없다. 적어도 열정으로 가득한 강한 느낌은 없는 것이다. 대신에 공감적인 인간은 다른 사람들이 느낀 것을 뒤늦게 체험한다. 이런 의미에서 공감은 복수심이다(니체가 보기에는 그렇다).

니체의 원래 주장에 따르면, 노예들의 공감적인 관찰은 단순히 귀족들에 대한 경탄에서 유발되는 것만은 아니고, 동시에 복수심과 증오에 의해서 유발된다(심리학자 지그문트 프로이트는 몇 년 후에 오이디푸스콤플

렉스의 양면성과 딜레마를 상징적인 아버지에게 경탄하고 그처럼 되고 싶어 하는 것, 그리고 바로 그런 이유 때문에 아버지를 제거해야 하는 아들의 애증으로 특징지었다).

물론 여기서는 『도덕의 계보』의 상황이 『선악의 저편』의 상황과는 다르다고 계속 이의를 제기하지 않을 수 없다. 『도덕의 계보』에서는 저급한 인간들이 실제로 핍박을 받는다. 이것 자체는 복수심을 가질 만한 좋은 이유다. 이는 객관적인 인간에게는 해당되지 않는다. 그러나 객관적인 인간은 『도덕의 계보』에 언급되는 노예와 비슷한 상황 속으로 교묘하게 도망친다. 그는 바깥으로, 자기 자신이 아닌 것으로 향하며, 그런 움직임 속에서 사심이 없어진다. 그런 점에서 그도 자신이 이처럼 약화되는 것에 유감을 품기 시작하고 강한 개인들에게 증오를 가짐으로써 그들에게 죄를 전가한다고 전적으로 가정할 수 있는 것이다.

이제 세 번째 논제로 넘어가보자.

공감의 대가는 '나' 또는 자아다. 더 자세히 말하면 '나' 자신에 대한 믿음이다. 그에 상응하여 공감은 복수심, 즉 '나' 자신을 희생했다는 분노 속으로 흘러 들어간다. 다시 말해 객관적인 인간이 강한 '나'에게 느끼는 경탄 속에서조차 질투와 조용한 분노, 그리고 사악한 의지가 함께 작용한다는 뜻이다. 객관적인 인간, 공감을 가진 인간의 만트라는 다음과 같이 들릴 수도 있다. 나 자신도 나의 '나'를 잃어버렸으니 (혹은 전혀 그것을 가져본 적이 없으니) 강한 '나'를 가진 모든 인간도 그것을 상실해야 한다. 모든 '나'는 몰락할 가치가 있다.

물론 여기에는 닭이 먼저인가, 알이 먼저인가와 같은 문제가 있다. 즉 공감적인 인간은 스스로 자신을 약화시키기 때문에 공감을 갖는 것인가, 아니면 공감을 느끼기 때문에 약화되는 것인가 하는 문제다. 아니면 그는 약화되기 때문에 수용하는 기술을 배우게 되는 것일까? 그는 공감을 자신의 조용한 분노에 대한 변명으로, 자신의 사심 없음을 '나'를 갖는 것에 대한 회의와 복수심에 대한 변명으로, 아니면 '나'를 보여주는 불안에 대한 변명으로 사용하는 것일까?[17] 그것도 아니면 그는 '나'가 없다는 것을 자신이 더욱 잘 알고 있기에 다른 사람들 속에서 '나'라는 이념을 구제해내려는 절망적인 시도로 공감과 경탄을 사용하는 것일까? 더 나아가 공감이 그의 '나'를 훼손하고 약화시키는 것이 사실일까, 아니면 그는 오히려 공감을 수단 삼아 그처럼 약한 정체성을 보상하려는 것일까?

니체는 자신의 저서들 속에서 이 문제들에 대해 여러 방식으로 답변하고 있다. 그러나 우리에게 가장 중요한 공감의 기본 구조는, 공감을 지닌 인간이 다른 사람의 강한 '나'를 인지하고 투사하고 경탄하고 증오하기 위해서 자신의 자유롭고 강한 정체성을 희생한다는 것이었다. 니체에 의하면 바로 이것이 공감이다.

우리는 니체의 명제들을 요약하고 그 타당성을 확인해보기 전에 니체 자신이 207항의 딜레마를 어떻게 해결하려고 하는지를 살펴보아야 한다.

니체는 공감의 대가들에 대해 깊이 생각해본 최초의 사상가에 속한다. 오늘날에도 대다수의 사상가들이 공감을 긍정적이고 친사회적인 능력인 것처럼 예찬하는 반면, 니체는 무엇이 인간에게 공감을 갖도록 동기를 부여하는지를 밝히려고 했다. 니체에 의하면 그 동기는 공감적인 인간에게 결여된 뭔가를 보상하려는 것이라고 한다. 앞서 설명했듯이, 이때는 공감이 몇몇 사람의 개인적인 특성이라기보다는 오히려 근본적으로는 대다수 사람들에게 결여된 특성이라는 점이 중요하다.

니체의 이런 통찰은 그가 갖고 있는 편견을 보여주기도 한다. 그는 공감과 강한 정체성 사이에는 모순이 있다고 주장한다. 인간은 공감을 키우는 동시에 강하고 자유로운 '나'로 살아갈 수는 없다는 것이다. 다시 말해 객관적인 인간의 공감과 수용 능력은 전체 인격의 구조를 바꾼다. 공감을 키우는 일은 공감적인 인간이 오직 다른 사람 안에서 강한 정체성을 인식하게 하는 방식으로 정체성과 심리에 영향을 준다. 이런 명제로 니체는 심리학의 권위에 굴복하는 철학자가 된다. 그는 중심에 일차원적인 장치가 있는 기계론적 표상을 마음으로 구상하고 있는 것이다. 일단 공감을 하는 사람은 언제나 공감하게 되며 그것에 의해 각인되어진다.

니체는 이런 과격한 생각을 갖게 되자마자 곧이어 공감과 그 수용성을 배척할 방법이 없다고 진단하게 된다. 니체는 공감과 연민 속에는 아무런 희망이 없다고 보았던 것이다. 그에 상응하여 그는 공감, 동일시, 그리고 연민을 해체하려고 한다.

그는 그런 절차를 앞서의 저서들과 관련지어 아이러니(독일어 : Ironie) 속에서 찾았다. 여기서 아이러니는 이른바 비판적·수사학적·어문학적 개념으로 나타난다. 아폴론적인 힘과 디오니소스적인 힘의 이중성을 다룬 『비극의 탄생』에서 아이러니는 결국 '소크라테스'라는 이름하에 제3의 힘으로 나타난다. 소크라테스는 일시적으로 아폴론적인 인간의 추종자로 등장하기는 하지만, 곧바로 소크라테스의 아이러니는 아폴론과 디오니소스 사이에 놓인 예술의 딜레마에서 벗어난다.[18] 내가 생각하기에 니체는 비슷한 방식으로 공감적인 인간과 강한 '나'라는 이원론에 맞서 제3의 입장을 모색했던 것으로 보인다.

아이러니는 207항 전체에 나타난다. 예를 들면 다음과 같이 철학자 라이프니츠를 인용한 부분을 들 수 있다. "Je ne méprise presque rien(프랑스어로 "나는 거의 아무것도 증오하지 않는다"라는 뜻)." 이에 대해 니체는 "'거의 아무것도'라는 말을 간과하거나 평가절하하지 말라!"고 논평했다. '거의 아무것도'라는 말이 무슨 의미가 있는 것일까? 니체는 여기서 '거의 아무런 존재도 아닌'이라고 언급된 것이 객관적인 인간 자신을 뜻한다고 믿어 의심치 않는다. "그러나 그 자신은 […] 아무것도 아닌 것, 즉 'presque rien'이다!"

이것이 니체가 보여주는 말의 재치다. 우리는 사실 객관적인 인간은 증오할 수도 부정할 수도 없다는 것을 이미 알고 있다. 그러나 그가 증오할 수 없다고 해서 그가 아무것도 증오할 수 없다고 표현해도 될까? 즉 니체의 이런 오디세우스 식 위트는 객관적이고 공감적인 인간은 자신의 '나'를 '아무것도 아닌 것(독일어 : Nichts)'으로 변화시킨다는 것에 있다. 그는 사심 없는, 아무것도 아닌 자이므로 자기 자신을 증오할 수 있다. 왜냐하면 그는 '아무것도 아닌 것'을 증오할 수 있기 때문이다. 그로써 그는 무엇인가를 증오할 수 있는 것이다. 그렇게 해서 니체가 주장하는 'presque(거의)'라는 말이 중요해지는 것이다.

니체가 인용한 라이프니츠의 서한은 본래 완전히 다른 맥락을 담고 있었다. "나는 거의 아무것도 증오하지 않는다(점성술에 의한 심판이나 그와 유사한 협잡 외에는)."[19] 이를 인용함으로써 니체는 공감적인 인간의 '나'라는 것은 점성술처럼 허황된 것이라고 암시하고 있다.

니체에게 아이러니는 공감적인 인간의 나약함으로 빠져들지 않고 '나'의 반성 없는 야만적인 짓을 예찬하지도 않기 때문에 하나의 출구가 된다. 아이러니는 모든 표현과 행위에서 가능성으로 나타난다. 연민의 경우 아이러니는 거리를 두고 연민의 효과를 관찰하는 것으로 표현된다. 아이러니를 지닌 사람은 공감의 행위와 거리를 두면서 자신을 고안해낸다. 그는 다른 사람들이 어떻게 연민과 수용성에 의해 특징지어지는지를 관찰한다.

납치범과 인질의 역학 관계

니체는 여러 면에서 오늘날의 일상적인 이해와 대립하고 있다. 니체에게 객관적인 인간이란 고통받는 모든 사람에게 연민을 느끼지 않는다. 실제로 니체는 207항에서 연민과 나약함에 대해 어떤 경우에도 언급하지 않는다. 대신 객관적인 인간은 우월한 것들의 힘과 강인한 표현에 반응한다. 즉 "그는 무언가가 다가올 때까지 기다리면서 유령 같은 존재가 걸어가는 가벼운 발소리나 미끄러지듯 지나가는 소리조차 자신의 피부가 놓치지 않도록 자신을 부드럽게 펼쳐놓는다". 유령 같은 존재일지라도 최소한의 힘이나 실체는 지니고 있으므로 그것을 받아들이기 위해 객관적인 인간은 감각기관을 발전시킨다. 객관적인 인간은 강한 표현 방식, 비합리적인 행위, 단호한 결정, 사랑하고 증오하는 것, 독재적인 것에 더욱 민감하다. 공감하는 인간은 힘, 즉 결정하고 느끼는 힘에 대해 반응하고, 자기 스스로를 거부하는 것에 대해 반응한다.

객관적인 인간은 모든 행위를 자유롭고 강한 '나'의 행위로 관찰한다. 반면에 자기 자신과 같은 사심 없는 존재에 대해서는 보지 못한다. 그런 점에서 공감은 인간적인 도움에는 적절하지 못하다(니체가 객관적인 인간과 그의 인지 능력 – 거기서 나오는 공감은 그저 특별한 경우에 지나지 않는다 – 에 대해 이야기하고 있음을 기억해야 한다).

그렇다면 여기서 니체는 스톡홀름 증후군에 대해 이야기하는 것일까?[20]

스톡홀름 증후군에서 인질은 다른 사람(즉 인질을 잡은 자)에 의해 제압되며, 억압하는 자의 소망을 자신의 것으로 받아들인다.* 반면 니체의 객관적인 인간은 다른 사람에 의해 제압되는 대신 이미 강한 존재에게 관심을 갖고 자신을 확대·개방하는 사심 없는 존재다. 객관적인 인간은 다음과 같이 행동하는 최초의 인간이다. 즉 그는 자신을 약화시키고, 카메라의 필름이 된다. 반면 그가 관찰하는 다른 사람은 자유로운 '나'를 지닌 강한 존재로 나타난다. 앞서 말했듯이 공감을 지닌 사람은 투사의 표면이 된다. 그것이 없다면 다른 사람은 '나'로서 나타나지 못하고, 추측하건대 '나'를 갖고 있지도 못할 것이다.

니체의 설명은 스톡홀름 증후군을 이해하는 데 기여한다. 니체의 설명은 희생자, 즉 인질의 행동을 상위에 두었다는 점에 의미가 있다. 현대적인 설명은 인질의 트라우마를 강조하지만, 니체는 희생자 스스로 복종하고, '나'를 내던지며, 다른 사람을 받아들이는 구조적 상황을 어떻게 인질범과 함께 형성해가는지를 강조한다.

니체의 생각은 희생자가 자신의 운명에 대해 아무런 책임을 지

---

* 스톡홀름 증후군 Stockholm syndrome은 보통 자신보다 힘센 사람에게 납치되거나 인질이 되어 목숨을 위협당하는 상황에서도 가해자에게 심리적으로 공감하거나 연민을 느끼는 현상으로, 가해자와 피해자 사이에 강한 정서적인 유대가 형성되는 것을 말한다 – 옮긴이

니지 않는다는 현대적인 설명과 상충된다. 그러나 희생자에게 무의식적인 복잡함이나 인질이 되고 싶다는 무의식적인 욕망이 있다고 해서 인질범이 책임에서 벗어나는 것은 아니다. 게다가 니체의 설명에서 실제로 인질로 삼는 일이 중요한 것은 아니다.

니체는 거대한 사회 안의 몇몇 공격자를 그려 보이는 대신, 모든 개인이 자아나 '나' 없이 심리적인 불구 상태에서도 강하고 자유로운 개인의 모습을 지니는 문화를 그려 보인다. 공격자인 '나'의 이미지는 나약함에서 생겨난다. 이제 다음과 같이 요약할 수 있다. 니체는 우리가 인간으로서 강한 '나'로 무장되어 있지만 공감을 발전시켜가는 과정에서 '나'를 잃게 된다고 주장하지는 않는다. 또한 공감이 단순히 자신의 시각을 잃는 것이라고 주장하지도 않는다.

니체의 논제는 공감이 (상상으로 생겨난) 다른 사람에게 힘을 실어주는 반면, 공감적인 인간은 나약해진다는 것이다. 바꿔 말하면, 공감적인 인간은 자신의 내면을 바라볼 때는 강인함과 자유 같은 특성이 없어지는 대신 관찰 대상에게 그런 것들을 투사한다.

우리는 니체의 심리학이 지나치다고 판단할지도 모른다. 또한 공감과 강한 자기의식 간의 극단적인 대립을 설정하는 대신에 둘 사이의 역동적인 균형을 상정하고 있을지도 모른다.[21]

그럼에도 여기서는 니체의 사상을 계속 추적해볼 필요가 있다.
공감에 대한 니체의 논제는 다음과 같이 요약될 수 있다.

1. 공감을 지닌 자는 감탄의 함정에 빠진다. 그는 자신이 경탄하는 것에 대해, 그리고 그것을 수단으로 해서 강하고 자유로운 '나'(예컨대 독재자나, 자신이 원하는 것을 간단히 해내는 자연인간이나 열정적인 존재)를 만들

어낸다. 이렇게 구상된 '나'는 초인超人(독일어 : Übermensch)이다. 그런 초인에 비해 공감적인 인간은 창백하고 공허하고 나약하고 비이기적인 존재다.

2. 따라서 니체가 비난하는 공감적인 인간의 사심 없음은 그가 앞서 지니고 있던 '나'나 자아를 상실한다는 뜻이 아니다. 오히려 그것은 공감을 지닌 자가 자기 자신과 관찰 대상 사이에 틈을 만드는 것을 의미한다. 충분한 내면의 통찰 없이 관찰되는 존재에게는 더욱 고차원적인 집중성과 자발성, 직접성과 자유가 주어져 있을 거라고, 따라서 우월할 거라고 여겨진다. 공감을 지닌 자는 그에 상응해서 허구적으로 만들어진 존재와 자신을 비교하며, 자기 자신은 사심이 없다고 여긴다.

3. 그래서 관찰 대상인 다른 사람은 공감을 지닌 자에 의해 그에게는 없는 것들로 치장된다. 그에게 없는 것이란 그가 공감하며 관찰한 결과물, 즉 자기 자신 안에 안주하는 것(독일어 : In-sichselbst-Ruhen)이고, 이는 귀족들에게 주어지는 것이라고 니체는 예찬한다. 이런 의미에서 자기 상실은 니체가 예찬한 '공감이 없는 것(독일어 : Empathielosigkeit)'의 결과물로 나오는 심리적 특성들을 관찰 대상에게 부여하고 비교하면서 '나' 혹은 자아(독일어 : Ich-oder Selbstheit)가 자기에게는 없다고 부정하는 것이다. 스톡홀름 증후군은 관찰 대상이 관찰자에 의해 그가 실제로 갖고 있는 힘 이상으로 신체적·정신적 강인함을 지닌 것으로 무장되는 반면, 관찰자 자신의 입지는 간단히 제거되는 그런 역동성의 사례다.

니체가 언급한 사례들을 통해 일련의 공감적인 소유 효과들

endowment effects(어떤 대상을 소유한 뒤에 그 가치를 훨씬 높게 평가하는 경향)에 대해 생각해볼 수 있다. 거기에 속하는 것으로는 열정, 힘, 권력, 심리적 능력, 진정성, 독자성, 냉정함 등이 있다. 20세기 초에 등장한 스타나 카리스마적인 정치가 등이 그런 식으로 그럴듯하게 투사된 형상들이다.

여기서 니체는 수용적 태도와 공감, 그리고 인격 변화 사이의 관계를 최초로 예리하게 조명한 인물로 언급되었다. 하지만 그는 이 책에 소개된 논제들에 대해 제한적인 보증인으로서만 중요성을 갖는다. 니체의 견해와 달리 이 책의 제2장에서는 '자기 상실'이 공감의 결과라고 주장하기 때문이다(그러나 양자는 서로 긴밀하게 유사하므로 서로 분리할 수 없다). 더 나아가 공감적인 수용은 정서적인 중립성이나 냉정함으로 흘러 들어가는 대신 관찰 대상인 다른 사람을 보면서 '훈훈해한다'. 그 밖에도 공감은 판단 무능력으로 이어지기보다는 규칙적으로 판단과 결합해서 나타나는 것으로 보인다. 그럼에도 니체야말로 공감적인 인간의 자기 상실을 논제로 제시함으로써 우리에게 생각할 거리를 던져준 사람이었다. 그렇다면 우리는 자기 상실을 어떻게 평가해야 할까?

스톡홀름 증후군, 서구 문화의 토대가 되다?

요즘 젊은이들은 예전 세대보다 덜 공감하는 것일까? 이와 관련하여 2011년 사라 콘라트와 에드워드 H. 오브라이언, 그리고 커트니 싱의 연구가 사람들의 주목을 받았다. 「시간의 흐름에 따라 미국 대학생들에게서 나타나는 공감의 변화 : 메타 분석Changes in Dispositional

Empathy in American College Students over Time: A Meta-Analysis」[22]이라는 연구다. 이 연구가 주장하는 것은, 미국 대학생들 중 다수가 지난 30여 년 동안 공감 능력을 상실했다는 것이었다. 언론에 여러 차례 인용된 이 연구는 지난 수년 동안 공감 상실의 속도가 가장 높았다고 강조하면서 경고를 보냈다. 그렇다면 미래 세대는 예전 세대보다 덜 공감한다는 뜻일까?[23]

우리는 이런 변화에 어떻게 반응해야 할까? 많은 나라에서는 공감의 상실에 대해 조치를 취하고 있다. 예컨대 캐나다에서는 학교 내에 공감을 정착시키려는 시도들을 하고 있고('rootsofempathy.com' 참조), 독일과 유럽에서는 아이들이 위험 지역 출신의 새로운 동급생들에게 어떻게 반응하는가 하는 문제 등을 제기하고 있다. 그러나 우리는 적극적인 행동을 호소하기 전에 앞서 언급한 연구에 대해 좀 더 자세히 살펴보아야 한다. 우리가 그 연구에서 주로 관심을 갖는 것은 그 결과들에 대한 평가다. 즉 새로이 나타난 공감 부족을 그저 부정적인 것으로만 보아야 할까.

그 연구는 메타 연구로서, 1979년부터 2009년까지 실시된 72건의 연구들을 분석하고 있다. 똑같은 인격 테스트를 이용하여 총 1만 3,737명에게 실시된 실험의 데이터를 분석했던 것이다. 이때 이용된 인격 테스트는 1979년에서 1980년 사이에 마크 H. 데이비스가 개발한 '대인관계 반응 척도Interpersonal Reactivity Index' 또는 IRI였다.[24] 이 테스트는 개인 간의 관계에서 나타나는 네 가지 양상, 즉 공감적인 관심empathic concern, 관점 받아들이기perspective taking, 상상력 또는 판타지fantasy, 개인적 부담이나 개인적 고통personal distress에 집중했다. 각각의 양상과 관련하여 실험 참가자들에게 일곱 가지 질문을 했다. 그 결과, 조사를 실시한 10여 년간 공감적인 동감이 현저하게 줄어든 것으로 나타났다. 특히 지난 2009년까지 몇 해 동안은 그런 현상이 더욱 심했다. 또한 다른 사람의 관점을 취하는 것도 감소했다.[25]

먼저 여기서 측정된 것이 정확히 무엇인지부터 고찰해보자. 대인관계 반응 척도는 대학생들이 (그리고 여기서 조사되지 않은 다른 집단들이) 작성한 설문지다.

거기에 진술된 것들은 공감 능력이나 공감 활용과는 관련이 없는 대신 공감에 대한 생각과 관련되어 있다. 모든 테스트 참가자는 일정한 특성이 자신과 어느 정도 관련되어 있는지를 알려준다. 하지만 이것은 뇌의 작동 등에 관한 직접적인 데이터는 아니다.

이것은 중요한 사실이다. 특히 성별에 따른 차이와 관련해서는 말이다. 여성이 남성보다 공감적이라는 주장이 있지만 과연 그럴까? 그것은 공감을 어떻게 이해하느냐에 달렸다. 누가 공감 능력이 뛰어난가를 물으면 여성이 더 뛰어난 것으로 나타난다. IRI의 경우, 네 가지 사항에서 모두 여성이 평균적으로 높은 점수를 받은 것으로 확인되었다.[26] 그러나 기능적 자기공명영상을 이용한 결과, 다른 양상이 나타났다. 공감과 관련된 남녀 차이는 매우 적었던 것이다.[27]

사라 콘라트 연구팀이 밝혀낸 차이는 의미심장하다. 과연 그것이 말해주는 것은 무엇일까? 바로 여성들은 공감을 분명히 강조하는 반면에 남성들은 오히려 그것을 부인한다는 것이다. 즉 문제는 공감에 대한 평가와 의견이다. 이 경우 공감의 가치는 뚜렷하게 감소된다. 이는 매우 중요한 사실이다. 왜냐하면 생각, 의견, 그리고 판단은 우리의 실제 태도와 자화상, 그리고 정치색에 영향을 미치기 때문이다. 하지만 그것만으로는 공감에 대한 실제적인 느낌이 줄어들었는지를 확인할 수 없다.

역사적으로 살펴보자. 1979년에서 2009년까지 대학생들은 똑같은 설문지를 받았다. 그러나 그에 대한 답변을 똑같이 평가하는 것이 옳을까? 다시 말해 서로 다른 시기에 똑같은 설문지를 받은 대학생들은 질문들을 서로 다르게 이해했을 수도 있지 않을까? 30년이라는 기간 동안 단어의 의미와 그에 대한 가치판단은 현저하게 달라질 수 있다. 특히 젊은이들의 시각에서 보면 말이다. 즉 2009년의 단어들은 1979년의 단어들과 다른 의미로 들릴 수 있는 것이다.

오래된 일련의 관용구들은 이제 극단적인 의미를 지닌 것으로 여겨진다. 예를 들면 "나는 나보다 운이 나쁜 사람들에게 종종 애정 어린 걱정을 느낀다I often have tender, concerned feelings for people less fortunate than me"[28]라는 표현이 그렇다. 오늘날 미국 대학생들은 'tender'라는 단어를 이해하기는 하지만 구식이라고 생각한다. 적어도 요즘 내가 가르치는 미국 대학생들은 그 단어로 표현할 수 있는 말이 그리 많지 않을 것이다. 자신의 공감 능력이 높다고 생각하는 남학생들의 경우도 마찬가지다.

또 내가 가르치는 일부 학생들이 전혀 이해하지 못하는 구절도 있었다. 바로 '거북하다ill-at-ease'라는 말이었다. 내 학생들은 다음과 같은 문장도 여성적이라고 평가했다. "난 내가 목격한 일들에 종종 감동을 받는다I am often quite touched by things that I see happen." 아마도 1979~1980년경에는 그렇지 않았을 것이다. 내 학생들은 "나는 녹초가 된다I go to pieces"*와 같은 표현도 이해하기 힘들어했다. 모든 질문

---

* '나는 녹초가 된다'는 직역하면 '몸이 조각난다'는 뜻으로, 피곤한 상태를 은유적으로 표현한 말이다 – 옮긴이

이 그런 식으로 분명하게 낡은 것은 아니지만 이렇게 나열된 사례들에 대해 신중을 기할 필요는 있다.

연구자들은 미국 대학생들이 인구학적인 관점에서 달라졌을 거라는[29] 비판을 받아들이지 않았다. 하지만 대학생들 중 소수 인종의 비율은 1979년 12퍼센트에서 2009년 25퍼센트로 증가했다. 이것은 대학생들 중 경제적 취약 계층이 증가한 것과 마찬가지로 상당히 중요해 보인다.

2015년 12월 사라 콘라트가 또 다른 이의를 제기했다. 요즘 사람들이 공감과 관련해서 더욱 자기비판적일 수 있고, 따라서 과거 수십 년간 받은 점수보다 나쁜 점수를 자신들에게 부여할 가능성이 있다는 것이었다.

그러나 아무리 이의를 제기해도 완전한 진실을 밝혀내지는 못할 것이다. 즉 1979~2009년 동안 공감에 대한 대학생들의 생각이 변하면서 감정과 행동에서 공감이 사라졌다고 가정해보자. 우리는 어떻게 반응해야 할까? 그 결과들을 받아들인 매체는 물론 해당 연구자들도 경고음을 내고 있다. 연구자들은 너무 단순하게 원인을 찾거나 성급하게 책임을 돌리지 않는다. 연구자들은 공감이 사라진 원인으로 자기중심적 사고의 확대, 복지의 증대, 대학에서의 경쟁 심화, 서로 공감할 시간의 부재를 꼽는다. 또한 2002년 독일어의 '나 주식회사Ich-AG'나 영어의 '나 세대Generation Me'의 유행, 자녀가 하나뿐인 소규모 가족도 그에 해당된다.

연구자들은 이런 가능한 원인들의 배후에 소셜 미디어가 자리 잡고 있다고 생각한다. "자기에 대한 관심은 특히 마이스페이스MySpace와 트위터Twitter처럼 자신의 개인 정보, 영상, 그리고 의견을 인터넷 세계에 확산시키는 사회적 네트워크의 유행에 힘입어 강화되었다. 페이스북의 인터넷 밈meme인 '도플갱어-위크'는 사람들이 자신의 삶을 밖으로 드러냄으로써 자신을 잠재적으로 현실, 그리고 실제의 사회적 접촉으로부터 차단시키는 사례들 중 하나다."[30]

인문학자로서 나는 여기서 어쩔 수 없이 조금 실소할 수밖에 없다. 이미 200년 전에도 새로운 매체가 젊은이들을 망치고 나르시시즘에 빠지게 한다는 주장이 있었다. 그 당시에 등장한 새로운 매체란 바로 '소설'이었다. 이제는 젊은이들이 제발 소설을 좀 더 읽어주기를 바라는 세상이 되었지만 말이다. (게다가 라이언 헌트 같은 사람은 18세기에 인간이 공감 능력은 물론 인간의 권리를 갖게 된 것은 소설 덕택이라고 주장한다.)[31]

그보다 200년 전에는 책 자체가 새로이 등장한 위험한 매체로 비난받았다. 그래서 셰익스피어의 『햄릿』에는 이런 구절이 나온다. "저기 보세요, 가여운 것이 처량하게 책을 읽으며 오네요But, look, where sadly the poor wretch comes reading." 책이든 소설이든 소셜 네트워크든, 새로 등장하는 매체들은 사회적 폐해로 의심받아왔다. 그러나 그것들이 나르시시즘을 조장하는지는 단정할 수 없다. 게다가 나르시시즘이 나쁜 것인지도 확실하지 않다.

여기서 우리는 근본적인 문제에 부딪히게 된다. 다음과 같이 아주 넓게 문화적인 지평을 펼쳐보자. 전형적인 가치판단에 따르면 낯선 것과의 관계, 낯선 것에 대한 이해, 동감과 공감을 좋은 것으로 여기는 반면에 자기중심주의, 나르시시즘, 공감 부족은 부정적인 것으로 평가한다. 이제 자체적인 문제들을 제기한 니체의 저서들이 관심 대상이 된다. 다른 사람을 드높이고 자기를 상실한다는 니체의 생각에 근거하여 오늘날의 젊은이들에게서 진단된 공감 상실을 과연 부정적인 것으로 평가해야 할지, 아니면 긍정적인 것으로 평가해야 할지 물음을 제기해야 한다. 니체에 의하면 이런 공감의 상실 속에서 새로운 형태의 자기의식이 표현될지도 모르기 때문이다. 그러므로 새로운 자기중심주의나 이기주의 또는 나르시시즘이 공감을 차단하는 위험한 일인지, 아니면 스톡홀름 증후군과 권위적인 문화의 손아귀에서 뒤늦게나마 벗어나는 것인지 예리하게 의문을 제기해야 한다.

이런 식으로 대조·비교하는 것은 여러 면에서 분명 문제가 있다. 예컨대 그런 대조는 잘못된 것이라는, 즉 니체나 콘라트 등의 연구에서 잘못된 대조를 반복하고 있다는 이의를 제기할 수도 있을 것이다.[32] 혹은 스톡홀름 증후군이 공감과는 무관한 예외의 경우라는 이의를 제기할 수도 있을 것이다. 아니면 스톡홀름 증후군, 나르시시즘, 자기중심주의 같은 현상들의 문화적인 차원을 부인하고 대신 개인적인 인격장애에 관해 이야기할 수도 있을 것이다.

그러나 공감과 선행善行이 상당한 정도로 문화적인 과정과 결부되어 있다는 것은 부정할 수 없다. 서로 다른 시대들과 서로 다른 문화들이 그에 상응하여 매우 다르게 공감을 실행해왔기 때문에 서로 달라진 것이라고 설명할 수도 있다. 물론 그렇다고 해서 이를 쉽게 확인하거나 그 수치를 제시할 수 있는 것은 아니지만 말이다.

그런 점에서 공감의 문화적 발전과 경향, 그리고 그 평가에 대해 질문을 던져야 한다. 따라서 우리는 니체와 함께 공감으로부터의 (그리고 스톡홀름 증후군으로부터의) 해방을 추구하는 입장이 되어보자. 넓게 생각해보면 스톡홀름 증후군 같은 현상들은 사실 우리 문화의 붕괴가 아니라 그 문화의 일부로 이해될 수 있다. 이미 종종 설명했듯이 스톡홀름 증후군은 중심적인 제도들 안에서, 예를 들어 군대나 대학(대학원), 그리고 심지어 결혼에서도 다시금 인식될 수 있다.[33] 그 밖에 역사적인 관점에서 보면 더욱 우월한 인격을 위해 자신의 일부 정체성을 포기하는 등 일련의 제도화된 태도들을 생각할 수 있다.

스톡홀름 증후군의 관점에서 서구의 결혼 제도를 단순히 인질을 잡는 것으로 설명한다면, 이는 어처구니없는 조야한 표현일 것이다. 동시에 법률적·사회적·정치적 관점에서 그것은 여성을 남성에게 종속시키는 제도라는 것이 이론의 여지가 없는 사실이기 때문에 실제로 비대칭을 수용하는 심리적 과정에 대해 생각해보아야 한다. 거기서 스톡홀름 증후군은 아마도 완성 단계에 이른 여러 형태의 결혼의 극점極點들 중 하나로 설명될 수 있을 것이다.[34]

그 밖에도 봉건사회에서 신하들은 영주에게 예속만 되어 있었던 것이 아니라 영주의 생활에도 참여했다. 오늘날에도 유명 스타들은 으레 공감적으로 높이 치켜세워진다. 덕분에 20세기와 21세기의 독재자들은 특혜를 누렸다. 어떤 지배자나 수령 또는 통치자의 죽음을 슬퍼하는 일은 초기 역사시대에만 종교적인 행사였던 것이 아니라 최소한 지배자를 경건하게 추모하는 공식적인 형태를 띠고 있었다.

이 거대한 문화가 형성된 과정을 추적해보려면, 사회적인 제도들의 성공 역시 공감의 선행 단계나 그 변형으로 파악할 수 있지 않을까 묻게 된다. 어쨌거나 국가, 교회, 정당, 회사, 클럽, 집단 같은 수많은 제도는 제도가 구현하는 것의 최첨단에 있는 인간의 얼굴을 보여준다. 제도에 속한 구성원들은 그런 얼굴과 관계를 맺고 그 안에 스스로 감정을 이입하여 그것을 자신과 동일시할 수 있다. 적어도 많은 사람이 자신의 정체성을 제도 앞에서 포기하고 제도 안에 자신을 편입시킬 준비가 되어 있는 것처럼 보인다. 거기서 중요한 것은 아마 추상적인 이상이나 단순히 합목적적인 관계가 아니라 최첨단에 있는 것으로 여겨지는 인물에게 자신을 열어가는 순간이다. 따라서 오늘날에도 기업들은 전적으로 목적을 갖고서 창업자나 이사, 매니저나 CEO에 관한 일화들을 계속 퍼뜨린다. 과거에 존재했던 조직들에 대해서는 비교적 쉽게 가정할 수 있다. 그러나 오늘날에도 조직의 총수에 대한 공감적인 관계가 충성심에 얼마나 중요한 역할을 하는지 의문이다.

이런 추측들이 맞다면, 이런 공감의 전 단계에 근거하여 복잡한 제도들을 어느 정도 교육할 수 있으며, 따라서 개인이 상층부에 자신을 편입시키는 동시에 거기에 종속되려는 의지가 어느 정도였을까라는 질문이 생긴다. 지그문트 프로이트는 저서『대중심리학과 나의 분석Massenpsychologie und Ich-Analyse』에서 이런 문제들을 다루었다. 우월한 개인에게 공감이 향하게 되는 순간, 인간이 형성하는 집단의 크기는 엄청나게 커질 수 있고 정치적인 제도들이 생겨날 수 있다. 어느 우두머리가 사망하면서 그와 그들을 이어주던 힘이 후계자에게로 전해져야 할 때가 되면 물론 문제가 발생한다.

법학자인 칸토로비츠는 이런 의미에서 중세 어느 지배자의 죽음 이후의 의식儀式을 관찰했다. 그 왕은 육체적으로 죽었음에도 후계자가 임명되기 전까지 조상彫像의 형태로 그의 현신現身이 여전히 살아 있는 것처럼 유지되어야만 했다.[35]

거기서는 문화적인 업적을 누구에게 돌리느냐도 중요하다. 니체와 그리 멀지 않은 시기에 군주들의 우월함은 물론이고 막스 베버Max Weber가 말하는 카리스마적인 혁명가에서 슘페터Schumpeter가 말하는 천재에 이르기까지 적극적인 잠재력은 사회의 최첨단 조직들에 있는 것으로 여겨졌다.[36] 그에 반해 니체는 강한 개인들을 투사함으로써 문화의 환상들Phantasmen을 만들어내는 더 나약한 자, 즉 관찰자이자 공감을 지닌 자의 행위를 강조하고 있다.

이런 경향들에도 불구하고 서구 문화를 단순히 권위에 대한 종속과 스톡홀름 증후군이라는 개념에 근거해서 확정짓는 것은 적어도 두 가지 이유에서 잘못된 것일 수 있다. 첫 번째 이유는, 서구 문화들은 적어도 오늘날에는 이런 현상에 대해 이론과 실천 면에서 일정한 거리를 두었기 때문에, 스톡홀름 증후군 같은 것은 대개 특별한 경우로만 여겨지고 문제로 정의될 수 있다는 점이다. 그러니까 여기서 자기 상실이 서구 문화의 핵심적인 동기라고 (그리고 더 나아가 전혀 있어본 적이 없는 자아가 상실되었다고 추가로) 주장한다면, 그런 '자기 상실'의 발생을 가능케 하는 강한 대항력이 분명히 있음을 증명해야 한다. 왜냐하면 내부로부터 문화를 형성하는 것은 그런 것 자체를 관찰할 수 없기 때문이다.[37]

우리의 공감 문화가 스톡홀름 증후군이라는 개념으로 확정되어서는 안 되는 두 번째 이유는, 친사회성과 이타주의를 넘어서서 그 현상이 갖고 있는 긍정적인 측면을 우리의 시야에서 잃어버려서는 안 되기 때문이다. 공감하는 인간, 객관적인 인간, 그리고 다른 사람을 위해 자신의 정체성을 포기하는 수용적인 관찰자는 어떤 일에도 불구하고 다른 사람을 수단으로 하는 체험에 의해 풍요로워지기 때문이다. '자기 상실' 속에는 자기 확대도 들어 있는 것이다.

따라서 여기서는 나르시시즘적인 자기 관계는 무조건 좋고, 공감은 부정적이라는 가치판단의 선례를 왜곡 주장해서는 안 될 것이다. 그것은 너무 유치할 뿐더러 위험하기도 하다. 공감이 진화론적인 관점에서 우리를 인간으로 만들어주고, 우리의 복잡한 사회를 상당 부분 가능하게 해주며, 우리를 개별적으로 풍요롭게 해준다는 것은 맞는 말이다.

내가 보기에 문제는, 우리가 공감을 위해서나 또는 그에 맞서기 위해 대안을 고려할 때 불분명한 영역으로 들어선다는 것이다. 공감이 어디에서 좋지 않은 자기 포기로 바뀌었는지, 오늘날의 젊은이들이 보이는 것으로 가정되는 나르시시즘이 어디서부터 잘못 발전되어 온 것인지, 혹은 언제 문화적인 제도가 너무 많은 공감적인 감정이입을 요구하는지, 그 분명한 경계를 정하기 어렵다. 모든 문화는 그 자체적인 표준을 만들어내며, 누구나 종종 오로지 자기 자신만을 위해 자기 자신의 평가와 가치판단을 계산에 넣는다.

그러므로 우리가 과연 공감이 없거나 흔들리는 세계에서 살고 있는지의 여부는 객관적이라기보다는 오히려 개개인에게 던져지는 질문이다. 그러나 너무 많은 공감이 있을 수도 있다는 사실은 이 책의 첫 장에서 제시된 기본명제이기도 하다. 다만 제2장에서 너무 많은 공감이 심리적·문화적인 힘들에 의해 어떻게 차단되고 균형 잡혀지는가에 대해 설명하기 전에, 상호 문화적인 비교를 하거나 그런 비교가 가능한지 생각해보아야 할 것이다.

지금까지 이런 문구들은 서구적인 특징을 지닌 세계의 일반성 속에서 타당성을 띠고 있었다. 그러나 다른 곳, 예컨대 아시아 국가들 내에서의 문화적인 조건들은 관찰하기가 어렵다. 이미 사라 콘라트 연구팀이 실시한 연구에서 대인관계 반응 척도를 사용하여 직접 비교한 결과들은 전적으로 비슷한 것들도 있지만 차이들도 있다.

즉 한 연구에서 중국 대학생들은 미국 대학생들에 비해 공감적인 배려 분야에서는 미흡했지만 판타지 분야에서는 비슷한 가치를 지닌 것으로 나타났다.[38] 또 현대의 중국은 국민들이 공감을 펼치기에 부정적인 요소가 많다는 주장도 있다. 그런 요소로는 다음과 같은 것들을 들 수 있다.

1. 1979~2015년에 지속된 1인 자녀 규정[39]
2. 도시를 비롯한 많은 지역에서의 인구과잉
3. 급속한 경제성장과 개인들이 축적한 부[40]
4. 일상생활에서 가속화된 변화와 그에 따른 시간 부족
5. 사회적·문화적 세대 차이
6. 권위적인 1당 체제[41]

서구 사회에도 공감에 부정적인 영향을 미치는 요소들이 있음에도 서로 다른 문화들이 지닌 전체적인 관계를 잊어서는 안 된다. 중국 문화가 연장자를 존중하는 특징을 어느 정도 지니고 있다는 점에 대해서만이라도 생각해보라. 여기서는 아마 복잡한 유교적 유산이 당에 대한 소속감과 혼합되어 다양한 양상을 빚어냈을 것이다. 따라서 중국에서의 공감 능력과 공감 사용에 대해 생각해보려면 중국 문화에서 중요한 역할을 하는 또 다른 사회적인 상황들을 조사해보아야 할 것이다. 그것을 여기서 다룰 수는 없다. 더구나 중국에서는 종종 사람들이 아닌 경치에 '감정이입'을 하는 경우도 있다.

만약 우리가 이런 형태의 감정이입을 서구 국가들로 이전한다면 감정이입이라는 공감이 돌연 취약해질 수 있다. 아마도 중국의 젊은 이들은 독일의 젊은이들에 비해 같은 나이 또래의 다른 계층 사람들

에게는 덜 공감하더라도 더 나이 든 사람들에게는 분명히 더 많은 공감을 보일 것이다.[42]

중국이나 서구 문화의 경우 공감에 대해 일방적으로 긍정적인 평가를 내리고 공감의 부재에 대해 일방적으로 부정적인 평가를 내리기보다는 현재까지 사람들이 구체적인 인간관계에서 생기는 요구에 대응할 만큼 성숙한가에 대해 상호 문화적으로 관찰해야 한다는 견해만 제시할 수 있다. 미국 젊은이들의 경우에는, 예컨대 그들이 현재 널리 퍼져 있는, 그들의 친구들이 품은 좌절과 불안에 성공적으로 관여하고 있는지 물어볼 수 있다. 중국 젊은이들의 경우에는 세대 간의 간격이 집단들 내의 더욱 강한 유대에 의해 해결될 수 있는지를 물을 수 있을 것이다.

국가 간의 차이를 비교하려는 사람은 다음과 같은 사실을 상기해야 한다. 즉 공감의 개념 및 그와 관련된 테스트들은 서구의 개인주의적인 문화의 특징을 지닌 것이며, 서구 문화 내에서도 학구적인 중산층의 전형적인 태도, 가족 구조, 어휘의 특징을 띠고 있다는 사실이다. 그런 것들은 분명히 중국의 조건에 맞지 않을 것이다.

제2장

공감, 이원론적 세계관의 기초가 되다

공감은 무엇으로 구성되어 있을까

중국의 예로 시작해보자. 여성 철학자 한나 아렌트는 좀 더 감수성이 강한 독일의 나치 당원들의 경우 자신들에게 희생당한 사람들에 대한 연민에서 어떻게 벗어났는지를 이렇게 설명했다. 당시 나치 친위대 대장이었던 하인리히 힘러가 사용한 '책략'은 "연민을 다른 사람이 아닌 자기 자신에게 향하게 하는 것"이었다. 그래서 살인자들은 자신들의 끔찍한 행위에 압도당할 때마다 스스로에게 "도대체 내가 무슨 짓을 하는 거지!"라고 말하는 대신 "나의 끔찍한 의무를 이행하면서 얼마나 괴로워해야 하는가. 이 의무가 내 어깨에 얼마나 힘든 짐을 지우는가!"라는 식으로 말한다.[1] 누구든 이런 책략을 씀으로써 어느 시점에나 자신을 희생자로 보고 연민을 느낄 수 있는 것이다. 무엇보다도 이런 책략은 공감이 단순히 공감 유발자와 공감의 진행 과정으로만 축소되지 않고 그 외에도 차단되거나 방향이 바뀔 수 있음을 보여준다. 그런 종류의 가능성들을 살펴보기 위해 이 장에서는 공감의 일반적인 구조를 알아본 다음, 공감을 유발하는 특별한 가능성에 대해 좀 더 자세히 고찰하고자 한다.

이미 제1장에서는 너무 많은 공감이 있을 수 있음을 설명했다. 니체에 의하면, 공감적인 인간은 자신의 정체성을 끊임없이 상실하고 그가 굴복하는 다른 독립적인 존재에게서만 그것을 인식한다. 이런 주장에 맞서 좀 더 최근의 연구들에 의하면, 최소한 오늘날 미국에서는 젊은이들의 공감이 급속히 감소하고 있다고 한다. 따라서 언제 공감이 너무 많고 언제 너무 적다고 하소연하게 되는지에 대해 의문이 든다. 공감 부족은 前 미국 대통령 버락 오바마가 강조했듯이 우리 시대가 맞고 있는 커다란 도전일까, 아니면 이제 우리가 다른 사람에 대한 의존에서 벗어났다는 의미일까?

너무 많거나 적은 공감에 대한 질문은 제1장에서 일반적인 문화적·철학적인 질문들로 이어졌다. 그러나 이제는 태도와 관련된 공감의 심리적·구체적인 메커니즘과 연관시키고자 한다. 너무 많은 공감과 너무 적은 공감을 구별하기 위해 우리의 심리적인 장치가 어떤 종류의 통제 메커니즘을 발전시키는지 알아볼 것이다. 그리고 그런 공감 통제의 메커니즘에서 어떤 결과들이 나오는지도 알아볼 것이다.

이번 장에서는 공감의 구조를 밝힐 것이다. 이 구조는 공감이 매우 과도한 상태, 즉 자기 상실의 위험을 내포하고 있다는 데서 출발한다. 이 장에서는 어떻게 통제 메커니즘을 공감의 일부로 생각할 수 있을지에 대해 고찰해볼 것이다. 거기에는 공감이 3단계로 구성된다는 모델이 있다. 공감에 적절한 현상학적인 설명을 사용한 모델이다.

이러한 3단계 구조는 공감이 어떤 경우에 허용되고 어떤 경우에 억제되는지에 대한 고찰을 가능하게 해준다. 따라서 중요한 것은 공감이 생기도록 동기를 부여하고 허용하는 것이다. 우리는 여기서 출발하여 공감에서 생겨나는 선입견, 편견, 부당성, 즉 공감의 부정적인 측면들로 다가가볼 것이다.

공감을 실제로 사용하는 모델의 경우 공감 능력 자체는 그냥 하나의 요소일 뿐이며, 그 외에도 그것이 언제 어떻게 활성화되는지 해명되어야 한다. 대다수 사람들은 상당한 공감 능력을 갖추고 있으며, 그것은 우리의 체험과 정체성에 다채롭게 맞물려 있다. 이런 능력들 중 몇 가지를 살펴보기 전에 먼저 다수의 공감 능력을 고찰해볼 것이다.

인류 역사의 초기에는 공감 능력이 매우 강했다. 현대의 초기 공감 연구자들에게는 감정이입의 미학적인 과정을 이해하는 일이 중요했다. '감정이입(독일어 : Einfühlung)'이라는 말은 1909년에 에드워드 티치너에 의해 영어의 'empathy(공감)'로 번역되었다.[2] 그리고 다시 거꾸로 독일어의 'Empathie'로 번역되었다.

먼저 뮌헨 대학교의 미학 교수였던 테오도어 립스는 로베르 피셔의 뒤를 이어서 관찰자들이 어떻게 단순하게 드러난 형태들과 인물들에게 자신을 투영하는지를 연구 분석했다. 그는 모든 미학적인 만족의 핵심에는 자기와의 만남이 내포되어 있다는 기본 가정을 내세웠다. 즉 립스에 따르면, 누군가가 기하학적인 형태의 그림을 만족스럽게 바라보는 것은 그 안에서 자기 자신을 재발견하기 때문이라는 것이다.

립스는 저서 『미와 예술의 심리학』(1903~1906)에서 관찰자는 가장 단순한 스케치는 물론 복잡한 예술 작품에까지 자기 감정과 기분, 그리고 정서를 투사함으로써 그 생명을 일깨운다고 주장했다. 이처럼 우리의 감정을 그 대상에 투입하는 과정에서 우리와 대면하게 되어, 마치 객관적인 것처럼 체험되는, 우리 자신의 무엇인가가 모습을 드러낸다.

립스는 인간의 인지가 일반적으로 죽은 것들을 심리적으로 살아 있는 것으로 변화시키는 성향이 있다고 강조한다.[3] 립스가 강조한 이런 성향은 '공감 편향(독일어 : Empathie-Bias)', 즉 다른 말로 '공감의 선입견'이라고 부를 수 있다. 우리가 살아 있지 않은 것들과도 공감적인 관계를 설정하고 그것들을 살아 있는 존재들로 다루기 때문이다. 애니메이션 영화에서 일시적으로 모든 빗자루가 행위자로 변신하는 식이다.

립스의 젊은 동료인 빌헬름 보링거는 이런 '공감 편향'을 '감정이입 충동(독일어 : Einfühlungsdrang)'이라고 불렀다.[4] 보링거는 이런 감정이입 충동에 관해 연구했다. 그런 연구를 했던 것은 감정이입 충동을 하찮게 여겨서가 아니라 그런 충동이 인간의 체험 어디에나 있다고ubiquitar 생각했기 때문이다. 주도적인 것으로 이해되는 감정이입 충동에 맞서서 보링거는 다른 형태의 예술 수용을 유효한 것으로 보려고 했다. 그것은 바로 추상에 근거한 수용이다. 간단히 설명하면, 보링거의 유명한 저서인 『감정이입과 추상』(1907)은 정확히 이런 목적을 가지고 있었으나 목적 달성에는 실패했다. 그는 감정이입의 위력을 증명하는 데는 전적으로 성공했지만, 그에 맞서 제2의 수용 형태를 제시하는 데는 이르지 못했다. 모방적인 수용의 다른 형태는 언제나 또 다른 모방과 감정이입으로서만 소개될 뿐, 그 자체는 불분명한 것으로 남아 있기 때문이다.

'공감 편향'이나 감정이입 충동의 발견은 이제 더 이상 새로운 것이 아니다. 단순한 선으로 그린 난쟁이나 스마일상Smiley(동그라미 속에 눈 두 개와 웃는 입 모양을 그려 넣은 단순한 얼굴 그림), 또는 그냥 암시적으로 그린 로봇의 '얼굴'만 보아도 이미 감정이 유발되는 미학적인 체험에 대해서는 누구나 알고 있다. 예컨대 비토리오 갈레세Vittorio Gallese 연구팀은 거울신경세포들이 대상들 앞에서 미학적인 과정을 겪으면 마치 그 앞에 인간이 서 있는 것과 비슷한 방식으로 후끈 달아오른다는 것을 증명했다.[5] 자동차에서 치약에 이르기까지 생산품들은 팔리기 위해 소비자들 앞에서 미소를 띠어야 한다는 것은 굳이 마케팅 전문가가 아니라도 알 수 있는 사실이다. 그러나 이런 통찰은 1900년경에 예술의 축소 및 단순화가 현대의 디자인 문화를 자유롭게 하고 현대의 브랜드 네이밍과 마케팅이 등장했을 때만 해도 새로운 것이었다.

미학의 역사에서 립스는 미학적 투사 이론의 대변자로 통한다. 사실 립스는 미학적인 대상이 감정이입을 통해, 크리스티아네 보스가 언급한 것처럼 "전적으로 '나'의 확장 기준에 따라서만 성립"된다고 한 점에서 비난받을 만하다.[6] 그런 점에서 립스가 동시에 인간들 사이의 공감에 대해 학구적인 관심을 제기한 것은 아이러니한 측면이 있다. 여기서는 에드워드 티치너와 에티트 슈타인의 투사로서 인간적인 감정이입에 관한 연구, 에드문트 후설Edmund Husserl의 현상학에 대해 생각해볼 수 있다. 물론 대니얼 뱃슨은 립스로 소급되는 미학적인 공감의 개념이 혼란스러운 것이라고 주장하지만,[7] 바로 거기서 그 현상에 대한 현대적인 학문 연구가 시작된다.

여기서 간단히 공감의 개념을 역사적으로 살펴본 목적은 테오도어 립스의 명예를 살리거나 단순히 이런 논쟁이 매우 최근의 것임을

보여주려는 것이 아니다. (논쟁의 역사와 관련해서는 예컨대 아리스
토텔레스가 언급한 연민은 물론 흄과 레싱, 그리고 애덤 스미스 같은
계몽주의자들의 논쟁도 언급해야 할 것이다.) 이런 식으로 회고해보
는 것은 과잉된 공감, 즉 '공감 편향' 또는 '감정이입 충동'의 경향을
강조하려는 것에 그 의미가 있다. 실제로 이런 경향은 인간의 인지에
영향을 끼친다. 물론 우리는 오늘날 '충동'이나 성향에 대해서는 별
로 이야기하지 않는다. 그럼에도 이 논제는 우리가 비록 다른 사람이
나 생물을 대면하고 있지 않더라도 생기를 불어넣고 인간화하고 감
정을 이입하고 공감하기 위한 준비 상태가 근본적으로 되어 있음을
밝혀준다.

　　이런 경향에 덧붙여 빠르게 공감하려는 준비 상태를 강화해주는
두 번째 요소가 있다. 우리는 인간으로서 같은 인간들을 공감적으로
이해하는 방식을 하나만이 아니라 여러 개 갖고 있는 것으로 보인다.
이렇게 공감에 이를 가능성이 여러 가지라는 것은 이미 '서문'에서,
그리고 공감의 여러 개념을 설명하면서 넌지시 암시했다. 거기서 지
난 수십 년간 학자들에 의해 연구된 메커니즘들의 범위는 특정 목적
하에 다른 사람의 감정을 알아내고 생각을 미리 계산하는 지적인 절
차에서부터, 다른 사람의 신체 자세를 받아들이는 등의 무의식적인
정서적 시뮬레이션과 목적 있는 복사 절차에까지 확대된다.

　　공감에 대해 좀 더 좁은 의미의 ― 예컨대 행동하는 사람과 공감
적인 관찰자에게 비슷하게 나타나는 신경 과정을 설명하는 '자각 행
위 모델perception action models'의 의미에서 ― 정의를 내리는 것에 동의하
더라도, 공감적으로 함께 체험하는 일이 일련의 과정에서 작용하는
것을 확인할 수 있다. 그런 식으로 공감을 유발하는 것으로는 대중

속에서 나타나는 정서적 전염처럼 의식하지 않은 작용(즉 대중의 패닉 같은),[8] 강한 정서의 관찰, 목적을 띤 행위들의 관찰, 관점의 수용, 허구적인 세계로의 이동, 신체적인 태도의 수용, 지적으로 초점 맞추기, 그리고 감정이입이 있다.[9] 거기서는 공감과 비슷한 반응들의 여러 가지 과정 사이에 규칙적으로 하나의 공감에서 다른 공감으로의 변환이 가능하다는 가정을 할 수 있다. 지적인 자극이 정서적인 과정들을 유발할 수도 있는 것이다.

우리는 이 장의 끝에서 공감을 일으키는 특수한 문화적 요인들에 대해 좀 더 알아볼 것이다. 어쨌든 뇌 속에 있는 공감 장치가 수많은 측면에서 활성화될 수 있다는 점은 인상적이다.

지금으로서는 우리가 다양한 방식으로 공감을 고찰할 준비가 되어 있다는 것만 확인하면 된다. 생물학적인 관점과 문화적인 관점에서 우리는 공감에 이끌린다. 우리의 사회적인 주변 세계는 공감을 형성하기에 매우 적합하다. 다른 사람들을 정서적으로, 그리고 지적으로 이해하는 일은 우리에게 분명히 이점을 가져다주기 때문이다. 우리는 많은 관점에서 공감에 의해 자극받고 키워지고 호도되기도 한다. 또한 우리는 사회적인, 그리고 공감적인 소음의 세계에서 살고 있다고 말할 수도 있다. 다른 사람들은 물론 언론이 홍보하는 제품들도 우리의 정서적인 관심을 끌려고 경쟁한다. 거기서 우리의 공감하려는 성향은 쉽게 작동되므로 우리 역시 살아 있지 않은 것들, 즉 환상에서 나온 것들이나 이미 죽어버린 것들에 대해서도 빠르게 공감하려는 대기 상태에 있다. 한마디로 우리는 고도의 공감 능력을 지닌 존재다.

고도의 공감이라는 말은 사회적인 존재로서 잘 적응한다는 말처럼 들린다. 그럼에도 우리는 진화생물학에서 말하듯이 '대가'에 대해 기억해야 한다. 앞서 설명했듯이 공감은 자기 상실, 즉 자신의 관심사와 관점을 잃어버릴 위험을 안고 있다. 앞에서 자기 상실은 다른 사람을 시뮬레이션하고 그의 관점을 수용한 결과, 자신의 관심사, 감정, 자기 인지, 집중성, 정체성, 자기 가치, 자기의식을 약화시키는 것으로 설명되었다. 제1장에서는 이런 자기 상실을 단순히 '나'의 상실처럼 기존의 심리적인 대표성의 상실로 설명하지 않고, 오히려 다른 사람이 자기화되는 것으로 설명했다. 즉 자기 자신에 비해 더 우월하고 현실적이고 중요한 이념으로서 다른 사람이 생겨나고 투사된다. 그러므로 자기 상실보다는 자기 생성이라고 말하는 편이 낫다. 그러나 그것은 자기 자신에게는 구조적으로 엄연히 거부되고 오직 관찰 대상에 대해서만 일어나는 경향으로 설명하는 것이 맞을 것이다.

초인으로 보이는 영화 스타들처럼 어떤 사람에게는 다른 사람이 공감적인 자기 상실의 형태로 나타날 수 있다. 자아 또는 '나'를 갖고 있는 자는 늘 다른 사람인 것이다. 거기서 자기 상실은 전적으로 다른 사람들의 관점을 수단 삼아 더욱 풍부한 체험을 하게 이끌어주는 문이 되기도 했다. 여기서는 그 점도 상기해야 한다.

이 같은 현상으로부터 우리는 앞서 언급한 모델의 두 번째 단계로 나아간다. 사람들이 매우 공감적일 때 어떤 메커니즘이나 기술로 자기 상실을 막거나 제한하는지 질문을 제기해보아야 한다. 간단히 말하면, 어떻게 그들은 그들의 공감을 통제하고 집중하고 차단하는 것일까? 강조해서 말하면, 다른 사람들에 대한 우리의 정서적이고 지적인 관심이 밖으로 드러나고 걸러지고 조종될 수 있다면 공감은 오직 학습을 통해 완전해질 수 있는 것이다. 만약에 부분적인 공감 차단의 메커니즘이나 기술이 없다면 우리는 끊임없이 관점의 상실에 시달리며, 구조적인 스톡홀름 증후군의 세계에서 살게 될 것이다. 극단적인 경우, 우리는 계속 비자발적으로 다른 사람들의 시각뿐만 아니라 동물들과 신화적·허구적인 존재들의 시각마저 수용하게 되면서 그들이 실제로 겪는 체험이나 상상적인 체험도 공유하게 될 것이다. 이처럼 지속적으로 다른 사람들의 체험을 공유하거나 시뮬레이션하는 가운데 우리는 니체가 말했듯이 우리 자신과의 관계도 상실하게 될 것이다.

공감의 여러 능력처럼 공감 차단의 형태도 한 가지가 아니라 여러 가지라고 조심스럽게 추측할 수 있다. 거기서 중요한 것은 일련의 의식적인 조작에서부터 학습으로 단련되고 무디어진 형태들에 이르기까지,[10] 수많은 공감의 형태가 분류된다는 것이다.

신경의 활동 차원에서 작동하는 것 외에 그것을 억압하는 메커니즘도 있다. 아마도 거울신경세포 외에 다른 신경세포들을 억제하고 조종하는 신경세포들의 집단이 있을 수도 있다.[11]

물론 거울신경세포와 공감의 관계가 아직까지 해명되지 않았다는 점을 고려해야 한다. 거울신경세포의 반복적 움직임이 마치 자동적인 것처럼, 사전에 반사적이고 합리적으로 작동한다고 추측할 수는 있지만,[12] 그렇다고 해서 이런 거울신경세포들의 활동이 공감의 과정으로 이어지는 것은 아니다.[13]

통제 메커니즘 스펙트럼의 반대편 끝에는 선별적으로 다른 사람들과 거리를 두게 하는 의식적인 과정들이 있다. 학습을 통해 공감을 차단하는 것이 가능하다. 예컨대 외과의사는 수술 도중에 환자와 많이 공감하려고 해서는 안 된다. 여러 특수화된 직업이나 임무를 수행하는 사람들은 공감을 차단하는 기술을 발전시킬 것이라고 가정할

수 있다. 예컨대 법률가,[14] 돌봄이, 의사, 위생병들을 생각해보라.[15]

완전히 비非의식적인 통제에서부터 학습을 통한 공감 차단 기술들에 이르기까지 그 사이에 다른 억제 메커니즘이 많을 거라고 우리는 추측할 수 있다. 이것들은 신경세포 차원과 심리적인 차원, 그리고 문화적인 차원에서 설명할 수 있다. 그러나 이런 메커니즘들을 어떻게 분류할 것인가 하는 문제는 아직 해결되지 않았다. 공감의 차단을 구성하는 것은 무엇일까? (예컨대 '의식'과 같은) 고도의 심리학적인 시스템들은 어떤 역할을 할까? 또 집단 문화적인 기술들은 어떤 역할을 할까? (모든 문화적 집단은 공감의 여러 가지 예외를 발전시켜온 것으로 보인다. 예를 들어 오랫동안 사람들은 노예에게 거의 공감을 하지 않았다.) 그리고 언제 다시 공감이 허용되는 것일까?

모든 공감 차단에 대해 완벽하고 체계적으로 통찰하는 것은 너무 이른 일일지 모른다. 그 대신 여기서는 공감의 차단이나 조종 또는 억제에 관한 일련의 개별적인 현상들만 언급할 것이다.[16] 거기에는 나치 시대에 하인리히 힘러가 생각해낸 것, 즉 가해자가 자신을 연민의 가치가 있는 행위자로 여기고 희생자가 아닌 자기 자신을 공감의 대상으로 삼는 것도 포함된다.

이미 '서문'에서 말했듯이, 공감은 우리가 비도덕적이라고 비난하는 사람들에게는 제한될 수 있다. 우리는 다른 사람들이 처벌받아야 한다고 생각하면, 그들에 대해 대개 공감을 적게 하는 경향이 있다.[17] 여기서 우리의 관심을 끄는 것은, 죄가 있다고 여기는 일이 공감을 차단할 수 있다는 사실이다. 관련 데이터에 의하면 '자기가 죄를 저질렀잖아'라는 생각이 공감의 집중도에 영향을 미친다는 추측이 가능하다.

이와 관련하여 타냐 싱거의 연구는 '죄'를 더욱 좁은 의미로, 즉 유희 속에서 적극적으로 작용하는 속임수로 파악한다. 그러나 우리는 공감이 차단된 맥락 속에서 다른 형태의 귀인歸因이 차단을 유발하는 요인으로 어느 정도 작용할 수 있을지에 대해 물을 수 있다. 누군가가 어느 10대 소년의 경솔함이나 태도를 비난할 때는 그 소년이 스스로를 해칠 가능성이 있는 것도 비난하는 것이다. 그렇다면 그는 그 소년에게 적게 공감하고 있는 것일까? 그 과정에서 언어는 어떤 역할을 할까? 우리는 방금 비난이나 귀인에 대해 이야기했는데, 그것은 맞는 말일까?

우리가 사기꾼이나 야바위꾼은 처벌받아 마땅하다고 생각한다면, 이는 조너선 하이트의 말대로 합리적인 통제 메커니즘에 조금밖에 종속되어 있지 않은 도덕적 직관 때문일 것이다.[18]

우리는 여기서 공감에서 벗어나거나 공감을 차단하는 일이 어떻게 일어나는지 추측만 할 수 있을 뿐이다. 한 가지 가능성은 언어적으로 비난이나 귀인이 전달되는 일이다.[19] 그러나 언어적인 것을 넘어서서 비가역성非可逆性을 띤 귀인이 특별한 역할을 하는지도 조사할 수 있을 것이다. 예컨대 특히 심한 모욕 같은 것은 그 근거가 분명하지 않은 경우라고 해도 하나의 역할을 할 수 있을 것이다.

그럴 때는 죄의 문제를 넘어서서 아마 다른 형태들도 가정해볼 수 있다. 예컨대 어떤 집단이 다른 집단을 향해 단순히 악질이고 저열하다고 말한다면, 그렇게 말로 특징지어진 사람들은 자신들이 개인적으로 무슨 행동을 하든 상관없이 이미 자신들에 대해 덜 공감하게 될 것이다. 유감스럽게도 20세기의 역사만 봐도 그러한 가능성이 있는 사례가 넘쳐난다.

한편 다음과 같은 설명도 가능하다. 예를 들어 나쁜 행동을 저지른 누군가에게 불행한 일이 발생하는 경우 그것이 그의 잘못에 대한 인과적인 처벌이나 시간적인 처벌로 보이지 않는데도 우리는 그에게 덜 공감하게 된다는 것이다. 또 다른 가능성으로는, 우리가 공감과 관련된 어떤 장면을 관찰할 때마다 별로 의식하지 않고 성급하게 감정이입을 하면서 그 일에 개입해야 할지를 판단할지 모른다는 것이다.[20] 실험적으로는 서로 다른 순서로 정보를 제시하거나 나쁜 짓 또는 불행한 일과 처벌 사이의 시간적 간격을 확대함으로써 공감의 이런저런 변형들을 구별할 수 있다.

여기서 대략 살펴본 메커니즘들이 인종적·민족적·종교적 위력을 갖고 있는지도 추측해볼 수 있다. 그러나 여기서 더 중요한 것은 이런 생각에 깊이 파고드는 대신에 현재 우리의 목표에 집중하는 것이다. 다시 말해 앞서 고통을 겪은 역사가 있으면 그에 근거하여 공감이 소극적으로 나타나거나 억제될 수 있다는 사실을 확인하는 일이다. 똑같이 처벌을 하는 장면이라도 어떤 경우에는 공감이 유발되는 반면, 어떤 경우에는 많은 사람을 냉담하게 하거나, 심지어 뇌 속의 보상 센터에서 긍정적인 감정을 방출시킬 수도 있다.

다른 경우에도 비슷한 상황이 생길 수 있다. 실험 대상자들에게 누군가가 신체적인 고통을 당하는 영상을 보여준다. 그들은 그 영상에 나오는 인물들이 고통의 대가로 얼마의 돈을 받았는지에 대한 정보를 받았다. 금액이 클수록 실험 대상자들이 느끼는 공감은 줄어들었다. 그러나 그 영상에 찍힌 사람들이 적은 금액을 받았거나 아무런 보상도 받지 않았다는 이야기를 들은 경우에는 적절한 공감이 일어나는 것이 기능적 자기공명영상으로 확인되었다.[21]

집단에 속해 있는 경우에는 다른 형태의 공감 조절이 일어나는 것으로 보인다. 수많은 연구 결과, 사람들은 같은 집단의 일원이 아닌 사람들에게는 평균적으로 덜 공감하는 것으로 드러났다. 관찰자들과 관찰 대상들 사이에도 비슷한 경우가 있다는 사실이 자주 입증되었다.[22] 그러나 우리가 과연 공감 차단이나 공감 선호라는 말을 써야 하는지는 확실하지 않다.

어떤 상황에 친숙해져 있는 때에도 공감 차단의 가능성이 발견된다. 내가 '다른 사람들에게서 특정한 상황을 관찰하기 전에 그런 상황을 직접 체험하는 것이 공감에 어떤 역할을 하겠느냐'고 묻자 학생들은 자신의 체험이 공감에 중요한 역할을 한다고 대답했다.

여기서 학생들은 예전에 체험한 것을 상기할 때는 정서와 감정이 더욱 잘 분리될 것이라고 추측했다. 그것은 이성적인 생각으로 들린다. 이는 신체적인 고통을 더욱 직접적으로 관찰하는 경우에는 경험적으로 뒷받침된다.[23] 그럼에도 여기에는 몇 가지 연구의 맹점이 남아 있다. 특정한 상황에는 반대의 경우가 생길 수도 있다는 것이다. 우리가 어떤 상황을 이미 체험했다면 호기심이 줄어들 수도 있는 것이다. 어쨌든 공감의 매력은 다른 때에는 우리에게 거부되어 있던 무엇인가를 함께 체험하게 하는 것이기 때문이다. 혹은 우리 자신이 어떤 특정한 경험은 '그리 나쁘지 않다'는 것을 이미 알고 있어서 동감하기를 거부하고, 나중에 감정의 과잉으로 분류되는 것에 혐오를 느끼는 것일 수도 있다. 아니면 우리는 과거의 일에 반감을 갖고 있어서 그것을 또다시 체험하고 싶지 않은 것일 수도 있다. 그런 점에서 어떤 상황을 사전에 체험하는 것은 냉담과 반감을 야기하거나 피하려는 동기가 되고 그에 맞춰 '거시적인 차단 메커니즘'이 작동되는 것이다.[24]

공감 차단이 가능한 형태들의 범위는 넓다. 이미 시사했듯이 공감 차단의 여러 형태들은 의식하는 정도에 따라 서로 다를 수 있다. 마찬가지로 차단이 대상과 관련된 것인지, 아니면 주관과 관련된 것인지도 구분할 수 있다.

어떤 특수한 대상에게 공감을 느끼지 못하게 하는 공감 차단은 그 대상과 관련되어 있다. 그 이유는 아마도 그 대상에게 책임이 있거나, 아니면 그 대상이 잘못된 집단에 속해 있기 때문일 것이다. 반면에 공감적인 사람에게서 출발하고, 예컨대 강한 자기 초점에 근거해서 그 사람의 공감을 간단히 중단시키는 공감 차단은 주체와 관련되어 있다. 또한 공감 차단은 개인적으로 학습된 태도 형태와 문화적 선례들의 범위 안에서 작용하는 것으로 볼 수 있다.

여기서 소개한 모델은 이전에 있었던 고도의 공감 내지는 공감 편향에 따른 공감 차단의 필요성에서 나온 것이다. 이런 공감 차단의 필요성은 전적으로 유사한 방식으로 이끌어낼 수도 있을 것이다. 스테파니 프레스턴과 프란스 드 발이 제시한 공감 발전 모델에 따르면 많은 사회적 동물들과 마찬가지로 갓난아기들도 자신과 다른 사람들을 정서적으로 뚜렷하게 구별할 수 없는 상황 속에서 살아간다.[25] 자아와 다른 사람을 구별할 수 없는 이런 초기의 상태는 정서적 감염처럼 정서가 나뉘었을 경우에 나타난다. 한 개인이 느끼는, 두려움 같은 강한 정서는 집단 전체를 감염시켜서 집단적인 패닉을 유발할 수도 있다.[26] 사회적인 존재는 '나뉜 다양성'의 영역에 존재한다.[27] 프레스턴과 드 발은 인간을 비롯한 많은 종의 동물들이 자신과 다른 존재들을 구별하는 법을 배울 수 있고, 그럼으로써 다른 존재들의 정서를 서서히 지워나갈 수 있다고 했다. 그렇다면 '나' 또는 자아의 기능은 개인을 다른 사람들의 느낌과 정서로부터 차단하는 것에 있다. 그에 상응하여 공감은 '나'와 다른 사람의 차이에 대해 동시적으로 의식하면서 이해하고 동감하는 것에 있다.

프레스턴과 드 발의 모델은 정서적 감염이나 열광적인 태도를 연구의 출발점으로 선택할 때는 명쾌하지만 다른 측면에서는 문제가 있다. 자아에 대한 감정은 살아가는 동안에 비로소 얻어진다고 전제하기 때문이다.

게다가 초기에 흉내 내기로 나타나는 정서적인 감염은 대개 두려움, 공격성, 피로 같은 강한 정서로 축소되는 것으로 가정된다.[28] 따라서 이런 강한 정서들은 '나'나 자아를 형성하는 데 중요한 것으로 이해되어야 한다. 그에 의하면 공격이나 두려움이 많지 않은 문화나 인구로 형성되어 있는 곳에서는 '나' 또는 자아를 거의 형성할 수 없다. 프레스턴과 드 발의 모델이 보여주는 또 다른 문제는, 공감이 우리를 구별이 없던 과거의 발전 단계로 되돌리게 된다는 것이다.

이미 언급한 경우들은 공감을 억제하거나 차단하는 순차적 메커니즘의 목록을 제시한 것에 지나지 않으며, 여기에는 아직도 연구할 것이 많이 남아 있다.

공감 구조의 세 번째 단계는 차단을 피하거나 공감을 허용하는, 중립화 메커니즘과 기술이다. 즉 우리는 고도의 공감을 지니고 있다고 설명해도 무방하지만(제1단계), 한편으로는 공감을 억제하고 통제하고 제한하는 법을 배운다면(제2단계), 언제 어떻게 또다시 공감이 허용되는지(제3단계) 의문이 생긴다.

제3단계에 대해서는 일련의 가능성이 제기된다. 다음에 나오는 그림에 따르면 먼저 분류하는 일이 가능하다. 그러나 거기서 강조될 것은 이론적 구성이 중요하다는 점이다. 이런 통찰은 몇 가지 인용부호에 의해 강조된다. 물론 차단 메커니즘은 결코 나타나지 않고 동감에 대한 자극(상처받는 것을 관찰하는 일 따위)이 그냥 공감으로 이어지는 경우도 있다. 따라서 공감은 수많은 순차적 과정이 있고 조정이 가능하다고 분명히 말할 수 있다.

A. 첫 번째 가능성은 공감 차단 메커니즘을 '회피하는 것'이다.

차단 메커니즘이 단순히 특정한 공감 자극에 준비가 되어 있지 않을 때 이런 일이 생긴다. 어쩌면 그 메커니즘은 다른 경우들에 대비해 '특수화'되어 있어서 그냥 넘어갔을 수도 있다. 이 경우에는 차단 시스템이 자극의 목적을 즉시 알아채고 그에 대해 면역력을 발휘한 거라고 추측할 수 있다.

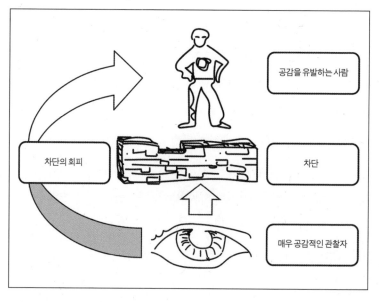

공감 차단의 회피

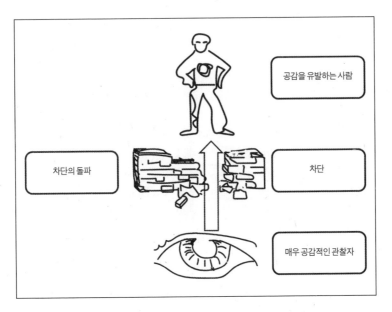

공감 차단의 돌파

    B. 공감 유발자가 아주 강력해서 차단 시스템을 '돌파하는' 또 다른 경우도 있다. 공감 유발자의 '강인함'에 대해서는 다시 몇 가지를 가정할 수 있다. 여기에는 신체적 반응들도 포함된다. 다른 사람을 관찰하는 일은 자주 신체적으로 인지되기 때문이다. 공감 유발자가 강한 이유는 그냥 그것이 확실하거나 분명하기 때문일 수도 있다. 영화, 예술 작품, 서사 따위는 대개 우리에게 강한 인상을 준다. 그것들은 사전 지식 같은 것들에 의해 방해받지 않는 상황에 있기 때문이다. 또 다른 '강한' 공감 유발자는 어린아이 같은 특성이나 고통의 부당함 속에서 찾을 수 있다. 다른 사람이 부당하게 고통받는 모습을 보고 느끼는 강한 분노의 정서가 곧 공감으로 '유입'되는 것이다.

    C. 거부 시스템을 '돌파'하는 '강한' 공감 유발자(B)는 특정 문화

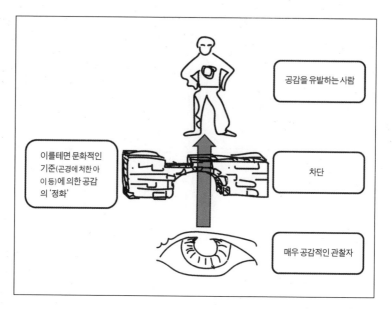

공감을 유발하는 사람

이를테면 문화적인 기준(곤경에 처한 아이 등)에 의한 공감의 '정화'

차단

매우 공감적인 관찰자

특정 문화 속에서 긍정적으로 인정되고 허용된 공감

속에서 긍정적으로 여겨지는 공감 유발자의 형태와 비슷하다. 그 경우에는 공감 차단을 뚫고 나가는 '경로'가 있다. 특정한 공감 유발자들의 경우, 공감이 허용되거나 적어도 공감 차단이 '줄어든다'. 한편 외부의 자극이 허용되어 있어서 결코 차단이 일어나지 않는 상황들도 있다. 그 배후의 문화들, 그리고 집단들 간에 서로 차이가 있기 때문이다. 예를 들어 한 아이가 고통에 소리를 지르면 어떤 문화에서는 공감을 불러일으키지만, 다른 문화에서는 분노로 침묵하기도 한다. 문화적인 태도에 내재된 코드는 우리가 공감을 보여야 할지, 아니면 보이지 말아야 할지에 대한 우리 자신의 기대를 조종하거나 거기에 영향을 미친다.

이것은 결국 우리에게 계속 관찰하도록, 말하자면 우리가 의식적으로 공감을 일으키는 자극을 받아들이도록 한다. 우리는 그렇게 하도록 요구받거나 혹은 스스로 그렇게 함으로써 감정이 이입되고 '공감을 작동시킨다'. 그러나 이것은 공감의 '스위치를 켜는' 대신에 오히려 '자유롭게 해주는 것', 즉 차단을 줄이는 것일 수 있다. 이처럼 의식적으로 공감을 자유롭게 풀어주는 것은 문화적으로 공감을 정화淨化하는 것과 비슷해 보인다. 양쪽 경우에 분명한 것은, 그런 충동이 자극에서만 나오는 것이 아니라 주체에게서 나온다는 사실이다. 주체가 공감을 보일 준비가 되어 있을 경우에 말이다. 문화적 채널과 의식적으로 자유로운 작동을 구별하기 위해 의식의 기능을 보완할 수 있을 것이다.

D. 부분적인 차단의 또 다른 가능성은 제한된 시간 속에서 공감을 허용하는 데서 나온다. 여기서는 시간적 간격을 제한하는 메커니즘에 의해 두 가지 가능성이 나온다.

첫 번째 경우는 차단 메커니즘 자체가 시간적 간격을 조정하는 것이다. 차단이 일시적으로 허용되었다가 다시 닫히면 이를 일종의 '박동'으로 설명할 수 있을 것이다.

시간적으로 제한된 공감의 두 번째 경우는 공감 주체와 대상의 간주곡 속에서 시간적 제한의 메커니즘을 정하는 것이다. 만약 주체가 제한된 시간 동안에만 공감을 사용한다고 가정한다면, '제한을 낮추는 일'은 쉽게 의도할 수 있을 것이다. 그 후에는 다시 자기 자신으로 '되돌아갈' 수 있기 때문이다. 공감적인 태도가 시간적으로 제한된 경우와 잠재적으로 무제한인 경우를 구별하는 예로는 급성 질병과 만성 질병을 들 수 있다. 부상과 같은 급성 질병의 경우에 관찰자는 병이 빠르게 진행되더라도 치유될 희망이 있다고 추측할 수 있다.

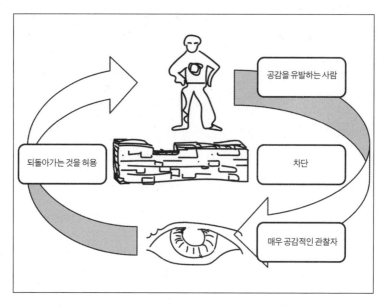

시간적으로 제한된 '되돌아가는' 공감

그에 반해 만성 질병의 경우에는 긍정적인 변화를 생각할 수 없다. 실제로 많은 사람이 급성 질병에 대해서는 만성 질병의 경우보다 오히려 더 공감을 느끼는 기색이 확실하다.[29] 그것은 윤리적으로 실망스러울 수도 있으나 공감의 구조를 생각하면 전혀 놀라운 일이 아니다.

시간적으로 제한된 공감을 선호하는 또 다른 예로는 픽션을 들 수 있다. 대다수 사람들은 극단적으로 고통스러운 경험을 하는 상상의 인물(비극 속의 캐릭터) 속으로 잠시 동안 파고들 준비가 전적으로 되어 있다. 그리스 철학자 아리스토텔레스가 강조했듯이 픽션에는 시작과 중간, 그리고 끝이 있다. 간단히 말해 허구적인 작품들은 결국 결말에 이르게 되며, 따라서 조만간 공감으로부터 벗어나도 된다는 뜻이다. 즉 작품이 결말에 이르거나 서술이 끝나면 우리는 다시 우리 자신으로 '되돌아올 수' 있는 것이다.[30]

위에서 언급한 질병들과 비극 모두 여기서 간단히 요약 설명한 것보다는 훨씬 복잡하다(나중에 다시 비극을 다뤄볼 것이다). 여기서는 다만 결말이 있으리라는 약속이 공감을 일으키고 차단을 낮출 가능성이 있다는 점이 중요하다.

공감의 대상과 주체 간의 이런 상호작용은 공감 유발자를 단지 외부 세계에서 구하는 것은 너무 단순하다는 것도 보여준다. 오히려 주체는 공감할 준비가 되어 있는 상태에서 대상을 찾고 (픽션과 판타지의 경우) 전적으로 주체 스스로가 만들어낼 수 있는 것이다.

E. 공감을 작동시킬 또 다른 가능성으로는 공감과 실제로 연관되지 않은 흥분이나 역학처럼 뇌 속에서 부차적인 활동이 '넘쳐나면서' 거기서 차단을 피하거나 꺼버리는 것이다. 그런 가능성은 다음 장에

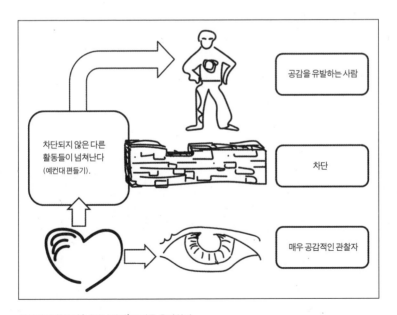

부차적인 활동이 '넘쳐나면서' 공감을 유발한다.

서 '편들기'에 대해 이야기하면서 더욱 자세히 검토할 것이다. 이차적으로 가능한 활동들의 목록은 길다. 거기에는 직접적으로 공감과 관련은 없어도 다른 사람에 대한 모든 주목의 형태가 포함된다. 거기에는 사랑과 열정 같은 강한 정서도 포함되고, 이를테면 도덕이 관련된 경우나 경쟁, 선택 또는 포상을 하는 경우 다른 사람들을 평가하거나 판단하는 것도 포함된다. 이런 경우에는 다른 사람에게 주의를 기울이는 것만으로도 공감적인 성향을 강화할 수 있다. 여기서 충동이나 자극은 전형적으로 공감적인 상황들에서 나오는 것이 아니므로, 차단은 '잠잠'해진다. 그 차단의 주위를 도는 것과 유사한 셈이다.

F. 끝으로 여기서 설명한 구조에서는 개별적인 구성 요소를 활성화할 때 이미 전체 시스템과 숙달된 공감이 활성화되는 식의 시스템 통일성의 가능성이 있다. 그럴 때는 여러 공감 차단이 작동하는 것조차도 공감을 유발한다는 말이 이론적으로 가능할 것이다. 공감을 차단하는 자는 바로 그 때문에 대상에게 더 강하게 집착할 수 있다. 또한 그 때문에 마치 낭만주의 문학에 등장하는 많은 주인공이 스스로 낙인찍고 증오하던 바로 그 사람과 사랑에 빠지듯이 부차적으로 공감에 불을 붙일 수 있는 것이다.

언뜻 모순적으로 보인다. 그러나 그 구조의 모든 요소가 숙달된 공감의 일부일 수 있다고 생각한다면, 한 요소가 충격을 받아도 공감의 전체 구조가 변화할 것은 분명하다. 이미 가보았던 길들을 가는 것이다. 이를테면 처벌에 대한 공감을 제지함으로써 또다시 공감을 일으킬 수도 있을 것이다.

다시 한 번 강조하지만, 여기에 설명한 구조는 뇌와 그 구성 요소

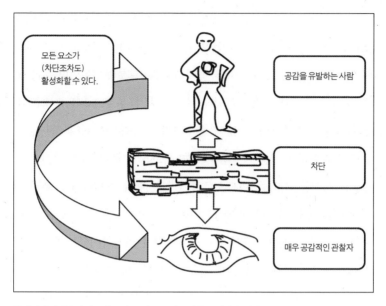

모든 요소가
(차단조차도)
활성화할 수 있다.

공감을 유발하는 사람

차단

매우 공감적인 관찰자

공감적인 과정들의 시스템 통일. 모든 요소가 공감을 유발할 수 있다.

들을 재현한 것이 아니다. 대신 이 모델은 논리적으로 분리된 공감 과정들을 현상학적으로 설명해준다. 거기서 뇌는 우리가 입력과 출력을 근거로 이해하고자 하는 하나의 블랙박스로 파악된다. 이때 이 모델은 우리가 언제 실제로 공감을 느끼거나 활성화할지를 정하는 사회적·문화적·개별적 과정들 속으로 우리의 원칙적인 공감 능력을 삽입하게 한다.

공감의 3단계 구조는 우리에게 공감의 복잡한 균형과 차단에 대해 생각해보게 한다. 더구나 미리 예측하는 것도 허용한다. 이를테면 공감은 몇몇 부차적인 활동에 의해 자극을 받을 경우 가장 강하다는 예측 같은 것이 그것이다. 이런 생각의 중심에는 공감을 사용할 때 개별적인 학습 내용과 문화적 차이들이 작용한다는 사실이 자리 잡고

있다. 마음 이론이나 자극이 설명하는 일반적 공감 능력들에서 출발
한다면, 공감의 사용에서 개인적인 차이들은 파악하기 어려울 것이
다. 이때 사람들은 그냥 공감 능력이 서로 다르게 주어져 있는 것으로
만 생각할 것이다. 그것은 자폐증 환자들처럼 공감이 매우 침해당하
는 경우에는 전적으로 맞지만, 일상생활에서 대다수 사람들이 공감
을 활성화하는 사례를 설명하는 데는 별 도움이 안 된다. 정상적인 공
감 능력이 있는 사람은 언제 어떻게 공감을 사용할까? 그리고 그것을
사용하지 않을 때는 언제일까?

차단 메커니즘이 공감 구조의 일부로 이해되기 때문에 우리는
공감 사용에는 복잡한 개인적인 차이들이 있음을 알 수 있다. 그 외에
도 우리는 공감을 하는 사람이 더 나은 사람이라는 단순한 사고방식
에서 벗어날 수 있다. 오히려 우리는 차단의 필연성에 대해 함께 생각
해볼 수 있다. 이어서 우리는 공감에서 특별한 관심 대상이 될 수 있
는 부차적인 활동에 관심을 기울일 것이다.

트럼프의 원맨쇼(공감의 3인 관계 모델[31])

앞에서 제시한 공감의 3단계 구조는 인간에게 공감 능력이 있다
는 사실만으로는 공감이 나타나지 않는다는 것을 암시한다. 인간은
구체적인 상황 속에서 비로소 공감을 사용하게 된다. 즉 생각하고 느
끼게 되는 것이다. 게다가 공감을 조종하거나 차단하는 메커니즘은
비활성화되어야 한다. 예컨대 위급한 상황에 처한 어린아이를 관찰하
는 것과 같은 특정한 외부의 자극이 중요한 것이다.

앞에서 말했듯이 공감 유발자는 한 관찰자가 서로 다른 두 편의 증인이 되어 그들 사이에서 어떤 결정을 내리는 경우에 나타나는 편들기의 역학 속에 있다. 이것에 대한 설명을 한 가지 사례와 함께 시작해보겠다.

내가 이 장을 집필하고 있던 2015~2016년 겨울, 미국에서는 대통령 선거전이 한창이었다. 그 선거전은 미국식 관습에 따라 선거 공약이 아닌 후보자의 자질에 초점을 맞추고 있었다. 공화당원들에게는 기업가이자 정치적 아웃사이더였던 도널드 트럼프가 놀랍게도 설문 조사와 1차 경선에서 모두 1위를 차지했다. 그가 대통령으로 선출될 가능성이 갑자기 형성된 것이다. 그의 공식적인 등장은 유권자들을 분열시켰을 뿐만 아니라 서로를 적대적인 진영으로 몰아넣었다. 트럼프에 찬성하거나 반대하는 쪽으로 나뉜 것이다. 민주당의 두 후보인 힐러리 클린턴(이미 오래전부터 대중에게 널리 알려져 있었다)과 사회주의자 버니 샌더스는 유권자들을 그런 식으로 분열시키지는 않았다. 그렇다면 어떻게 도널드 트럼프 주위에는 분열된 진영이 생겨난 것일까?

트럼프는 선거 토론을 하거나 공식적으로 등장할 때에도 보통 정치인들과는 다른 태도를 보였다. 모든 점에서 그는 자신의 즉흥적인 정서에 따라 행동하고 있는 것처럼 보였다. 트럼프는 정치적으로 위험한 발언을 했고, 도덕적인 금기들을 깼으며, '정치적 올바름'에 적극적으로 맞서는가 하면, 멕시코인, 무슬림, 여성, 장애인, 저널리스트를 향해 모욕적인 말을 퍼붓기도 했다. 대외 정책적으로 그는 군사적인 개입을 옹호하는가 하면, 무슬림들에게는 미국 입국을 거부하겠다고 했다. 대내 정책적으로는 미국에 입국하는 멕시코인들을 모두 한꺼번에 비난했다. 그는 선거전에서 경쟁자들을 수차례 직설적으로 중상 비방했다. 동시에 다른 정치인들보다도 자주 말을 바꾸는가 하면, 스스로 모순된 행동을 하고, 거짓을 퍼뜨리며, 정적들을 중상 비방하고, 진부한 성차별적인 발언들도 했다. 그의 모든 입장이 급진적인 것은 아니고, 다만 그에 의해 투영된 자의식만 급진적이었다. 어떤 연설에서든 그는 실제 사실에 맞서면서까지 즉흥적인 주장을 펼치곤 했다. 그런 식으로 그는 대중의 상상이 자신을 향하게 했다. 즉 모든 관찰자가 그에게 관심을 갖고 그에 대해 어떤 식으로든 입장을 취하게 만든 것이다.

결국 예비선거전에서 모든 정치인이 트럼프에 '등을 돌리는' 상황이 발생했다. 대중매체 역시 그에게 상당히 초점을 맞춰 보도했다. 그 결과는 이제 공감의 개념으로 간단히 설명할 수 있다. 그의 정서들, 분노의 폭발, 금기에 대한 도전, 과도한 자의식은 정치적인 아웃사이더라는 이미지와 합쳐짐으로써 상당수의 국민이 결국 그의 시각을 받아들이게 했다. 그가 '모든 사람에게 맞서는 한 사람'으로 서면서 오히려 사람들이 그에게 공감하게 되었고 그는 더욱 매력적인 인물이 되었다. 트럼프의 편에서 이런 편들기를 공감과 결합시킨 사람은 매번 그의 편에 서기를 잘했음이 증명되는 것처럼 느낄 수도 있다. 트럼프에게서 어떤 분노가 폭발하든, 어떤 중상 비방이 나오든, 어떤 오류가 발생하든 그 이유와 변명을 찾을 수 있게 된 것이다. 종종 '도널드'라고만 불리는 트럼프의 모든 감정 폭발은 그의 지지자들에게는 "이제야말로 제대로"라는 슬로건대로 그들이 제대로 선택했음을 입증해줄 뿐이었다. 그들은 그가 (스스로 잘못한 일들에 대한) 비난에 맞서 자신을 어떻게 방어할지 열광적으로 기다렸다. 편들기와 동일시, 그리고 '나'의 방어가 혼합된 것이다. 그는 정치상의 빅 베이비Big Baby가 되었다. 그래서 많은 사람이 그를 돕고 지지하려고 했다. 왜냐하면 그가 보여주는 감정들이 이제 그들에게는 하나의 팩트(사실)가 되었기 때문이다. 힐러리 클린턴이 언론에 냉정하게 보도되는 것이 트럼프에게 도움이 될 것이다. 그가 한 나라를 이끌어서는 안 되는, 상징적인 어린아이의 위치에 놓여 있다는 사실은 빠르게 잊힐 것이다.

우리는 이런 관찰들을 일반화해서 여러 가지 힘이 함께 작용하는 현상에 대해 분석할 수 있다. 거기서 우리의 출발점이 되는 것은 누군가의 편을 드는 인간의 속성이다. 이 속성(이상하게도 다른 동물들에게서는 발견되지 않는 속성일 것이다)은 과소평가되어서는 안 된다. 그것은 분명히 사회적인 존재인 우리가 발전시켜온 것의 일부이기 때문이다. 인간은 편들기와 다른 인간들의 판단에 상당히 신경을 쓴다. 물론 일부 동물들, 특히 인간과 가장 가까운 침팬지에게서 협동과 편들기를 볼 수는 있다.[32] 그러나 그런 특성이 인간보다는 약하다. 인간이 얼마나 원한을 품곤 하는지, 어떤 사람에 대해 일단 판단을 내리고 나면 얼마나 끊임없이 그것을 지속시키고 경쟁관계를 유지하는지, 우리 인간이 서로를 얼마나 자세히 관찰하는지 한번 생각해보라. 지금까지 침팬지에게서는 그와 비슷한 일들이 관찰되지 않았다.

편을 들고 도덕적 판단을 내리는 일이 항상 똑같은 것은 아니다. 또한 그것들 사이의 관계 역시 분명하지 않다. 우리는 종종 도덕적으로 우리가 동의하는 사람들의 편을 들기는 하지만, 편들기와 도덕적인 판단이 어떤 순서로 발생하는지는 명확하지 않다. 우리가 다른 사람들을 도덕적으로 옳다고 여기는 것은 우리가 그들의 편이기 때문일까? 아니면 그들이 도덕적으로 올바르기 때문에 우리가 그들 편을 드는 것일까? 양쪽 모두 가능할 뿐더러, 아마 둘은 실제적인 관계를 형성하는 하나의 구조일 것이다. 편들기가 도덕적인 직관보다 앞서 발달한, 진화론상 더 오래된 원초적 구조라는 것이 전혀 엉뚱한 추측은 아닐 것이다. 만약에 이 추측이 맞는다면, 아마 우리는 빠르게 편드는 일을 합리화하기 위해 나중에야 도덕적인 직관을 발전시켰을 것이다.[33]

대니얼 뱃슨의 연구팀은 도움이 필요한 사람들에게 한정된 자원을 나눠주게 하는 실험을 했다. 공감을 배제하라는 지시를 받은 사람들은 자원을 공평성의 원칙에 따라 분배했다. 그러나 공감에 따라 행동한 사람들은 공평성과 정의의 원칙에 반하게 자원을 분배했으며, 자신들이 공감한 사람들의 편이 기꺼이 되었다. 뿐만 아니라 그들은 공감이 공평성이나 정의와는 모순된다고 진술했다.[34]

도덕적인 판단이나 합리적인 결정보다는 편들기가 우선순위에 든다고 추측되는 또 다른 증거로는, 우리가 엄청나게 빠른 속도로 다른 사람들을 판단한다는 사실을 들 수 있다. 이는 우리가 얼굴을 보고 순식간에 판단하는 경우에도 해당된다.[35] 법률적인 상황에서도 대다수 사람들은 실제 주장을 듣고 사실에 대해 숙고하기 오래전부터 이미 판단을 내린다.[36]

이런 고찰이 해결하려는 수수께끼들 가운데 하나는, 빠르게 내린 판단은 대개 그대로 확고하게 유지된다는 점이다. 이는 나중에 얻은 정보들이 그렇게 빠르게 내린 판단과 일치하지 않는 경우에도 마찬가지다. 앞서 설명한 대선 예비선거전에서도 후보들이 벌인 대다수의 토론은 유권자들의 지지가 한 후보에게서 다른 후보에게로 옮겨가거나 그들의 입장을 확신시키는 데는 별 도움이 되지 않았고, 오히려 기존 선택의 정당성만 확신시켰다. 아래에서 계속 설명하겠지만, 편들기가 공감에 의해 점진적으로 고정되는 것이다.

편들기의 전제는 한 가지 이상의 대상 가운데 하나를 선택할 수 있다는 것이다. 비록 선택이 어느 정도 미리 정해져 있더라도 선택하는 사람에게는 바로 그 시점에 선택을 하는 것처럼 보인다. 더구나 선택 사항들 간의 차이는 아주 미미한 중요성밖에 갖지 못한다. 그 차이는 특히 여러 입장들 간에 긴장이 감돌 때, 예컨대 분쟁이나 경쟁 같은 것이 있을 때 중요하다. 선택해야 할 서로 다른 여러 인물들이 서로 다른 의견이나 역할을 갖고 있어서 간접적인 갈등이 빚어지고 있는 상황이라면 그것만으로도 이미 충분한 것이다.

인간을 비롯해서 정신이나 고집이 있는 존재들에게는 편들기가 있다. 인간은 인조인간이나 영혼을 지닌 것으로 인지되는 대상이 아니면 편을 들지 않는다. 정신과 고집이 있는 존재는 외부에서 전혀 인지되지 않거나 함께 체험할 수 없는 감정과 생각, 그리고 의도를 가지고 있다. 편들기를 하는 사람이 그가 편드는 상대에 대해 정확하게 이해하고 감정들을 공유하며 의도를 꿰뚫어본다고는 할 수 없다. 그러나 그가 상대의 '경향'을 인식하거나 추측한다고 가정할 수는 있다. 그 '경향'은 그것이 부딪치는 방향과 행위들에 의해 외부에서 추측될 수 있다.[37]

이런 것들에 대한 고찰을 근거로 공감의 3인 관계 모델을 다음과 같이 요약해볼 수 있다.[38]

편들기와 공감의 역학은 스스로 강화되는 순환을 만들어낸다. 어느 관찰자가 직관적으로 빠르게 (또는 그가 주의하고 싶으면 천천

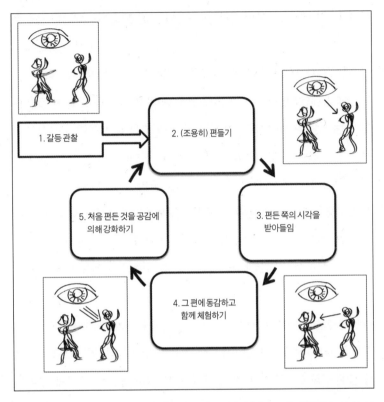

공감의 3인 관계 모델. 갈등이 있는 곳에 머무는 한 관찰자가 자발적으로 편들기를 한다. 그리고 자신이 편든 쪽의 시각으로 상황을 보며 서서히 공감을 발전시켜간다. 이는 다시 자발적 편들기를 정당화하고 강화한다.

히도 가능하다) A의 편을 들면 그는 A의 시각에서 상황을 인지할 수 있게 된다. A의 시각에서 보면 B는 어떤 방식으로든 거부감을 주거나 잘못된 것이다. 이때 B는 관찰자가 편든 A에게 전적으로 해로운 공격자로 인지될 수 있다. 관찰자와 A가 공유한 시각이 양쪽을 더욱 대립시키고 양극화할수록 관찰자는 자신이 편든 A의 고통과 느낌을 공유할 개연성이 커진다. 간단히 말해 관찰자는 A가 처한 정서적 상황을 함께 체험하면서 공감도 발전시켜간다.

그러나 여기서 공감은 종결점이 아니라 새로운 편들기의 시발점이다. 그럼으로써 관찰자는 A에 대한 결정을 반복적으로 강화하기도 한다. 이제 관찰자이자 공감자는 이미 자신이 선택한 A에게 새로이 편들기를 하는 식으로 자신이 처음에 빠르게 내린 판단을 굳혀갈 개연성이 매우 크다.

스스로 강화되는 이런 순환은 편들기에서 시작되는 것이 아니라 어느 지점에서나 시작될 수 있다. 어떤 갈등을 처음 관찰하고 편을 드는 대신 어떤 시각을 받아들이거나 공감했다가 비로소 편을 드는 결과로 이어질 수 있다. 결정적인 것은 이 세 가지 요소(편들기, 시각 받아들이기, 그리고 공감하기)가 상호 확인되고 강화되는 것이다. 그 역학관계는 동일하다.

이런 순환의 역학을 특히 중요한 결과로 이끄는 두 가지 요인이 있다. 이미 언급한 첫 번째 요인은 아주 빠르게 판단하고 편들기를 하는 인간적인 속성이다. 두 번째 요인은 갈등 상황이 특히 공감에 중요한 사건으로 나타나는 것이다. A와 B가 긴장과 갈등 속에서 분명하게 대립하고 있다면 A와 B의 상황을 정확히 이해하고 다음과 같이 시뮬레이션하게 된다. 즉 A는 B에 맞서다가 그쪽의 희생물이 되는 상황에 처한다. 그처럼 분명한 상황은 엄청난 공감을 불러오거나, 이 책의 '서문'에서 언급했듯이 미학적인 것이 된다. 거기서 편들기를 하면 한쪽의 시각을 선호함으로써 계속 상황을 더욱 분명하게 만들며, 이것이 첨예화되면 종종 한 가지 행위만을 하거나 한 가지 결정만 내리게 된다.

공감의 3인 관계 모델은 상황이 진행되는 동안 서로 다른 요소들과 공감의 형태들이 서로 연관되면서 서로의 위치로 바뀌는 것을 설명하려는 이론이다. 마음 이론에서 배려에 이르기까지 공감과 비슷한 수많은 태도들은 한편으로 구분이 되지만,[39] 다른 한편으로 직접적으로 공감을 연상시키지 않는 태도들을 포함해 여러 다른 태도들이 일상생활에서 구분되지 않게 함께 작용한다.

처음에는 합리적으로 관찰하다가 이것이 편들기로 이어질 수 있고 결국에는 강한 정서적인 공감으로 유입될 수 있다. 또는 반대로 강한 정서에 물든 자발적인 공감은 어떤 사람의 편을 들게 하고 그에 대해 합리적인 이유를 찾게 할 수도 있다. 비록 나중에는 그런 노력조차 손쉽게 해치우더라도 말이다.

이런 모델은 임의적이고 우연적이고 피상적인 빠른 판단이나 편들기가 비록 도덕적 직관과는 모순되어도 왜 단단해지고 진한 공감으로 변해가는가를 설명해준다. 다른 사람들이 아닌, 하필 그 사람들이 서로 관련되는지도 역시 다분히 수수께끼 같은 면을 지닌다. 아마도 사람들은 누구와든 공감의 끈을 발전시켜서(왜 그런지 이유는 모르지만 말이다) 하나의 집단을 형성할 수 있다는 바로 그 점이 미스터리인지도 모른다.

그럼에도 인간적인 판단 능력을 과소평가해서는 안 된다. 엄청나게 빨리 또는 직관적으로 내린 판단이라도 맞는 경우가 종종 있다.[40] 단순하게 발견하는 방식이 종종 복잡한 계산을 능가하기도 한다.[41] 그리고 도덕적인 관점에서도 로버트 커즈번과 그의 동료들이 주장하듯이 우리가 틀리는 경우는 상대적으로 드물다.[42]

다시 한 번 말하자면, 여기 소개한 모델은 처음에 우리가 어떤 기준에 따라 편들기를 하는지는 설명해주지 않는다. 이에 대해서는 많은 선례가 있으며, 거기에는 다음과 같은 것들이 포함된다.

a) 관찰자와 어느 한 편 사이의 유사성.[43] 그러나 인간은 전적으로 비슷하지 않은 경험들도 이해하고 공감을 발전시킬 수 있다.[44]

b) 편드는 사람의 이익에 이용되는 전략적인 계산들

c) 어느 편이 더 정당한지에 대한 도덕적·법률적인 결정들[45]

d) 어떤 사람과 과거에 겪은 경험들[46]

e) 편들기의 '자기반성'적 형태들. 관찰자는 관찰자로서 수동적이기 때문에[47] 그에게는 갈등의 수동적이고 고통받는 측면이 더 친숙하게 느껴진다.[48]

f) 보이거나 추측된 정서들의 강도

g) 다양한 문화적 선례들

h) 희생자 도식. 사람들은 희생자에게 더 많이 공감한다. 희생자에게 도움이 필요하다고 생각하고 대체로 더욱 강한 정서를 느끼기 때문이다.

요약하자면, 공감은 특히 다음과 같은 하나의 기능을 갖고 있다. 즉 공감은 빠르게 내린 판단을 견고하게 한다. 이런 견고함은 확실한 태도 형태들을 허용한다. 고도의 사회적 동물인 우리는 삶의 일상적인 양상으로서 다툼이나 불화를 겪곤 한다. 편들기와 공감의 역학은 우리에게 빠르고 굳건한 결정을 내리고 갈등에 개입하여 분명한 입장을 취하게 한다. 만약 우리가 입장을 취할 수 없고, 또 그래야만 하는 경우라면 도덕 같은 태도 형태들은 생각할 수 없을 것이다. 나는 한쪽의 고통을 많이 느끼면 느낄수록 그들을 위해 더 강하게 개입하게 된다. 그러므로 공감은 내가 다른 사람들에 대해 긍정적 또는 부정적 태도를 취하도록 이유가 되어주는 것이다. 다른 사람에 대해 확고하게 결정했으면, 나는 반대편을 처벌하거나 그쪽의 불행을 기뻐할 수 있다.

공감은 빠르면서 우연한 편들기를 지속적인 동맹으로 변화시키는 매개체다. 그러나 현대의 미학(여전히 명확성의 개념으로부터 간접적으로 도출되는 미학)은 빠른 편들기를 저지하거나 적어도 미루게 하는 것이 임무라고 여긴다.

여기서부터 과소평가될 수 없는 공감의 두 가지 어두운 면을 고찰하고 설명할 수 있다. 그중 하나는 생각을 선과 악, 흑과 백, 친구와 적 같은 이분법적 사고로 굳히는 것이며, 다른 하나는 자신을 희생자로 표현하도록 교육하는 것이다.

역지사지가 적대감을 키울 때

앞서 우리는 공감이 어떻게 빠르게 편들기를 하고 이를 심화하는지에 대해 설명했다. 이론상 이것은 양극화로 이어지고, 결국에는 비교적 절제된 긴장을 심한 갈등으로 확대시킬 수 있다. 그로 인해 사람과 집단은 극심하게 분열될 수 있다. 그러나 그것은 실제로 어떻게 표현될까?

양극화가 특히 강하게 나타나는 경우로는 테러리즘을 들 수 있다. 현대의 테러리즘은 19세기에 열렬히 타올랐던 민족주의에 뿌리를 두지만, 새로운 대중매체의 시대에도 여전히 지속되고 있다. 그런 점에서 테러리즘은 효과적인 마케팅이라고 설명하는 것도 틀린 말은 아니다. 비교적 소수의 사람들이 자신들의 행위를 통해 한 국민을 불안의 상태로, 어쩌면 쇼크의 상태로까지 빠지게 하면서 자신들이 주도하는 이념에 관심을 끌 수 있다. 그들의 악의적인 계산과 잔인한 행위에도 불구하고 그들을 냉정하게 계산하는 증오 어린 행위자들이라고 부르기는 어렵다. 대신 그들 다수는 주도적인 문화와 지배 권력을 부정한다기보다는 그들의 집단, 종교, 지도자에게 몹시 헌신한다는 특징을 지니고 있다. 얼마 전에 나타났던 암살자들과 살인자들도 "서구는 꺼져라"라는 구호 대신에 "알라후 아크바르Allahu akbar(신은 위대하시다)"라고 외쳤다. 이런 관점에서 보면 테러리즘은 어느 한 편을 위해 결정하고 움직임으로써 민감하게 동감하는 것이다.

행위자로 발전해가는 것에는 일련의 사회적인 원인들이 있는 것이 분명하다. 특히 오늘날 유럽에서 발생하는 이슬람 단체들의 공격이나 외국인에 대한 공격, 미국에서 벌어지는 흑백 갈등을 보면, 사회적으로 소외되어 있어 희망이라곤 거의 없지만 그나마 테러를 통해 자신들의 존재를 조금이나마 드러낼 가능성을 지닌 행위자들이 적지 않다. 그러나 그들 가운데는 특혜를 받고 있거나 아주 안정된 배경을 갖고 있는 사람들도 있다. 대다수 행위자들의 행위는 직접적인 복수를 하게 할 만큼 강한 트라우마적인 경험을 스스로 겪거나, 아니면 직계가족이 겪었던 개인적인 희생자의 행위로만 설명되지 않는다. 대신 그들은 어느 한 편에 자신들을 소속시키고 그 편을 방어하는 것을 인생의 소명으로 선포해야 할 만큼 고통을 강하게 인지한 것으로 보인다.

그러므로 짧은 순간이라도 희생자들의 장례식을 공개적으로 진행하거나, 희생자의 유족들이 애도하는 모습을 보여주거나, 고통받는 (이슬람) 민족 또는 (미국의 흑인) 집단에 대하여(예컨대 희생자의 몸이나 상처 입은 사자 등 의인화된 형태로) 서술하는 등 희생자들의 몸과 고통을 보여주면 이미 잠재해 있던 편들기나 집단에 대한 소속감이 엄청나게 자극받으면서 공감이 유발될 것이다. 그에 반해 (예컨대 저세상에서 순교자를 기다리는) 보상에 관한 생각이나 증오, 그리고 통제되지 못한 원한 같은 것은 행위를 유발하는 부차적인 충동일 수 있다.

우리는 이런 극단화를 어떻게 피할 수 있을지 질문을 제기할 수 있다. 나의 동료인 키스 바턴은 아주 심각한 갈등을 잠재우기 위해 공감이 투입되어야 하는 매우 흥미로운 경우에 대해 설명하고 있다. 그는 비교교육학 교수이며 오래전부터 북아일랜드의 갈등에 대해 연구해왔다. 그곳의 교육 당국은 적어도 미래의 세대들을 위해 가톨릭교도와 신교도 간의 갈등을 줄여줄, 검증이 잘된 역사교육에 대해 고민했다.

마침내 6~8학년 담당 역사 교사들이 양쪽 종교가 서로를 이해하도록 도울 통합수업 교안을 개발했다. 신교도 학생들을 포함한 모든 학생이 그것을 배웠다. 예컨대 가톨릭교도들은 왜 1888년에 선포된 자치 법안Home Rule Bill을 지지했는가, 가톨릭교도들은 어떤 폭력과 정치적인 불이익을 겪었는가 등에 대해 테스트를 받았다. 한편 가톨릭교도를 포함한 모든 학생은 신교도 측에서 실패한 이념과 고통에 대해 이해해야 했다. 이런 수업 구상의 배후에는 학생들이 다른 쪽의 시각도 받아들임으로써 공감을 발전시켜서 서로 간의 갈등을 상대화하고 약화시키려는 의도가 있었다. 그 시도는 성공적이었던 것으로 보인다. 학생들이 새로운 수업에 적극적으로 참여하고 적절한 성적을 받았기 때문이다.

하지만 추후에 실시된 조사에서는 원래의 바람과는 반대로, 새로운 세대의 학생들도 매우 극단적이었으며, 수업이 갈등 해소에 전혀 기여하지 못했다는 것이 드러났다. 실제로 3년간 통합수업을 받은 후에도 "학생들은 그들이 속한 공동체의 역사적 시각과 자신을 동일시하는 경향이 더 강했던 것이다".[49] 이 조사 결과에 따르면 학생들은 "다른 공동체 구성원들에게 높이 공감하더라도 그들의 공감에는 그 구성원들의 경험을 자신들의 역사로 동화시키려는 의도가 있었다. 즉 학생들은 대안적인 입장들을 무시하거나 비난하기보다는 그것들을 재해석했다".[50]

무엇이 잘못되었을까? 이런 데이터들은 여러 가지로 다르게 해석될 수 있다. 한 가지 가능성은 그 교과과정이 학생들의 정서에 직접적으로 관여하지 못했을 수도 있다는 것이다. 키스 바턴도 그렇게 추측하고 있다. 대신 그 교과과정은 여러 시각들을 인지적으로 수용하려는 목표를 갖고 있었다. 한편으로는 학생들이 속한 사회적 환경에서 가해지는 문화적인 압력과 광범위하게 퍼져 있는 양분된 역사적 서술이 너무나 확고해서 그들이 자유롭게 선택할 여지가 없었을 것이라는 가능성도 제기된다. 그런 점에서 역사교육 하나만으로 변화가 오리라고 생각한 것은 지나친 낙관론이었다.

그 외의 또 다른 가능성은 이런 평화적인 노력에 반하는 경향이 공감 자체의 구조에서 나왔으리라는 것이다. 공감은 벌어진 틈을 메우는 대신 갈등 심화에 이용되었을 것이다. 매컬리와 바턴도 시도 자체는 훌륭했으나 그것은 극단화를 야기할 구조를 내포하고 있었다고 나중에야 추측했다.[51] 여기서 설명되듯이, 공감이 편들기와 밀접하게 얽히면 여러 갈등 상황 속에서 편을 들었던 쪽에 대한 공감이나 동일시가 강해지기만 한다. 설령 (앞서 주장했듯이) 자신의 편을 나쁘게 조명하더라도 마찬가지다.

학생들은 무엇보다도 그들의 역사 속에서 일어난 모든 사건을 양쪽, 즉 가톨릭교도와 신교도의 눈으로 볼 수 있음을 배웠다. 그 때문에 극복되어야 할 양분된 구조가 더욱 깊어졌다. 그리고 그들은 결국 양쪽 가운데 어느 쪽이 자기편인지를 아주 정확히 알게 되었다. 그렇기 때문에 이 교과과정은 학생들에게 인지적으로 (그리고 아마 정서적으로) 다른 편의 시각을 수용하는 법을 가르치는 동시에 결국 다른 사람들은 다른 사람들일 뿐이라는 점을 끊임없이 상기시켰던 셈이다.

그 프로젝트는 결국 폐기되었다. 어쩌면 공동의 역사를 추적하는 것이 더욱 의미 있었을지 모르겠다. 예컨대 1900년에 아일랜드를 휩쓴 기아에 대해 가르치는 것이다. 기아와 같은 역사적 사건은 진영의 차이를 만들지 않기 때문이다.

비슷하게 다른 사람들의 갈등에 편들기와 공감이 어떤 역할을 하는지를 물을 수 있다. 19세기와 20세기는 물론 21세기에도 갈등과 분열로부터 자유로운 지역은 어디에도 없다. 미국 대통령 후보인 도널드 트럼프의 예가 보여주듯이 서구의 민주주의에서조차 매번 분열이 나타나곤 하면서 사람들은 정치적으로 선동된다. 지난 수십 년간 일어난 내란의 목록도 너무나 길다. 더구나 북아일랜드의 경우처럼 극복하기 위해 노력한 공동의 역사는 거의 없다.

이런 갈등들을 국내외의 관찰자들은 자주 극단화시키곤 한다. 예컨대 무너진 유고슬라비아, 이스라엘-팔레스타인 간의 갈등, 그리고 시리아에 대해 생각해보라. 그런 갈등에 대해 국제적인 관찰자들은 서로 다른 동감을 발전시켰다. 이스라엘과 팔레스타인 간의 긴장과 갈등은 아랍 세계와 서구 세계의 국제적인 관찰자들을 양극화시켰다. 그렇다고 그들의 진영이 항상 분명한 것은 아니었다. 유럽 내에서 발생하는 수많은 친팔레스타인 저항과 이주자들에 반대하는 시위를 생각해보라. 공감의 측면에서는 똑같은 사건들이 얼마나 자주 서로 다른 반응들을 유발하는가에 주목할 만하다. 한쪽은 상실과 공포에 지배당하고, 그쪽 편을 드는 사람들은 이를 슬퍼하고 한탄하는 반면에, 다른 한쪽에서는 그런 일을 아무렇지 않은 것으로 여기고 상대가 예전에 저지른 끔찍한 행위나 압박에 대한 정당한 보복으로 평가한다. 양쪽 모두 사건이 일어날 때마다 자신들이 편드는 쪽의 상황을 보고 자신의 판단이 증명된 것으로 생각한다. 매번 마지막 행위자가 누구인지와는 상관없이 자신이 속해 있는 집단에 더 많이 공감하게 된다. 여기서 편들기, 공감, 합법화, 도덕화는 종종 항의에 자신을 면역시키고 강화하는 일을 하게 된다.

그렇다고 해서 공감이 갈등 완화와 해결에 기여할 수 있음을 부정해서는 안 된다. 노예제도의 종말은 분명 (인간의 권리와 관련해서) 공감을 평가절상한 덕분이었다. 그러나 노예제도의 경우에는 단순히 양쪽이 서로 대립한 것이 아니라 한쪽이 다른 한쪽을 무자비하게 착취했던 것이다. 따라서 여기서 주장하는 것은, 공감이 통제되거나 방향이 조종되지 않으면 갈등을 약화시키기보다는 오히려 첨예화시키는 경향이 있다는 사실이다. 이미 말했듯이 그렇다고 해서 공감이 갈등 해소에 기여하지 못한다는 뜻은 아니다. 문제는 이런 일이 어떻게 일어날 수 있는가다. 어쨌거나 북아일랜드의 사례는 주목해볼 만하다.

또 다른 예로 남아프리카공화국이 있지만 내게는 그리 명확해 보이지 않는다. 왜냐하면 여기서 중심에 있는 것은 공감이라기보다는 모든 사람을 위한 새로운 정체성이기 때문이다. 여기서 '진실과 화해 위원회Truth and Reconciliation Commisson'의 메커니즘은 애정, 공감, 그리고 편들기와는 무관하게 용서가 법률적인 결과로 확정되었다는 점에서 중요하다. 즉 자신의 잘못을 완전히 자백한 사람은 사면되었다. 진실이 자백에 의해서만 밝혀질 때 사면을 협상 결과로 내놓는다면 아마도 편들기와 공감에 대한 기대가 사그라질 것이다. 이 같은 법적·정치적 장치는 갈등 심화를 막고, 처벌을 멈추고, 사태가 계속 확대되는 것을 방지하려는 목적이었다. 간단히 말해 편들기와 공감을 차단했기 때문에 갈등도 계속 제거될 수 있었던 것이다.[52]

공감의 구조와 공감의 3인 관계 모델로 설명했듯이, 공감은 선입견을 확고하게 하고 입증해준다. 따라서 공감은 갈등을 없애기보다는 매번 다시 극복되어야 할 문제의 일부가 된다.

픽션, 선악만이 존재하는 단순한 세상

세계사에 등장하는 픽션과 신화들의 근본적인 속성은 선과 악을 분명하게 구분해왔다는 것이다. 서구의 동화들을 포함해서 수많은 동화에는 선한 캐릭터들이 착한 행동에 의해 부각되는 반면, 나쁜 캐릭터들은 못된 짓을 연이어 저지르다가 결국에는 그에 합당한 종말을 맞곤 한다. 놀랍게도 규범적인 수많은 문학작품에도 그런 식의 구도가 유지된다. 비록 주인공들은 더 자주 방황하고 잘못을 저지르더라도 나중에 후회하고 좋은 일을 하는 한, 역시 좋은 결과를 맞이한다.

예컨대 비극과 같이 미학적이고 정서적으로 예외인 작품들에서조차 적어도 악한들은 분명하게 처벌을 받는 반면에, 주인공들은 해피엔딩을 맞이하고 관객들의 눈에 숭고한 모습으로 나타난다.

어떻게 이야기와 픽션 속에 이처럼 분명한 선과 악의 선례들이 생기게 되었는지 의문을 가질 필요가 있다. 발전사적으로 도덕과 픽션은 서로 연관되어 있을 수 있다. 적어도 대다수의 픽션 작품에서 눈에 띄는 것은 선한 캐릭터와 악한 캐릭터를 매우 분명하게 구분하고 있다는 사실이다. 물론 현실에서는 진짜 선한 사람과 진짜 악한 사람은 드물다. 모든 개연성을 살펴볼 때 아는 사람과 이방인 혹은 친구와 적을 구별하곤 하던 것이 그런 식으로 구분하도록 계속 영향을 미친다. 거기에다 아마도 좋거나 나쁘다고 특징지을 수 있는 개별적인 행위들이 부가적인 특성으로 캐릭터들에게 투사된다.

그에 반해 실제 세계에서 우리가 다른 사람들의 성격을 규정지을 때에는 도덕적으로 좋고 나쁘다고 생각하는 경우가 별로 흔하지 않다(그러나 나의 자녀들은 자기 선생님들을 전적으로 좋은 사람인지, 아니면 나쁜 사람인지 범주화한다고 말한다). 어쨌거나 픽션들은 이런 도덕적인 범주들을 아주 분명하게 보여준다. 그런데 사실 왜 그렇게 하는 것일까? 이런 도덕적인 흑백 회화는 어디서 공급되는 것일까? 도덕을 연습하고 습득하는 것에 문제가 있을까? 이야기와 신화가 수천 년 전부터, 어쩌면 이미 7만 년 전쯤 인간의 언어 능력이 시작된 이래로 전해져왔고, 오늘날에도 우리가 매일 많은 시간을 이야기와 픽션에 쏟는 것을 생각해보면,[53] 이처럼 이야기를 통해 도덕적인 것을 강조하는 이유를 설명해주는 진화와 관련된 양상들이 있지 않을까 하는 의문을 제기해도 이상하지 않을 것이다. 아니면 억압적인 문화적 선례들이 있어서, 예컨대 혁명 같은 일은 사소하게 여겨지게 된 것일까? 그러나 이런 선례들은 오락의 가치로서 설명될 수 있는 것일까? 어쨌거나 도덕적으로 분명하고 명확한 형태들을 눈앞에 보면 기분이 좋아질 수는 있을 것이다. 또 다른 식으로 설명하는 것도 가능하다. 예컨대 정신분석학자인 융C. G. Jung의 글을 읽는 사람들은 '원형Archetypen'에 대해 생각해볼 수도 있을 것이다.

이런 현상에 대해 윌리엄 플레시는 한 가지 흥미로운 설명을 했다.[54] 즉 픽션은 우리에게 도덕적인 느낌을 유발하고 심화시킨다고 주장한 것이다. 예컨대 주인공과 동일시하거나 공감하는 것보다도 더 중요한 것은 악인을 처벌하는 일, 그리고 아무런 개입도 하지 않고 부당 이익만 챙기는 방관자들을 처벌하는 일이라는 것이다.[55] 플레시의 주장은 서구 문학의 규범이 구약성경에서부터 현대문학에 이르기까지 누구나 도덕적인 성취만큼 보답을 받는다는 식의 시적詩的 정의에 얼마나 경도되어 있는지를 강조하고 있다. 그는 기식자(이른바 무임 승차자나 부당 이익을 얻는 자)가 되려는 유혹을 제한해야 했던 진화론적인 요인으로 이런 사례들을 설명한다.

따라서 플레시가 보기에 문학, 픽션, 그리고 서사는 사회가 도덕적으로 기능하는 데 중요한 기여를 해야 한다. 우리는 일단 도덕이 목표로 정해지면 픽션들이 잘못되었을 가능성이 있는 것들을 눈앞에 드러내고 공감을 하든 안 하든 그에게 그것들을 정서적인 사건으로 심어주기 위해 최적의 훈련 조건들을 만들어내는 것을 볼 수 있다.

픽션이 선한 캐릭터와 악한 캐릭터를 지나치게 부각시키는 것도 그것들이 수용자들에게 비도덕적 태도의 특징을 아주 분명하게 암시해준다면 역시 목적을 위한 수단이 될 수 있을 것이다.[56] 거꾸로 픽션은 많은 상황에서 관대함에 대해서도 가르칠 수 있을 것이다. 실제 삶은 픽션보다 오히려 더 자주 양면성을 띠고 있으므로 사람들은 더 쉽게 용서하기도 하고 처벌을 면해주기도 한다. 그것 역시 전적으로 의미가 있을 수 있다.

그러나 이제부터는 다른 논제를 다루고자 한다. 우선 간단한 작품들로 시작해보자. 즉 서구에는 누가 착한 캐릭터이고 누가 악한 캐릭터인지 곧바로 알아채지 못할 민담이 거의 없다. 이는 대다수의 아시아 민담에서도 마찬가지다. 착한 캐릭터들은 대개 마지막에 승리하는 반면, 악한 캐릭터들은 불타 죽거나 쫓겨나거나 패배한다. 독자인 우리는 처벌받을 짓을 저지른 사람들이 처벌받기를 기대한다.

수많은 작품에서는 대개 마지막에 보답받을 만한 사람이 보답받기를 바라는 데서 긴장감이 생겨난다. 프랑스 소설 『몽테 크리스토 백작』의 주인공인 백작은 마지막에 승리하고 복수할 기회를 얻는다. 한편 베스트셀러인 조지 마틴George R. R. Martin의 『얼음과 불의 노래』와 이를 각색한 HBO방송의 「왕좌의 게임」에서는 악한들이 승리하는 반면, 많은 착한 캐릭터들이 고통당하거나 죽기도 한다. 그런 점에서 긴장이 더욱 고조된다. 바로 이런 '과도한 긴장'은 기대를 더욱 강화하고 이야기를 한층 흥미진진하게 한다. 왜냐하면 끝에 가서는 모든 것이 뒤바뀌면서 '선한' 가문이 (또는 독자가 좋아하는 가문이) 잘될 수도 있기 때문이다. 그때까지는 악한들의 악행들을 보며 재미를 느끼면서도 작가가 독자들의 기대에 맞게 작품을 유희적으로 이끌어가고 있다고 추측할 수 있을 것이다. 작가와 시청자 간의 이런 유희는 지난 수십 년간 사랑받아온 수많은 TV시리즈들의 구성 원리가 되었다. 그러나 거기에도 플레시의 기본적인 가정, 즉 시청자와 감독 모두 결국에는 선행이 보상받고 악행이 처벌받는 것을 알고 있다는 가정이 그대로 남아 있다.

앞서 살펴본 내용에 따르면 이런 실상으로부터 이제 다른 해석이 나오게 된다. 그것은 합당한 처벌이 아니라 대조되는 것들을 과하게 묘사하는 데서 출발하는 해석이다. 문학이든 영화든 판타지든, 픽션과 신화의 세계는 서로 대조되는 것들로 이루어진다. 캐릭터들이 분명한 모습으로 등장하는 것이다. 서술이 진행되는 동안에 도덕적으로 선하거나 악한 캐릭터, 남성적 또는 여성적 캐릭터, 모험가나 겁쟁이, 순진한 캐릭터 혹은 간교한 캐릭터 등으로 구별되는 것이다. 이런 대조는 시청자와 독자, 그리고 청중들이 신속하게 이편 또는 저편으로 넘어가 편들기를 하고 각자의 시각으로 사건들을 함께 체험하고 평가하게 한다.[57]

선악 같은 분명한 표준을 인지적으로 선호하는 이유는 그것들이 제공하는 방향성 때문이다. 서술의 시작 부분에서 그런 구별이 분명하지 않더라도 방향성에 어긋나지는 않는다. 오히려 종종 엉뚱한 주인공을 폭로하고 그로써 명확성을 보여주는 것에 서술의 매력이 있다.[58] 꼭 방향을 제시하는 것만이 직접적인 장점을 지니는 것은 아니다.

일단 사람들에게 분명한 선례가 주어지면 간단히 부담을 덜게 된다. 명확성의 미학 속에는 반드시 사회적인 장점이나 생존에 이로운 가치가 들어 있다. 따라서 픽션이 도덕을 강화하는 직접적인 기능을 한다는 플레시의 주장과는 반대로, 여기서는 서술과 픽션이 독자들에게 함께 체험하고 강화하도록 방향을 제공하기 때문에 매우 사랑받는다는 사실을 주장하고 싶다. 이때 이런 원칙적인 매력은 또다시 주인공에게 평계를 만들어주는 것에서부터 주인공을 예찬하는 것에 이르기까지 수많은 가능성을 열어두며 그것에 근거해 서술이 중요해진다.

이제 이런 방향성에 대한 강조는 부차적인 방식으로 또다시 도덕적인 효과를 갖는다. 앞서 간단히 설명한 역학에 따라 편들기와 공감은 극단화를 조장한다고 가정할 수 있다. 많은 경우에 그것은 도덕적으로 좋을 수 있다. 우리는 인간으로서 대개는 그에 맞게 살고 있다. 그것은 매우 중요하며, 집단 내의 갈등을 없애는 데도 기여한다. 로버트 커즈번은 이런 효과를 '관망자의 조정bystander coordination'이라고 부른다. 이는 어떤 다툼이나 갈등을 옆에서 지켜보는 사람들이 그로 인해 분열되지 않고 그냥 옆에만 서 있는 것을 의미한다.[59] 갈등에서 결정적인 것은 제3자, 즉 청중들이다. 그들이 갈등에 얽혀들어 서로 다른 편에 서게 되면 두 사람 사이의 단순한 다툼이 결국 커다란 공통 집단을 분열시킬 수도 있다. 물론 그런 일은 피해야 한다. 확실한 서술의 표준에 의해 도덕이 강화되면, 그 도덕은 사람들이 어느 쪽으로 결정을 내릴지에 대한 실마리를 주는 메커니즘으로서 중요해진다.

이 주장의 결정적인 논점은 사람들이 실제로는 똑같은 편을 들기로 결정해야 한다는 것이다. 이때 도덕이 지시를 내릴 수 있을 것이다. 하지만 바로 그 점이 불확실하다.

다투는 사람들은 종종 청중의 반응을 자신들의 태도 속으로 받아들임으로써 적어도 그중 몇몇을 자기편으로 끌어들일, 설득력 있는 주장을 찾아내는 일에 특히 노련하다. 그러나 픽션의 경우에는 대안이 있으면 청중들이 어느 쪽으로 기울어질지 좀 더 불분명하다. 허구적인 존재가 자기편을 들어줄 사람을 찾지 못하는 경우는 거의 없다. 1980년대 영화계는 좀비를 만들었다. 사람들의 공감을 전혀 살 필요가 없는 도축용 가축이 필요했기 때문이다. 하지만 최근 수많은 좀비 영화가 이런 선례를 깼다. 이는 일찍이 메리 셸리Mary Shelley가 창조한 프랑켄슈타인이 단지 누구에게도 공감을 얻지 못하게 생겼다는 그 사실 때문에 오히려 그 어떤 캐릭터들보다 많은 공감을 받았던 것과 마찬가지다. 따라서 좀비조차도 공감과 편들기의 대상이 될 가능성이 있으며, 그 때문에 픽션과 영화 속에서 더욱 제각각의 존재가 되는 것이다.

그러나 통일성의 경향을 강조하게 되면 좀 더 고차원적인 문제가 생겨난다. 통일성의 역학은 좀 더 대규모 집단들 간에 커다란 갈등과 투쟁으로 이어질 수 있기 때문이다. 대다수의 사람들이 자신들이 알고 이해하는 자신들의 집단에 더 공감하기 때문이다. 그러나 그렇게 되면 더욱 고차원적으로 여러 집단이 모인 집단들끼리 맞서게 된다. 통일성의 경향은 극단을 향하게 된다. 각각의 집단이 스스로 옳다고 믿고, 또 옳다고 느끼기 때문이다. 그 점이 더욱 중요하다. 스티븐 핑커가 말하듯이 공감으로 사람들 간의 공격적인 잠재성을 최소화할 수 있다.[60] 그러나 인간이 지닌 파괴적인 잠재성을 간과해서는 안 된다. 서술과 픽션은 서로 전투를 치를 양편 가운데서 자신의 편과 함께하는 체험을 강화해줄 준비가 되어 있다. 오늘날 허구적으로 상승되어가는 민족주의는 비록 최근의 현상이지만 그 경향은 사실 오래된 것이다.[61]

따라서 여기서는 픽션, 신화, 서사에는 분명한 방향성에 근거한 선악의 구도가 있지만 도덕적·사회적 정의의 대가를 치르는 경향이 있다는 주장이 제기된다. 선과 악을 극단적으로 묘사하는 것과, 그와 유사하게 대립을 조성하는 것은 서술을 흥미진진하게 만든다. 하지만 동시에 사회적인 분열이 미화되고 고착되어 결국 공공연한 갈등으로 이어질 수도 있다. 물론 그런 단순한 구도를 무산시키는 위대한 작품들도 있기는 하다. 그러나 한결같이 수용자들에게 주어지는 사명은 바로 인간들을 여러 범주로 나누어 그들을 부각시키는 일이다. 픽션은 의심을 조장한다.[62] 즉 공감과 편들기에 의해 도덕적인 극단화를 조장하면 방향성, 미학, 재미는 증가하지만 실제적인 도덕감의 상승, 특히 윌리엄 플레시가 말하듯이 처벌로서의 긍정적인 도덕감의 상승은 이루어지지 않는다.

이미 시사했듯이 이런 식의 극단화는 두 가지 허구적인 효과를 가져온다. 첫 번째 효과는 사회적인 환경을 흑백으로 그리는 것이다. 사람들은 도덕적인 침해에 대해 매우 민감하게 반응하는 경향이 있으며, 의심스러운 사람과 집단을 심리적으로 '표시해둔다'. 이런 역학은 집단들을 하나로 통합시키기도 하지만 여러 집단들을 서로 적대하도록 부추기기도 한다.

두 번째 효과는 공감과 동감을 불러일으키기 위해 자신을 희생자처럼 표현하는 것이다. 공감과 연민이 존재한 이후로 다른 사람들의 도움을 받기 위해 스스로를 희생자로 조작하는 일이 흔히 벌어졌었다. 사람들은 다른 사람들을 자기편으로 끌어들이기 위해 자신을 희생자로 꾸민다. 희생자가 되는 것은 도움, 신뢰, 정서적인 교감, 올바름과 직결된다. 이것은 오래전부터 계속되어온 경향이다. 이미 니체도 그것에 대해 비난했다(그의 저서 『도덕의 계보』 제1장에 대한 주석을 참조하라).[63] 많은 경우 희생자나 생존자는 우리의 동조, 용인, 호의를 받을 권리가 있다. 특히 다른 사람들의 눈에 희생자로 보이는 사람들은 스스로 희생자의 역할과 자신들을 동일시할 필요가 없다.

누구에게나 최소한 허용되는 것은 그가 자신의 역할을 스스로 만들어낼 수 있으며, 또 그래도 된다는 것이다. 그럼에도 힘러의 사례에서 봤듯이 희생자의 역할에는 뭔가 매력이 있다. 나는 대학 강의 중에 가끔 역할극을 한다. 두 학생에게 서로 다투는 대화를 나눠보라고 한다. 이를 위해 다툼의 주제를 준다. 예컨대 그들의 가상적인 자녀의 양육권에 대해 논쟁을 벌이거나, 함께 사는 기숙사 방에서 기르던 금붕어가 방학 중에 죽은 것에 대해 누가 책임져야 하는지를 해명해야 한다. 대화가 진행되는 동안 그들은 모든 생각을 짜내어 다른 사람을 쏘아붙여야 한다. 수업이 끝날 즈음 그 토론에 대해 다음과 같이 투표를 한다.

1. 누가 자기주장을 잘 펼쳤고, 그리하여 말싸움에서 이겼는가.
2. 누가 더 많은 공감을 불러일으켰는가.
3. 누가 옳다고 해야 하는가, 즉 누가 양육권을 받아야 하고 누가 금붕어의 죽음에 책임이 있는가.

참가자들 모두가 미리 모든 역할극의 규칙을 알고 있었는가와는 상관없이 다음과 같은 결과가 종종 나온다. 즉 서로 대립한 사람들 가운데 한 명이 (1)번의 말다툼 관련 투표에서는 이긴다. 그러나 말다툼에서 졌던 사람이 (2)번의 공감에 관한 투표에서는 이긴다.[64]

학생들은 수사학적인 면에서 밀렸던 학생이 오히려 연민과 공감을 불러일으켰다고 종종 대답한다. 예컨대 말다툼에 약한 쪽은 다른 학생들 앞에서 신경이 더욱 예민해졌거나, 혹은 무슨 말을 해야 할지 몰랐을 수 있다. 주저하거나 당황하거나 수줍어하는 신체적 자세 같은 것이 수업 참가자들에 의해 자세히 관찰된 것이다. 심지어 어떤 사람은 주장과 설득에 완전히 무능했는데도 공감을 얻는 데는 성공한다. 반면에 당당하게 등장하는 연설자는 많은 사람이 공감하며 다가가기 어렵다.

마지막에 누가 권리를 얻는가라는 (3)번에 대한 투표에서는 (1)의 승리자와 (2)의 승리자 가운데 어느 쪽이 이길지 조금 왔다 갔다 하기는 하지만, 대체로 공감에 관한 투표에서 이긴 사람을 선호하는 경향을 보인다. 단순히 그가 말을 더 잘하는 사람의 '희생자'가 되었기 때문이다.

물론 이런 투표가 실험적으로 말끔히 갖춰진 조건하에서 실시된 것은 아니다. 그리고 어쩌면 미국 대학생들만이 희생자의 역할에 강하게 집착하는 것일 수도 있다. 게다가 그 학생들은 이 투표가 공감과 관련된 것을 알았거나 눈치챘을 수도 있다. 그럼에도 언변이 달리는 사람에게 한결같이 공감을 보이고, 많은 경우 수사학적인 관점에서 열등해 보이는 사람이 토론에서 승리한다는 것은 흥미로운 일이다. 아마도 그래서 도널드 트럼프가 기회를 잡았을 것이다.

여기서 좀 더 자세히 파고 들어가 공감은 합리적·지적·물리적 우월함 같은 사회적인 비대칭들 사이에서 균형을 잡아준다고 주장할 수도 있을 것이다. 그러나 이런 주장은 먼저 자신을 나약한 존재로 드러내고 '희생자'로서 등장시키는 것이 경우에 따라 전적으로 유익한 일이라고 추측하게 하지는 않는다. 이런 토론에서 대다수의 대학생들은 비자발적으로 약자의 입장에 섰던 반면, 어떤 학생들은 어떤 시점부터는 이런 약자의 역할을 자신들의 전략으로 삼았다고 고백했다. 공감 덕택에 진짜 희생자들이 이기기도 하지만 가짜 희생자들이 이기기도 하는 것이다.

제3장

잘못된 공감 대 여과된 공감[1]

공감과 인도주의의 상관관계[2]

사람들은 희생자에게 공감하는 것은 '자연스러운' 일이라고 너무 자주 가정하곤 한다. 비슷한 방식으로 사람들은 공감이 서구적[3] 인도주의의 발전에 결정적인 역할을 해왔다고 자주 추측하곤 한다. 그러나 과연 이런 가정이나 추측이 맞는 것일까?

이 장에서는 희생자들에게 우리가 매혹되는 것과 그에 대한 공감을 다르게 설명해볼 것이다. 거기서 우리는 현상학적인 방식으로 조사하고 희생자에게 도움을 주는 장면을 전개해 보일 것이다. 이를 위해 우리는 다시 인도주의적인 구도를 채택할 것이다. 다시 말해 보편적인 인간성을 바탕으로 도움이 필요한 사람, 고통받는 사람, 가난한 사람, 불이익을 당한 사람을 위해 개입해볼 것이다. 일반적으로 희생자에 대한 공감과 인도주의의 논리는 간단해 보인다. 즉 우리는 다른 사람의 고통, 이를테면 그가 겪는 부당함을 보면서 그와 함께 느끼는 것이다. 그리고 우리는 그와 동감하고 함께 괴로워하며, 거기에 관여하고 개입하며 돕는다. 이 장에서는 이런 간단한 논리에 의문을 제기해볼 것이다.

물론 역사적으로 18세기 말에 공감의 역사적인 가치가 높아진 것과 인도주의가 퍼졌던 것이 적어도 시간상으로는 근접했다고 결론지어도 틀리지는 않는다. 인도주의는 도움의 동기를 가족과 집단에서 더욱 많은 다른 사람들(과 동물들)에게로 확대했다. 역사학자인 린 헌트는 이런 의미에서 가족 사회와 지인들의 사회에서 공감이 확대되다가 나중에는 그 범위를 넘어서게 된다고 강조했다.

"18세기의 독자들은 이전 세기의 독자들처럼 그들 가까이에 있고 그들과 비슷한 사람들에 대해, 즉 그들의 직계가족, 친척, 같은 공동체 구성원들, 그리고 그들과 같은 입장인 사람들에 대해 공감을 느꼈다. 그러나 18세기 사람들은 공감을 느끼는 범위가 넓게 확대될 수 있다는 것도 배워야 했다."[4]

이런 확대가 어떻게 이뤄졌는가에 대해 그녀는 소설과 신문학新文學이 새로운 핵심적인 매체로서 공감을 느끼게 했다고 대답한다.

토머스 라커도 「인도주의와 고통 겪기 : 공감의 동기」라는 논문에서 "18세기에 윤리적인 주제가 대중화되었다"고 주장했다. 다른 사람들에게 비행을 저지르는 것을 피하고 저지하는 것이 자신들의 의무라고 믿는 사람이 점점 많아졌다. 점점 많은 사람이 "우리라는 집단"의 구성원으로서 자질을 갖추어가는 것처럼 보였다.[5]

그러나 이처럼 새로운 인도주의와 반노예 운동, 그리고 인권선언 사이의 시간적 근접성은 공감이 역사적인 발전의 중심에 서 있었다는 것을 증명해주지 않으며, 예컨대 공감이 인도주의의 발전에 도움을 주는 가장 좋은 근거라는 것도 증명해주지 않는다.

그렇기 때문에 공감은 의심할 여지 없이 바람직한 것으로 여겨진 적도 없다. 대안적인 역사적 설명은 이 장의 끝에서 하고자 한다. 즉 우선은 많은 경우 이타적인 행위로 이어지는 '공감의 무대'로 관심을 돌려보기로 하자.[6]

이 장면은 분명하게 설명할 수 있는 일련의 양상들을 지니고 있다. 거기에는 먼저 희생자로 정의되는 존재의 고통이나 불행, 관찰자가 부당하거나 부적절하다고 분류하는 고통이나 불행이 있다(예컨대 범죄 피해자들의 고통이나 불행). 여기서 첫 번째로 중요한 특징은 이런 고통이 원칙적으로 바뀔 수 있다는 점이다. 이는 대다수 사람들의 경우 그들의 관찰대상인 사람이 만성적인 병에 걸리거나 개선에 대한 아무런 희망이 없는 것이 아니라 변화를 겪고 정체하지 않으면서 개선되어가는 과정에 있으면 그 사람에 대해 오히려 공감을 느낄 준비가 되어 있음을 암시한다. 이는 과거는 물론 미래의 발전을 보여주어 우리의 관심을 끄는 문학이나 영화의 서술에서도 마찬가지다.[7]

시간적인 변화와 발전을 강조하는 것은 거기서 어떤 힘이 작용하는지에 대해 우리에게 지침을 준다. 긍정적인 변화는 공감 능력이 있는 관찰자가 공감을 거둬들이는 것을 허용한다. 그가 관찰한 다른 사람은 이제 도움이 덜 필요하기 때문이다. 이를 앞서 설명했던 자기 상실(제1장)과 연관시켜보자. 우리는 철수할 전략이 있을 경우, 부분적인 자기 상실이 시간적으로 제한되어 있을 경우 더 많은 공감을 느낀다. 희망이 없어 보이는 경우 사람들이 직관적으로 공감을 덜 느끼는 것은 의아한 일이 아니다. 이는 만성 질병, 노화, 지속적인 상황, 우리가 아무런 영향력도 미치지 못하는 고통들의 경우에도 마찬가지다. 물론 이런 경우들에도 사람들이 의식적으로 공감을 키울 수는 있으나 이때는 무의식적인 복수심과 실망을 품을 위험성이 높다. 즉 공감은 결과적으로 자기 상실로 이어질 수 있고, 이는 또다시 여러 가지 부정적인 감정, 즉 고통을 겪는 사람들에 대한 감정이 무뎌지거나 그들을 처벌하는 환상으로 발전할 수 있다.

이 같은 공감의 장면에서 시간적인 차원은 두 번째 핵심적인 특징도 포함하고 있다. 즉 일반적인 시간의 변화 가능성이 많은 관찰자에게는 충분한 것이 되지 못하는 것이다. 그들은 자신들의 긍정적인 감정, 동감, 참여, 특히 도움이 이런저런 방식으로 고통이 발전되어가는 과정에 차이를 만들어낼 거라고 가정하는 듯하다. 동감 자체가 고통에 영향을 미친다는 이런 확신은 전지전능함에 대한 환상에서부터 변화가 가능하고 또 성공하리라는 희망에까지 이른다. 바로 여기서 두 번째 관점의 공감 장면이 이어진다. 여기에는 협력자나 행운이 개입되어 더 나은 방향으로 발전이 가능해지는 상황이 포함된다.

이런 개입이나 행운은 만약 그것들이 서술적인 사건이나[8] 심지어 전환점으로[9] 구상될 수 있다면 결국 가장 분명하게 공감으로 이어진다고 추측할 수 있다. 다시 말해 변화는 혼자 일어난다는 단순한 가정을 떠나 그 변화가 우리의 영향이 미칠 수 있는 특별한 사건에 좌우된다고 가정하면, 그렇게 될지 모른다고 상상하는 것만으로도 그럴 가능성이 더 커진다.

이제 우리는 우리가 누구와 동감하며 누구의 경험을 상상적으로 공유하는가라는 간단해 보이는 질문을 던질 수 있다. 즉 희생자의 경험을 공유하는 것일까, 아니면 협력자의 경험을 공유하는 것일까?

첫 번째 질문은 개입하는 협력자를 상상하지 않고도 공감에 이를 수 있는가라는 질문에 의해 답할 수 있다. 나는 공감자를 비롯해서 변화를 가져오는 긍정적인 상태들을 상상하지 않으면 공감이 분명히 줄어들 거라고 생각한다. 즉 대다수의 사람들은 단순히 희생자(고통을 겪는 사람, 병든 사람, 불행에 빠진 사람)에게 공감하는 것이 아니라 시간적인 변화 및 협력자들과 더불어 상상한 공감 전체의 장면에 근거하여 공감을 한다.

간단히 말해 우리는 영웅적인 협력자와 우리를 동일시함으로써 희생자에게 공감한다는 뜻이다. 협력자와 동일시하는 것이 공감의 매체가 된다. 공감을 느끼기 위해 협력자와 우리를 동일시하는 것이다.

이 논제를 계속 전개해나가기 전에 공감의 장면을 더 분명하게 설명할 필요가 있다.

1. 인도주의적인 맥락에서 고통을 겪고, 위협을 당하고, 도움을 필요로 하고, 불이익을 당하는 등의 상황에 놓인 다른 사람을 관찰자가 인지하는 데서부터 공감이 작동한다. 거기서는 관찰 대상이 직접 고통을 겪거나 그와 비슷한 정서를 느끼거나 자신의 상황을 위협적이라고 인지하는 것은 전제가 되지 않는다. 고통이나 부족함 혹은 위험은 관찰자의 상상 속에 있는 것이다.[10]

2. 관찰자의 시각에서 출발하여 관찰 대상이 처한 상황은 과거의 일에서부터 나중에 겪는 고통, 부족함 또는 위험에 이르기까지 서술적인 특징을 갖고 시간적으로 발전한다.[11] 거기서 과거의 일이 사실로서 알려져 있다고 해도 결정적인 것은 되지 못한다. 그것은 예감하거나 단순히 전제되는 것만으로도 충분하다. 과거에 겪은 일

에는 관찰 대상의 무죄, 순진함을 비롯해서 그가 부당하게 겪은 부정적인 상황까지 포함된다. 다시 말해 관찰 대상은 '희생자'의 서술적인 역할 속으로 들어가게 된다. 거기서 관찰 대상이 스스로를 희생자로 인지하는지의 여부는 부차적인 것이다(그처럼 자기를 희생자로 인지하거나 양식화하는 일은 자기 연민으로 분류될 경우에 외부인의 인지를 촉진시키기도 하고 방해하기도 한다).

3. 과거에 있었던 일과 그것을 서술적으로 전개하는 것은 더 나은 미래의 가능성을 열어주기도 한다. 희생자의 고통은 관찰자가 바로 각인하고 예감하거나 구상하는 구체적인 시간적 상황 속에서 유추되기 때문에 이런 상황들은 스스로 변화를 일으키거나 변화될 수도 있다.

시간적인 사건들은 비록 되돌릴 수는 없지만 종종 미래의 변화에 대한 희망을 내포하고 있다. 부정적인 상황들을 뒤집거나 희생자를 거기서 벗어나게 하는 길이 있을 수 있다. 그 길은 전혀 개연성이 없거나, 아니면 구체적으로 붙잡을 수 없다. 다만, 결정적으로 관찰자의 눈앞에 탈출의 가능성이 보여야 한다.

4. 아직 네 번째 양상이 남아 있다. 관찰자는 긍정적인 변화가 가능하지만 이것이 자동적으로 또는 홀로 오지는 않는다는 느낌을 갖고 있어야 한다. 그것이 긍정적인 발전으로 나아가게 (또는 가속화되거나 더욱 개연성이 있게) 하려면, 실제적이거나 상상적으로 두 번째 인물의 개입이 필요하다. 즉 협력자가 있어야 하는 것이다.

이 논제는 오직 전체적인 장면만이 관찰자에게 공감을 유발한다는 것이다. 이런 장면 가운데 어떤 요소가 하나 빠지면 사람들에게서

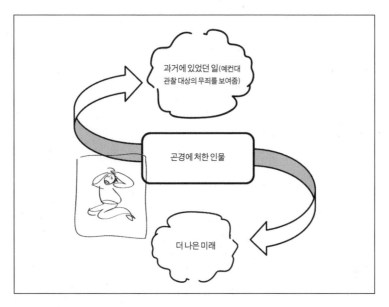

과거에 있었던 일(예컨대
관찰 대상의 무죄를 보여줌)

곤경에 처한 인물

더 나은 미래

공감의 서술적인 장면(관찰자와 협력자는 없음)

기대할 수 있는 인도주의적인 공감도 줄어든다. 그 외에 이런 도식은
사람들이 일상 속에서 곤경에 처한 사람에게 '공감'하거나 '동감'한
다고 말할 때 그것이 무슨 뜻인지를 이해하는 데도 도움이 된다. 그에
의하면 동감한다는 것은 다른 사람의 고통을 인지적이고 정서적으로
이해하고 그 기분을 안다는 뜻만은 아니다. 그것은 과거에 그 일이 있
었던 상황과 개입은 물론이고 개선된 미래를 함께 생각한다는 뜻이
기도 하다.[12]

　　그러나 우리는 관찰자로서 (자신의 시각 말고도) 최소한 두 개의
시각, 즉 '희생자'의 시각과 '협력자'의 시각을 취한다고 가정해야 한
다. 바로 여기에 고민이 있다.

　　인도주의적인 느낌과 행위를 시뮬레이션하기 위해 고통을 겪는
희생자를 보여주는 것만으로는 충분하지 않다. 오히려 우리는 공감

의 심리적 장면을 완성하기 위해 긍정적인 변화의 촉매제로 등장할 실제 또는 가상의 협력자를 더불어 생각해야 한다. 더 간단히 말해 공감을 자극하기 위해 협력자라는 인물을 가공해내는 것이 유리하다.

이제 더 나아가 협력자의 선한 행위를 각인하고 인정할 제3의 시각도 덧붙여 생각해야 한다. 이 제3의 시각 또는 제3의 인물은 선한 행위를 그 자체로 인지함으로써 협력자가 칭찬을 듣게 하는 이차적인 관찰자로 묘사될 수 있다. 아마 이런 시각도 간단히 상상할 수 있으며, 이는 선한 일은 보상받아야 한다는 우리의 욕구와도 일치한다. 이것은 또 공감의 심리적인 장면의 일부가 될 수 있다. 즉 감사와 인정을 덧붙여 추측하는 것이다. 물론 인정을 덧붙여 추측하는 데는 제3자가

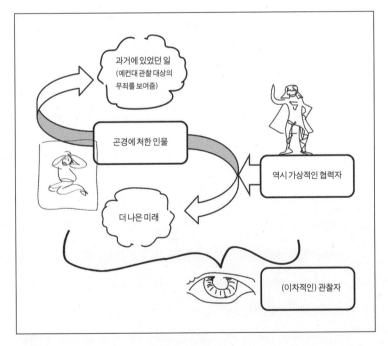

관찰자와 협력자가 있는 공감의 서술적 장면. 거기서 관찰자의 심리적인 움직임은 주로 협력자와 동일시하는 것이며, 오직 이것을 통해서만 곤경에 처한 사람에 대한 공감이 전달된다.

필요하지 않다. 물론 참여해준 것에 대해 희생자가 감사할 때 공감의 환상은 최종적인 상태에 달한다.

이 도식은 첫눈에 보기에는 놀라울 정도로 복잡하다. 즉 공감이 사실은 별로 어려운 것이 아니라는 느낌에 반하는 것처럼 보인다. 공감은 정서와 비슷하고, 그런 점에서 자연스럽고 직관적이며 반성과는 거리가 멀다고 가정된다. 우리가 고통받는 누군가를 보면 함께 괴로워하면서 그의 삶을 자신의 느낌 속에 복사하고 자신의 시각에 따라 그를 돕고 싶어 한다고 생각하는 것은 공감을 너무 순진하게 이해하는 것이다. 수많은 간접증거에 따르면 공감의 배후에는 복잡한 구조가 있다(이에 대해서는 제1장과 제2장을 참조하라). 거기에는 비인간적인 동물들이 공감을 훨씬 덜 느끼는 것으로 보인다는 사실도 포함된다. 그리고 사람들의 공감 능력은 하룻밤 사이에 발전하고 심화되는 것이 아니라 수년, 수십 년을 거쳐 심화되어간다. 곡예 같은 장면들을 곁들인, 매우 복잡한 픽션과 서사 역시 이런 관계 속에서 고찰해야 한다. 어쩌면 우리가 서술적인 예술 작품들을 예찬하는 것도 그것들이 공감을 촉구하는 장면들을 가장 명확한 형식으로 발전시켜가기 때문일 것이다.

이런 구조를 명확하게 이해하기 위해 한 가지 예를 들어보자. 홀로코스트에 대한 가장 유명하고 영향력 있는 영화들 가운데 스티븐 스필버그 감독의 「쉰들러 리스트」(1993)가 있다. 거기서 우리는 관객으로서 폴란드 크라카우에 있는 게토(유대인 거주 지역)를 보며, 나중에는 아우슈비츠를 보며 나치의 잔혹성에 대한 증인이 된다. 영화는 수많은 유대인의 개별적인 운명도 암시한다. 그러나 우리는 영화 속의 대다수 사건을 배우 리암 니슨이 연기하는 오스카 쉰들러라는 독일인

기업가의 눈을 통해서 인지한다. 쉰들러는 상습적인 음주자이자 도락자道樂者이며 전쟁에서 이익을 취하려는 기회주의자이지만, 나중에는 정신을 차리고 사람들의 생명을 구하는 것을 자신의 사명으로 여긴다.

개연성이 적은 협력자에게 관객의 관심을 집중시키는 이런 기교가 이 영화를 성공으로 이끈 것으로 보인다. 그리고 엄청난 경제적 성공과 미학적인 예찬은 (예컨대 그 영화에 주어진 오스카상의 숫자와 그 영화에 대한 평으로 보건대) 홀로코스트에 대한 사람들의 관심이나 동정과 연관되어 있는 것으로 보인다. 동시에 이런 기교는 영화에 대한 엄청난 비판도 불러왔다. 거기에는 나치 국가가 얼핏 무해해 보이는 관료주의(정치)로 의인화되기보다 오히려 정신병에 걸린 듯한 군대에 의해 의인화되었다는 비난도 포함된다. 주로 흑백으로 찍힌 그 영화는 의식적으로 다큐멘터리 영화와의 경계를 희미하게 했으며, 덕분에 픽션과 현실 간의 경계도 희미해졌다는 것이다. 「쇼아」*의 공포는 카메라가 아우슈비츠 수용소의 상상적인 가스실(실제로는 샤워실로 밝혀지지만) 안을 한두 번 비추면서 여행자의 시각에서 체험되고 있다. 함께 체험하는 일을 실제로 그 일을 겪은 유대인 희생자들 대신에 부정한 이득을 취하는 모리배이자 주정뱅이 대기업가가 하고 있는 것이다. 여러 진술에 따르면, 가장 감동적인 장면은 오스카 쉰들러가 마지막에 자신의 리무진을 타고 도주하기 직전에 한 사람이라도 더 구하지 못한 것에 대해 회한의 눈물을 쏟아내는 것이다. 대체로 그 영화는 민족 학살을 넘어서서 감동적인 순간들로 점철된 멜로드라마가

---

* 생존자의 증언을 바탕으로 독일 나치의 유대인 학살을 다룬 클로드 란즈만 감독의 영화로, 상영 시간이 아홉 시간 반이나 되는 대작이다 – 옮긴이

되었다.[13]

　이처럼 논쟁이 격렬한 것은 사람들이 기대하는 공감과 실제로 느끼는 공감 사이에 거리가 있다는 표시다. 아마 일반적인 공감이나 일상적인 공감이 펼쳐지기 위해서는 오스카 쉰들러 같은 인위적인 인물이 필요할지 모른다. 이 영화의 관객들은 아마도 희생자들에게 공감하기보다는 희생자들을 구하는 주인공과 자신들을 동일시할 가능성이 높다. 그리고 이 같은 동일화를 통해 그들은 오스카 쉰들러 같은 인도주의적인 협력자가 느끼는 동감, 연민 또는 공감 등을 함께 체험한다. 동일시는 공감의 단순한 형태이거나 혹은 관찰자와 관찰 대상 간에 실제로 존재하는 차이를 미리 부정하는 형태다. 자신을 다른 사람과 동일시하는 자는 그 사람이 처한 상황 속에 들어가 있고 그 사람의 능력을 자신이 갖추고 있는 것이다. 그러나 공감의 다른 형태들과는 달리 이 상황에서는 다른 사람의 체험이 아닌 자기 자신의 느낌이 중요하다. 동일시한다는 것은 관찰하는 사람들 각각이 변수가 되어 상황을 중심에 놓고 함께 체험하는 형태다.[14]

　자신을 협력자와 동일시하는 것은 여러 관점에서 매력적이다. 사람들은 관찰자로서 어려운 상황이 어떻게 변하는지, 협력자인 주인공이 그에 대해 합당하게 인정을 받는지를 함께 체험할 수 있다. 사람들은 공감을 지닌 (또는 지닌 듯이 보이는) 누군가와 자신을 동일시하며, 그렇게 함으로써 공감에 동참한다. 협력자를 매개자로 하여 사람들은 자기 상실의 위험에 내몰리지 않고도 공감을 체험할 수 있다. 혹시 뭔가를 잃는다 해도 그것은 단지 동일성이거나 협력자의 '자아'일 뿐이다.

　이런 의미에서 여과된 공감 혹은 간접적인 공감에 대해 이야기할 수 있을 것이다. 즉 공감은 협력자나 주인공 같은 제3자와의 동일시에 의해 걸러지거나 정화된다. 이같이 여과된 공감은 사람들이 보통 공감이라고 이해하는 것의 전형적인 형태일 수 있다. 그것은 또 영화와 서술에서 체험하는 동일시의 전형적인 형태일 것이다.

여과된 공감 혹은 간접적인 공감은 많은 경우에 인도주의적인 협력의 특징을 보여주며, 더 나아가 '희생자'에 대한 연민-공감의 여러 형태를 보여줄 수도 있다. 서술적 형태는 동일화할 준비가 되어 있는 주인공을 위한 공간을 형성한다. 만약 거기에 인도주의적인 영웅이 없다면 관찰자가 그를 꾸며내어 서술상의 빈틈에 채우려고 하는 바로 그 순간 관찰자의 공감이 특히 강해질 수 있다. 어떤 협력자도 눈에 띄지 않기 때문에 그런 인물이 동일시를 위해 소환되는 것이다. 개선 가능성은 있어도 성공하지 못할 것처럼 보이는 상황일 때 그 상황은 마치 개입하는 구원자에게 희망이 있는 것처럼 정화되는데, 그때는 사실 도와줄 다른 사람이 없기 때문에 관찰자 자신이 구원자가 될 수도 있을 것이다.

우리는 이것이 공감의 어두운 면인지, 아니면 밝은 면인지 묻기 전에 다음과 같이 요약해봐야 한다. 즉 여기서 주장할 수 있는 것은, 관찰자가 어떤 장면을 그 안에 '희생자'가 포함되어 있다는 식으로 인지할 때 바로 그 장면 속에 강한 공감 유발 요인이 들어 있다는 점이다.

그런 장면들의 확대 범위는 크다. 거기에는 관찰자의 시각에서 보면 한 개인이나 집단이 고통을 겪고 있고 불행한 상황에 처해 있으며 도움이 필요하지만 그 고통에 대한 간단한 도움조차 인식할 수 없는 것처럼 보이는 모든 경우가 포함된다. 기근과 전쟁뿐만 아니라 개인적인 불행도 여기에 해당된다. 더 나아가 관찰자가 실제로 일어났거나 고통받는다고 가정한 것을 개선하거나 완화시킬 가능성을 포함하는 시간적인 발전도 이런 장면들 중 하나가 될 수 있다.

이 장에서 중심이 되는 특별한 경우란, 바로 어떤 협력자가 개입할 가능성이 있어서 그것이 상황을 개선시킬 수 있는 경우다. 이 경우를 위해 우리는 인도주의적인 협력이라는 폭넓은 꼬리표를 선택했다. 비록 고전적인 인도주의적 협력을 넘어서는 경우가 많지만 말이다. 그런 장면들은 관찰자에게 협력자나 영웅의 모습과 자신을 동일시할 조건을 제시해준다. (이때의 동일시는 관찰자와 관찰 대상이 일치하는 것으로 이해된다. 즉 나 자신을 동일시하면 나는 곧 다른 사람의 상황 속으로 들어가게 되며, 내가 그런 상황 속에서 어떤 느낌인지 알게 된다.) 이렇게 동일시되는 인물을 수단으로 해서 희생자에게 공감하기는 쉬워지고 여과되는 공감이나 간접적인 공감도 가능해진다. 개입하는 협력자 내지 영웅은 희생자들에게 향하게 되고, 관찰자는 이런 움직임을 마치 자기 자신의 것처럼 그대로 이해하게 된다.

그로써 관찰자인 우리는 협력자 내지 영웅이 되어 외부로부터 긍정적으로 인정받고 찬사를 받는다. 왜냐하면 우리는 대개 외부적인 시각도 일부 공유하기 때문이다. 다시 말해 우리는 우리 자신을 협력자와 동일시하는 가운데 우리의 공감에 대해 스스로를 칭찬하거나 또는 제3자에 의해 인정받고 싶어 하는 것이다.

그리고 또 다른 관점에서 보더라도 이런 형태의 걸러진 공감 또는 간접적인 공감은 매력적이다. 그것은 최소한 자기 상실의 위험을 일부 비껴가는 것이다. 우리는 우리 자신을 상실하는 것이 아니라 우리가 잠깐 스며 들어가 역할을 맡은 다른 사람의 '나'를 상실하기 때문이다.

그런 식으로 우리는 이미 이런 형태의 공감을 평가하는 방식에 빠져들었다. 물론 인도주의적인 개입을 긍정적으로 인정하고, 필요한 사람들에 대한 도움을 좋게 평가하는 모든 형태의 공감 자체는 좋은 거라고 주장할 수도 있다. 그런 입장을 옹호하는 것으로 첫째, 공감은 실제로 긍정적인 역할을 한다는 도덕적인 관점이 있다. 둘째로, 이런 장면이 몇몇 종교에서 공감과 동감을 이웃 사랑으로 정착하도록 도왔으며,[15] 18세기 말 계몽주의의 흐름 속에서는 관용, 인권, 그리고 평등 같은 긍정적인 효과로 이어졌다는 역사적인 관점이 있다.

그러나 이런 도덕적이고 역사적인 두 가지 주장에 대해 근거 있는 이의를 제기할 수 있다. 우선 도덕적인 주장에 대해서부터 살펴보자.

문제는 공감이 공감의 장면에 묶여서 거기에 머물러 있다는 점이다. 이 장면의 복잡한 장치가 없으면 뭔가 좋은 일을 한다는 아름다운 감정 역시 사라지고, 희생자에 대한 동감도 사라진다. 즉 이런 공감의 모랄moral은 취약하며 서술적인 장면에 머물러 있다.

공감의 느낌(이 경우에는 다른 사람의 생각과 느낌을 인지적으로 통찰하는 것이 아니라 그냥 단순한 느낌일 뿐이다)은 다른 사람이 잘되기보다는 오히려 감정이입을 하는 사람이 잘되기를 바란다. 그런 점에서 영화「쉰들러 리스트」에 따르는 비판 역시 간접적인 공감의 일반적인 형태에 해당한다. 그것은 역점이나 반향이 없는 공감이지만, 바로 그 때문에 문턱이 높지 않다. 즉 한 번쯤 잠시 희생자에 대한 공감을 상상해볼 수 있다. 바로 여기에 더 깊은 두 번째 문제가 있다. 즉 다른 사람이 희생자로 만들어질 뿐만 아니라 희생자의 역할을 할 의무를 갖게 되는 것이다. 그런 점에서 이 경우의 공감은 전체적인 장면에 묶이게 되고, (그것을 모른 채) 다른 사람도 희생자 역할을 해야만 지적·정서적으로 이해를 받는다. 바로 그 때문에 이것은 다른 사람과 '함께 가는' 공감의 형태가 아니라 그를 단지 희생자로 파악하고, 또 그것에 고착시킬 뿐이다. 이것은 많은 경우에 큰 문제가 될 수 있다. 개발 협력자들은 사람들을 의존 상태에 묶어두고, 의사들과 간병인들은 환자들을 도움이 필요한 그들의 상태에 익숙해지게 하며, 교사들은 학생들을 수동적으로 만든다. 이것은 협력자 내지 영웅과 동일시한 데서 생겨나는 결과다. 그 협력자에게 다른 사람은 오직 도와줄 대상자로서 중요성을 지닌다.

여기서 설명하는 의미의 인도주의적인 공감은 놀랍게도 이기적인 것, 즉 관찰자의 '나'와 관련된 것으로 드러난다. 동일시에 의해 전달된 이런 공감은 일반적으로 공감의 정반대에 있는 나르시시즘[16]으로 생각될 수도 있다. 물론 도움이 필요한 사람들에 대해 느끼는 공감의 모든 형태가 이런 역학에 갇혀 있다는 뜻은 아니다. 나는 우리가 사는 세상은 인도주의적인 개입을 덜 요구하는 것이 아니라 오히려 더 요구하며, 거기서 공감이 하나의 역할을 해왔다는 것을 별로 의심하지 않는다. 그러나 인도주의적인 개입을 하게 하는 자극이 종종 공감에서 출발하기보다는 오히려 공감에서 출발한다고 가정될 뿐이라고 믿는다. 대신 인도주의를 갖게 하는 원동력은 넓은 의미에서 도덕과 집단성에 대한 우리의 관념과 관련되어 있다고 믿는다. 후자의 경우에 대해 18세기 말의 역사적 발전을 근거로 간략히 고찰해보기로 한다.

처음에 시사했듯이 유럽 계몽주의 시대에 공감과 동감이 확대되었다. 18세기의 비교적 짧은 기간 동안에 동감은 비교적 좁은 의미의 동족에게서 만인에게로 확대되었다. 일부 국가에서는 농노제도와 노예제도의 잔재가 폐지되었고, 프랑스혁명 과정에서 인권이 표현되었다. 또 마사 누스바움의 말처럼[17] 다른 많은 관점에서 정치적인 정서가 전 세계적으로 확산되었다.

이 시대에 인권과 동감, 사상과 공감이 이동하고 확대되었다는 점에는 이론의 여지가 없을 것이다. 그러나 (린 헌트의 설명에서처럼) 공감이 중심에 놓였다는 인과론적인 해명은 의심해봐야 한다. 이런 공감의 발전 속에서 공감이 지닌 특권적 역할에 맞서는 일련의 설명을 강력하게 펼쳐볼 수 있다. 여기서는 간략하게 두 가지를 말하고자 한다.[18]

18세기 후반에 나타났던 핵심적인 구상들 가운데 하나는 개성이다. 개인은 출생과 함께 주어진 신앙, 직업, 가족, 지역의 지배로부터 점차 벗어났다. 니클라스 루만이 기술하고 있듯이,[19] 타고난 계급에서 점차 벗어나 '계측적인 기능화'로 넘어갔다. 라인하르트 코셀렉이 '안착기(독일어 : Sattelzeit)'라고 부르는[20] 1770년대의 변혁은 엄청났다. 사회적인 유동성과 직업 선택(덕분에 개인은 점차 자기 자신에게 더욱 의존하게 되었다)의 자유가 늘어난 것은 물론이고 대가족에서 핵가족으로 변한 것도 결정적인 요인이었다.

1770년경에 이런 변혁은 새로운 개성의 구상[21]과 '나'라는 개념의 가치 부상으로 인해 그 정점에 이른다.[22]

18세기 말 공감, 동정 내지는 연민, 동감, 동정심, 감상感傷이 고립되었던 개인이 다른 사람과 관계를 맺는 수단으로 발견되었다. 모든 사람의 신분이 결정되어 있었지만 내심 서로 비슷해 보인다고 여기는 한, 그것에 대한 복잡한 심리 조작은 필요 없었다. 그때 실제로 새로웠던 것은 아마도 전 세계적인 공감이라기보다는 오히려 공감의 중개 작업에 의해 '나'의 강인함, 심지어 나르시시즘을 촉구할 수 있다는 사실을 발견한 것이었다. 1770년경부터는 대개의 인간적인 절차들이 '나'와 연관될 때 새로운 것이 된다. 그런 점에서 공감이 아니라 개인 화가 공감의 원동력으로서 인권선언의 계기가 되었을 것이다.

첫 번째 설명을 부분적으로 반박하는 두 번째 대안적인 설명은 도덕과 윤리에 대한 이해의 변화다. 18세기 말까지만 해도 도덕에 관한 주도적인 이념은 종종 종교적인 소리가 더해진 내면의 목소리와 양심이었다. 그러나 1800년경부터 주도적인 이념과 비유였던 이 내면의 목소리가 완전히는 아니지만 일부 사라지고 일반적인 도덕적 판단의 관념으로 대체되었다.

이런 변화는 물론 계몽주의 철학에 의해 설명될 수 있다. 그러나 낭만주의에서 내면의 목소리가 점차 의심스러워지고, 또 무의식의 목소리인 것으로 정체가 드러난 것도 중요한 계기였을 것이다.[23] 이제 일반적인 시각은 모든 인간이 도덕적으로 동일하다는 좀 더 고양된 입장을 취하게 된다.

그런 점에서 바로 여기서 프랑스혁명 당시의 인권에 대한 목소리가 유래한다고 가정할 수 있다. 이 같은 좀 더 고양된 입장을 갖기 위해 다른 사람의 감정과 생각을 깊이 통찰할 필요는 없었고, 놀랍게도 공감도 별로 필요하지 않았다.

여기서 제시한 두 가지 대안적인 역사적 설명이 헌트의 주장을 완전히 무력화시키지는 않는다. 확실히 18세기 말부터 공감에 대한 평가가 높아졌으나 그 효과는 사람들의 주장처럼 그다지 일차원적이지 않다. 동일화에 의해 걸러지는 공감이나 간접적인 공감이 계속되는 경우들에 대해서는 근래의 난민 문제에 대한 독일의 반응을 고찰하며 다룰 것이다.

독일 총리와 난민 소녀의 대화

2015년 독일은 공감 순위에서 세계 1위가 되었다. 바로 앙겔라 메르켈 총리 덕택이다.

독일 국민이 2006년 여름에 동화 같은 멋진 체험을 하고 월드컵에서 새로운 자신감을 만끽했듯이, 2015년 가을에는 환영하는 분위기 일색이었다. 즉 9월 4일 밤부터 9월 5일 새벽 사이에 헝가리, 오스트리아, 그리고 독일연방공화국에서 터키와 그리스를 거쳐 유럽으로 오는 난민들 대다수가 독일을 거쳐가게 하는 결정이 내려졌다. 이로써 국경이 개방된 것이었다. 아니면 사전에 이런 결정이 내려졌더라도 그것의 역사적인 영향력은 적어도 그 순간에 분명해진 것이다. 그런데 어떻게 이런 결정에 이르렀을까? 그리고 이런 결정을 내리는 과정에서 공감은 어느 정도의 역할을 했을까?

그 답을 찾기 위해서는 우선 앙겔라 메르켈이라는 인물에 대해 알아봐야 한다. 독일에서 그녀 말고 다른 인물이 이런 결정을 내리고 관철시켰을 거라고는 가정할 수 없기 때문이다. 물론 앙겔라 메르켈의 배후에는 당내의 다른 정치인들도 있었겠지만 말이다. 그리고 스위스 정부 말고는 그런 종류의 위험을 감수한 정부가 없었다. 망명과 이민은 오스트리아 대통령 선거와 2016년 7월 영국의 '브렉시트Brexit' 투표에서 표현되었듯이 세계의 많은 나라에서는 사람들을 움직이는 핵심적인 주제다. 그렇다면 우리는 그런 결정을 내린 앙겔라 메르켈에 대해 무엇을 알고 있을까?

물론 여기에도 긴 역사가 있다. 여기서 독일이 저지른 죄와 홀로코스트를 언급하는 것도 틀리지 않다. 이미 3세대가 지난 후에도 죄의 유산에 대해 간단히 입장을 밝히고 끝낼 문제는 아니다. 그 죄가 후세에 미친 영향을 단순히 거부하거나 전적으로 부정하는 일은 결코 불가능하다.

근래에 전쟁으로 파괴된 시리아의 도시들과 난민 물결에 관한 영상들은 제2차 세계대전 당시 독일의 전쟁 추방자들을 상기시킨다. 당시 수백만 명의 독일인이 난민이 되었다(그리고 소련 거주민을 비롯한 다른 국가의 시민들도 마찬가지였다). 나의 세대(1967년생)도 전쟁 추방자들의 그늘에서 성장했다. 간단히 언급하자면 '추방자'와 '난민'이라는 말 가운데 의미론적으로 '추방자'라는 말이 유리하다. 즉 그들은 죄 없는 수동적인 희생자들인 반면, '난민'은 사실 적극적으로 행동하는 사람들을 일컫는다. 비록 그 배후에 똑같은 정치적 출발점이 있다 하더라도 말이다.

2013년 그리스에서 발생한 경제위기 당시 앙겔라 메르켈은 유럽연합의 얼굴이면서도 호감을 얻지 못하는 지도자로 부상했다.

그녀는 경제위기에 처한 그리스에 대해 반쯤은 엄격하고 반쯤은 수긍하는 입장을 취했기 때문에 수많은 적대감에 휩싸였다.

그녀는 북유럽 국가들로부터는 지나치게 여성적이라고 비난받았고, 반대로 남유럽 국가들에서는 프로이센적인 냉혈한, 히틀러의 후계자, 감정 없는 원칙론자, 따뜻한 가슴이 없는 여자로 표현되었다.

사실 정치인 같은 공적인 인물들은 격렬한 비판에 맞서 얼굴에

철판을 깐다. 그렇지만 아무런 상처도 받지 않는 사람은 없다. 사실 유권자들의 호감을 받아야 하는 정치인들은 긍정적으로 인정받고 싶어 한다. 그런 점에서 메르켈 역시 보상을 받으려는 욕구가 있을 수 있다. 결국 독일 사회는 새로운 현실에 직면했다. 다문화 사회가 단순한 슬로건이 아니라 현실이 되어버린 것이다.

그러나 여기서는 앙겔라 메르켈에게 미친 이런 영향력과 정치적인 힘들은 논의의 대상에서 제외한다. 이런 모든 요인은 가능하지만 절대적이지는 않은 불확실한 원인들에서 나온 것들이기 때문이다. 그렇다고 해서 그것들의 의미가 부인되는 것은 아니다. 대신 여기서는 9월 5일 이전에 벌어진 구체적인 순간들을 분석하는 편이 나을 것이다. 7월 중순에 앙겔라 메르켈은 독일 로스톡 시에서 학생들로 구성된 원탁 시민 회의에 참석했다. 그때 레바논 출신의 팔레스타인 소녀 림이 또래의 수많은 독일 학생이 무안해질 정도로 유창하고 복잡한 독일어로 메르켈 총리에게 설명을 했다. 그녀의 가족이 4년 전부터 독일에 머물면서 정부의 체류허가증을 기다렸지만, 이제는 추방될 거라는 예감이 든다고 말이다. 그러자 총리는 레바논은 전쟁 지역이 아니며, 독일은 그쪽 사람을 모두 받아줄 수 없다고 말했다. 그리고 그 소녀가 기다린 4년이라는 시간은 너무 길다면서 독일은 그것을 바꿔야 한다고 인정했다.

그것으로 대화는 끝난 것처럼 보였고 메르켈 총리는 다시 일반 대중을 향해 이야기했다. 그러다가 그녀는 림이 우는 것을 알아차리고 말을 멈췄다. 여기에 그 당시의 기록이 있다.

메르켈 총리는 말을 멈추고 그 소녀를 바라본다. 그녀가 울고 있다.

그러자 총리가 소녀에게 다가간다.

메르켈 : 오, 이런. 너는 잘했단다.

총리가 우는 소녀를 쓰다듬어준다.

사회자 : 제 생각에는, 총리님, 일이 잘 되어가는 것이 아니라 매우 불편한 상황인 것 같군요.

메르켈 : 나도 불편한 상황이라는 것을 알고 있어요. 그렇기 때문에 이 아이를 한 번 쓰다듬어주고 싶어요. 왜냐하면 나는, 우리는 당신들을 그런 상황에 처하게 하고 싶지 않거든요. 그리고 너도 힘들어하고 있고 많은 사람들, 다른 많은 사람들에게 자신들이 어떤 상황에 처할 수 있는지를 설명해주었으니까, 그렇지?

그 소녀는 뺨에서 눈물을 훔치고 다른 소녀가 그녀를 포옹해준다.[24]

여기서 메르켈 총리의 행동은 분명히 서투르다. 아마도 그녀에게도 무슨 일이 벌어지고 있는지가 재빨리, 그리고 분명하게 이해되지는 않았을 것이다. 아마도 소녀가 울었던 것은 자신의 설명이 먹히지 않아서가 아닐 것이다. 그녀가 설명을 '아주 잘해냈는가'가 중요한 것은 아니다. 어떻게 총리가 이런 잘못된 결론에 이르게 되었을까? 여기서 문제가 되는 것은 두 가지의 서로 다른 오류다. 그리고 그 두 가지 오류 모두 공감을 둘러싸고 일어났다.

첫째, 총리는 간단히 결론을 내리면서 자신의 생각을 토대로 남들을 추측한 것으로 보인다. 연방총리이자 일급 정치인이라면 언어상 정확한 표현을 고심하는 것이 일반적일 것이다. 강하게 강조하되, 잘못된 말을 하거나 그런 것을 암시해서는 안 된다. 언론은 작은 실수라도 곧바로 붙잡아내는 반면에, 결정적인 말이나 강령들은 거의 언급하지도 않을 테니까. 이런 압박은 결코 만만한 것이 아니다. 탁월한 정치인들도 뭔가 생각 없이 내뱉은 말이나 불분명한 인용구로 인해 치명타를 받기도 했다(1988년 11월 10일 독일 하원위원장이던 필립 예닝거*의 연설을 생각해보라). 그런 점에서 총리는 그 소녀를 제대로 이해하려고 하는 대신에 자신이 제대로 말해야 한다는 압박감을 느꼈고, 그것이 소녀에게도 전해진 것으로 보인다.

둘째로, 총리는 지금까지 자신이 체험해온 비슷한 상황들을 근거로 림의 말을 해석한 것일 수도 있다. 분명 그녀는 젊은 사람들이 카메라 앞에서 무너지는 모습, 각광받는 모습, 차단되거나 눈물을 쏟아내는 모습을 자주 경험했을 것이다. 그런 점에서 그녀는 젊은 사람들에 대해 갖고 있던 매우 일반적인 생각을 소녀의 상황에 잘못 연결한 것일 수 있다.

두 경우 모두 분명하게 드러난 것은 메르켈에게 공감 능력이 부족하다는 것이다. 그녀가 드물게 다정하고 모성적인 모습을 보인 것이나 부드럽고 따뜻한 어조를 사용한 점이 그렇다. 그녀가 공개적으로 보여주려던 위로는 의도치 않게 '잘못된 칭찬', 다시 말해 잘못된 일에 대한 칭찬으로 바뀌었고, 그럼으로써 그녀는 소녀를 오해하게 되었다. 그녀가 공감을 보여주려던 바로 그곳에서 역설적으로 공감의 거부가 발생한 것이다.

그러자 사회자가 즉시 개입한다. 사실 그가 말한 대로 총리는 소

---

* 당시 예닝거는 하원에서 연설하는 도중에 갑자기 '히틀러' 이야기를 꺼내면서 과거에 히틀러가 정권을 잡았던 것은 일부 그를 지지한 범죄 수행단 때문이 아니라 사실은 그를 위대한 인물로 보고 지지했던 '대중' 때문이었다는 말을 했다가 비난의 뭇매를 맞고 결국 사퇴해야 했다 - 옮긴이

녀를 잘못 이해했다. 그러나 사회자 역시 말투와 태도가 잘못되었다. 그는 마치 후견인처럼 말하고 있고, 이는 분명히 성차별의 소지를 갖고 있다(남성 정치인에게는 그런 식으로 말하지 않았을 것이다). 이에 앙겔라 메르켈은 화난 듯이 반응하면서 사회자의 말에 걸려든다. 그럼에도 사회자는 총리가 자신의 대답을 외부에서 바라보게 했다. 그렇게 외부에서 관찰된 총리와 소녀의 대화 속에서 총리가 (앞서 설명한 공감의 3인 관계 장면에 따라서) 소녀를 위해 결정하도록 유도하고 있다.

여기서 총리가 잘못 행동했다거나, 이런 작은 공감의 오류가 더욱 깊은 장애에서 나온 하나의 증상이라고 주장할 수는 없다. 그리고 이 에피소드가 집중적으로 언론에 보도되어 논쟁이 벌어졌을 때, 많은 대중이 레바논 출신의 여학생 편에 섰다. 그것은 예상된 일이었다. 왜냐하면 나약한 개인과 총리(일반적인 입장을 취하는) 사이에서 대다수 사람들은 개인의 상황을 과대평가하는 경향이 있기 때문이다.

하지만 내가 관심 있는 것은 에피소드가 총리의 생각을 바꾸는 데 어느 정도의 영향력을 갖느냐다. 앙겔라 메르켈이 소녀와의 대화에서 의미심장한 표현을 사용한 것은 주목할 만하다. 금세 유명해진 그 표현은 다음과 같다.

메르켈 : [⋯] 그것은 이따금 정치에서도 역시 힘든 일이란다. 네가 지금 그렇게 내 앞에 서 있으면 너는 매우 공감을 일으키는 사람이 된다. 그러나 너도 알다시피, 레바논의 팔레스타인 난민 수용소들에는 아직도 수천 명의 사람들이 있어. 그러니 지금 우리가 '당신들 모두 와요. 그리고 당신들도 모두 아프리카에서 와요. 당신들 모두 와도 돼요'라고 말한다면,

우리는 뒷감당을 못할 거야. [⋯]²⁵

그로부터 몇 달 뒤 메르켈 총리는 태도를 바꾸어 "우리는 감당할
수 있다 Wir schaffen das"고 했다. 이 말은 메르켈의 난민 포용 정책의 표
어가 되었다.²⁶

지난 몇 년간 이 표현은 가장 많은 논쟁과 조롱의 대상이 되기도
하고 찬사를 받기도 했다.²⁷ 대체 무슨 일이 일어났기에?

여기서 메르켈이 일차원적으로 결정을 내린 거라고 추측한다면
너무나 순진한 생각일 것이다. 앙겔라 메르켈은 총리로서 수없이 숙
고하고, 느리게 행동해온 인물이었다. 그럼에도 사람은 누구나 살아
가면서 결단을 내려야 하는 결정적인 장면들을 만나게 된다. 사실 림
과의 대화에 그런 결정적인 순간이 있었다고 본다면(이는 일의 정황과 표현
으로 보면 수긍이 가지만 반드시 그런 것은 아니다), 한 가지 특별한 해석이 가능해
진다. 그것은 그 결정적인 순간이 바로 '잘못된 공감' 속에 있을 수 있
다는 점이다.

과거의 일에 대한 기억에서 나오는 공감적 오류보다 더 강한 공
감 유발 인자는 별로 없다. 나는 '잘못된 공감'을 정확하지 않은 공감
적 표현이라고 이해한다. 그 표현의 오류성은 외부에서 지적되고 공
감하는 사람들에 의해 이야기되면서 공감을 하기 위한 피드백이 된
다. 외부로부터 수정이 가해지면 그에 상응하여 자기를 수정하게 된
다. 수정의 주안점이 지적知的 이해에 근거한 것이라면 (예컨대 마음
이론의 의미로) 간단히 지적인 수정을 고려하면 된다. 그러나 앙겔라
메르켈의 경우 주안점은 그녀가 잘못 속단한 것이 지적 이해 때문이
아니라 (잘못된) 정서적 참여 때문이라는 것이다. 왜냐하면 최근에

그녀에게 쏟아지는 비난은 그녀가 정서적으로 소녀의 편을 들지 않았으며, 바로 이것이 그녀의 오류에서 드러난다는 것이기 때문이다.

잘못된 공감은 원칙적으로 공감을 느낄 준비가 되어 있는 동시에 그 공감이 적절하지 않다는 암시를 받으면 발생한다. 누군가에게 공감한다고 사람들이 느낄 때 바로 그 누군가가 "너는 나를 잘못 이해하고 있어"라고 암시하는 경우 잘못된 공감이 발생하는 것이다. 이런 항의는 앙겔라 메르켈과 그녀에게 이의를 제기한 사회자의 경우에서 보듯이 제3자에게서 올 수도 있다.

그런 암시는 사실적인 수정이나 촉구 또는 비판이나 비난으로 다가올 수도 있고 3대 유일신 종교에서 나타나는, 이른바 우상 금지의 경우처럼 공감에 대한 금지로 나타날 수도 있다. 그러나 기독교는 그럴 경우 자체의 입장을 바꾼다. 즉 구약성서에서 신은 여전히 금지를 표명하면서도 형상과 이해(그리고 공감)를 초월하는 반면에, 신약성서는 예수 이후에 많은 투사와 오류의 여지를 제공하는 공감을 요청하는 표현을 담고 있다.

잘못된 공감에 대한 반응도 다양하다. '잘못된 공감'은 좀 더 정확한 공감을 갖도록 자극하고 격려할 수 있으며, 그런 점에서 공감은 교정 수단으로 작용한다. 잘못된 공감은 자신이 거부하던 것을 끝내고 공감적으로 반응하도록 자극하는 식의 보상이 될 수 있다. 물론 그것이 경직되어 결국 의무가 되거나 공감 대상에 대한 공격으로 나타날 수도 있다.

그런 점에서 메르켈 총리와 시민들의 대화에서 특히 놀라운 것은, 그녀가 자신의 잘못된 공감에 대해 비난을 받던 바로 그 순간에 드물게도 온화하고 배려하는 면모를 보여준 것이다. 그런 순간에 던져지는 비난은 특히 강하기 때문에 바로 자신의 감정이입 능력을 증명하려는 욕구가 생겨난다. 총리가 말한 "너는 잘했단다"라는 문장은 그녀의 귀에도 조롱처럼 들렸을 것이다. 정치인들은 자신들의 잘못에 대해 특히 뻔뻔하기는 하지만 인정을 받으려는 그들의 노력을 폄하해서는 안 된다. 이 잘못된 공감에 쏟아진 비난의 화살로 정서적인 상처가 메르켈에게 남아 있을지도 모른다. 그러고는 뒷감당을 못할 거라던 말이 "감당할 수 있다"는 말로 바뀌었다. 불과 몇 주 후에 말이다. 이런 갑작스러운 결단은 모두를, 아마 총리 자신까지도 놀라게 했을 것이다.

총리가 내딛은 걸음을 이런 일화를 통해서만 설명할 수는 없을 것이다. 그보다는 다른 전환점이 있었을 가능성이 높다. 물론 문제가 되었던 것은 시리아 국경 근처의 난민 수용소들을 보도한 끔찍한 기사와 영상들이었다. 또 어느 해안에서 사체로 발견된 어린 알란 쿠르디의 충격적인 영상도 큰 관심을 끌었다. 그 영상은 전적으로 서구적으로 각인된 초상화와 일치한다. 다시 말해 죽은 소년은 붉은색과 푸른색, 즉 성모마리아의 색깔로 된 서구의 옷을 입고 있는 모습으로 찍힌 것이다.

그 소년은 도착했다. 즉 '아드벤트Advent'*한 것이다. 그러나 소년의 도착은 바로 문턱에서, 즉 물에서 육지로 건너가는 입구에서 좌절된다. 하지만 소년이 얼굴을 땅에 박고 누워 있는 모습은 잠들어 있는 것일 수도 있고 그냥 잠깐 엎드려 있는 것일 수도 있다. 죽음을 잠의

---

* 라틴어로 '도래到來'한다는 뜻이지만 기독교에서는 '그리스도의 강림'이라는 비유적 의미로 사용한다. 저자는 이 표현을 씀으로써 어린 소년 쿠르디가 비록 해안가에 도착했으나 죽음을 맞은 모습을 마치 그리스도의 희생처럼 보려는 서구적인 심리를 지적하는 듯하다 - 옮긴이

형제로 보는 고대의 표현이 의미를 갖게 된 것이다. 왜냐하면 사람들은 사실을 잘 알고 있으면서도 소년이 벌떡 일어나주기만을 간절히 바랐기 때문이다. 적어도 내게 이 사진은 눈물 없이 볼 수 없는 광경이었다.

이런 이의에도 불구하고 여기서는 잘못된 공감이 독일에서 어떻게 집단적인 현상이 되었는지를 추측하지 않을 수 없다. 다시 말해 그것은 일종의 거짓되거나 꾸며낸 공감이라는 뜻도 아니고 부적절한 공감이라는 뜻도 아니다. 오히려 그것은 하룻밤 사이에, 말 그대로 2015년 9월 4일 밤부터 9월 5일 새벽 사이에 앙겔라 메르켈 총리가 서둘러 내린 결단이 국민을 갑작스러운 각성覺醒 상태로 이끌었다는 뜻이다. 앞서 달려가는 총리는 모든 사람에게 자신이 오래전에 공감했음에도 지금껏 표현하지 않았을 뿐이라는 인상을 주었다.

앙겔라 메르켈은 모든 사람에게, 그러니까 다른 유럽 국가 사람들과 국가 수장들뿐만 아니라 독일인들과 아랍연맹 사람들에게도 적절한 행동으로 공감을 분명하게 표현하는 대신에 나약한 동정이나 가짜 분노를 드러내왔음을 보여주었다. 그녀는 지금까지 자신이 별로 공감을 느끼지 않았거나 잘못된 공감을 가졌음을 자기 자신에게까지 보여준 셈이다.

앙겔라 메르켈은 다른 모든 사람에게 (그리고 자기 자신에게도) 잘못된 공감에 대한 비난을 받고 있다. 그녀는 우리 모두에게 이제는 각성해야 한다는 것을 제대로 보여주고 있다.

앙겔라 메르켈에게 매우 강하게 반응을 보이면서 독일과 전 세계의 많은 사람들이 고무되었다. 지금까지 잠자고 있던 그들의 공감이 일깨워져서 매우 공감적으로 반응했던 것이다. 그러나 또 다른 사람들은 자신들이 잘못된 공감을 하고 있다는 추측을 매정하게 막으면서 공감을 싸잡아 잘못된 것이라고 비난했다. 잘못된 공감에서 공감 대상을 환영하는 문화가 생겨난다. 그것은 본질적으로 생명이 짧다. 사람들은 잘못된 공감 덕분에 빠르고 격렬하게 반응하지만, 그 후에는 다시 통상적인 무관심으로 되돌아간다.

잘못된 공감은 강력한 마약이다. 그것은 도취와 열광으로 이어지며, 또 매우 깊은 정서와 공감의 상승으로 이어진다. 그렇지만 과연 공감이 잘못된 공감을 암시해주는 특유의 효과를 지녔는지는 의문이다. 앞에서 우리는 난민의 위기에 대한 폭넓은 반응은 전혀 공감이 아니라 오히려 난민을 돕는 영웅적인 인물인 앙겔라 메르켈과 자신들을 동일시한 것일 수 있음을 설명했다. 다시 말해 공감을 보여줘야 한다는 압박을 받는 사람은 본보기를 찾으려고 애쓴다. 그리고 그럴 때는 직접 공감을 느끼는 대신에 자신을 본보기들과 유사하게 바꾸는 것이 훨씬 간단하다. 그런 의미에서 협력자들과 자신을 동일시하는 것은 공감을 피하려는 책략이다. 앙겔라 메르켈 같은 영웅적 인물이나 자발적으로 난민들을 도와 2015년 9월과 10월에 매일 언론의 찬사를 받던 사람들과 자신들을 동일시하는 것은 전적으로 칭찬할 만한 일이다. 하지만 동일시는 수명이 짧은데다 자신과 너무 강하게 관련지으며 외부의 인정에 지나치게 의존한다. 집단적으로 잘못된 공감과 난민에 대한 불만은 그리 멀리 떨어진 감정이 아닌 것이다.

공감을 위한 공감

2015년 12월의 어느 공개 포럼에서 '임의의 남자'라는 사람이 다음과 같이 발표했다.

다음은 텔레비전 시리즈 「한니발」에 등장하는 의사이자 심리학자인 '베델리아'의 대사입니다.
"극단적으로 잔인한 행동들은 고도의 공감을 요구한다."
나는 이 말이 맞다고 생각합니다. 나는 누군가를 쳐다보면서 사디즘적인 상상을 시작할 때면, 그가 무슨 일을 겪으며 어떤 고통과 불안을 품게 되는지 이해하고 느끼게 됩니다. 그러면 흥분됩니다. 그에게 가해지는 고통과 괴로움에 대한 나의 상상이 강해질수록 내가 체험하는 만족감도 강해집니다.[1]

이미 이 책의 '서문'에 소개했던 인용문이다. 익명의 저자인 '임의의 남자'는 전적으로 공감 능력이 결핍된 것이 아니라 오히려 공감의 상승을 바라고 있다. 그는 자신을 자극하기 위해 이런 고양된 공감이 필요하다. 그리고 이런 공감에 이르기 위해 그는 다른 사람이 겪는 고통을 상상해야 한다. 이때 그는 그 사람에게 자신이 고통을 가하는 상상을 한다. 여기서 공감은 가학적인 행위의 목적이 된다. 그것의 목적은 고조된 흥분이거나, 아니면 그 자신의 흥분일 수도 있다. 여기서는 바로 이런 콤플렉스에 대해 다루고 있다. 이 장에서는 공감을 자극하기 위해 사디즘적이고 폭력적인 행위들이 벌어질 수도 있고 실제로 벌어지고 있음을 주장할 것이다.

아마도 이 논제의 가장 극단적인 형태는 '임의의 남자'의 인용구에 나오는 공감적이고 폭력적인 인물에게서 발견된다. 이 인용구는 폭력적인 인물이 공감을 통해 오히려 악행을 저지를 수 있음을 암시한다. 자신의 희생자가 고통받는 모습을 통해 그에게 공감하고 동감하기 위해서다. 이는 폭력적인 인물을 감정이 없는 짐승처럼 폄하하는 일반적인 관념과는 반대된다. 그렇다고 잔혹한 폭력 행위가 미화되거나 그런 행위자가 용서받을 여지가 생기는 것은 아니다. 반대로 죄가 가중될 수도 있다. 왜냐하면 공감적인 행위자는 자신이 누구에게 고통을 가하고 있는지 알기 때문이다. 그리고 공감하는 폭력 행위자 역시 폭력자인 것은 마찬가지다. 그러므로 그런 행위자와 그의 동기를 좀 더 복합적으로 이해하는 것이 중요하다.

앞 장의 끝부분에서는 많은 경우에 공감은 관찰자가 공감을 느끼는 존재에게 초점이 맞춰지기보다 공감자 자신에게 초점이 맞춰진다고 설명했다. 즉 공감은 다른 사람의 고통을 통해 공감하는 사람에게 더 만족을 줄 수 있다. 이런 생각은 이제 좀 더 정확하게 요약되고 논리적으로 설명될 필요가 있다. 가장 간단히 말하자면, 공감은 다른 사람이 고통을 당할 때조차 (혹은 바로 그때) 공감 자체를 위해 야기되고 향유된다는 것이다. 따라서 이 장에서 다룰 과제들 가운데 하나는 공감적인 사디즘을 일상적인 현상으로 파악하는 일일 것이다.

비극의 모순

우리는 여러 길을 거쳐서 우리의 질문과 논제에 다다를 수 있다. 그중 하나가 바로 미학의 길이다. 먼저 공감의 개념이 미학에서 차입되었음을 떠올려보자. 감정이입이라는 개념은 1900년경에 테오도어 립스에 의해 미학적 수용을 위한 중심적인 개념으로 구축되었다(제2장 참조). 이런 수용 과정에서 중심에 놓인 것은 립스의 텍스트들에 들어 있는 주목할 만한 내용으로, 죽은 대상일 수도 있는 대상에 대한 감정이입이 아니라 바로 감정을 이입하는 사람 자체였다. 이 '감정이입'이라는 개념을 1909년에 에드워드 티치너가 영어로 'empathy(공감)'라고 번역했다. 대니얼 뱃슨의 시스템에서는 감정이입에 대한 이해가 관찰자 중심의 공감 형태로, 그리고 "어떤 사람이 바람이 불어오는 언덕의 한쪽 면에 혹처럼 붙어 있는 죽은 나무처럼 생명 없는 대상이 된다는 것이 무엇인지 상상해보는 과정"으로 나타난다.[2]

죽은 나무의 예는 적어도 한 가지를 보여준다. 바로 공감의 대상은 공감을 느끼는 사람에게서 아무것도 기대하거나 희망할 수 없다는 것이다. 반대로 18세기의 유베딜 프라이스Uvedale Price 같은 미학적인 풍경 설계가들이 숭고함이나 회화 등으로 이런 미학적인 감상의 즐거움을 일깨우기 위해 그런 척박한 풍경들을 배치하고 그 속에 혹처럼 마디가 튀어나온 나무들을 심은 것을 생각해보라. 이런 개념사적인 시각에서 보면 실제로 다른 사람이 잘되도록 배려하는 것은 나중에야 인위적인 느낌이 나는 감정이입의 공감으로 보충된 것이다. 물론 오늘날의 공감은 물에 빠진 사람을 구한다든지, 또는 얼어 죽어가는 사람이 뭐라고 부탁하지 않더라도 자발적으로 따뜻한 뭔가를 주는 것처럼 곤경에 처한 다른 사람을 돕는 데 결정적인 동기가 되어준다. 대개의 영장류와는 반대로 인간들은 다투지 않고 먹을거리를 나눈다. 우리는 젖먹이와 어린아이들에게 무엇이 필요한지 이해하여, 그들의 시급한 욕구에 반응할 뿐더러 이를 사전에 대비하기도 한다. 우리는 다른 사람들을 단순히 그들의 행위에 따라 판단하기보다는 의도에 따라 판단하기도 한다. 그 밖에도 우리는 공동체를 이루고 수십 년간 서로를 알아감으로써 다른 사람에게 일어나는 복잡한 정서적인 과정을 함께 체험하고 공유할 수 있다.

그럼에도 우리는 미학적인 감정이입의 자기 관련성에 대해 깊이 생각해보지 않을 수 없다. 감정이입과 공감에서 어떤 경우에 자기 체험이 다른 사람의 안녕에 대한 우리의 관심을 능가할까? 공감은 언제 자기에게 초점을 맞추는, 모순적인 양상으로 바뀌게 될까? 다시 말해 어떤 경우에, 또는 언제부터 공감은 전적으로 혹은 주로 공감을 하는 사람에게 이용되는 것일까? '예술을 위한 예술'이라는 미학적인 원리와 비슷하게 공감을 위한 공감에 대해 이야기하는 것이 맞는 것일까?

먼저 미학에 관해 토론해보자. 거기서는 다른 사람의 안녕에 대한 도덕적이거나 윤리적인 질문은 우선시되지 않는다. 그럼에도 이 질문이 비극적이고 슬픈 것에서 매번 다시 제기된다는 것은 놀라운 일이 아니다.

비극은 비극적인 서술의 주인공이 몰락하는 데서 관객의 긍정적인 감정이 생겨난다는 것에 그 모순이 있다.

흥미롭게도 역사는 일찍부터 모순을 은폐해왔거나 미학적인 것에서 추정되는 비사회적인 요소를 고쳐 해석해왔다. 18세기에 에드먼드 버크는 관찰 대상의 고통에서 생겨나는 관찰자의 숭고한 감정에서 다음과 같이 친사회적인 뿌리를 발견했다.

나는 우리가 다른 사람들이 실제로 겪는 불행과 고통에서 적지 않은 만족을 느낀다고 확신한다. 만약 그것이 단지 고통스럽기만 하다면 우리는 그런 것을 불러일으킬 사람들과 장소들을 매우 조심스럽게 피할 것이다.

그리고 우리의 창조주께서 배려하셨듯이, 우리는 동감의 결속에 의해 하나가 되어야 한다.

내가 실제로 다른 사람 또는 상상적인 다른 사람의 고통에서 만족을 느끼기 전에 내 삶은 모든 구체적인 위험에서 벗어나 있어야 한다.[3]

버크의 논리를 보면, 우리는 모두 고통을 공유하기 때문에 고통이 인간을 서로 결속시킨다는 것이다. 고통을 함께하는 것sym-pathy은 함께 고통을 겪는 것이다. 우리는 다른 사람의 고통을 인지하고 기뻐한다. 그 고통을 공유하는 것이 공통성과 결속을 불러일으키기 때문이다. 버크에 의하면, 이런 동감의 결속은 고통 없이는 존재하지 않거나 인지되지 않는다.

이 대목에서 우리는 버크의 '메타병리Metapathology'*가 오히려 기대에서 나온 것이 아닌지 의문을 제기해야 한다. 비극적인 것은 어딘지 긍정적인 감정과 함께 인지된다는 버크의 가정은 확실히 옳다. 그렇지 않다면 왜 이런 서술적인 예술 형태가 그런 식으로 예찬되겠는가. 그러나 비극적인 주인공의 불행에 관해 이런 의문은 남는다. 즉 비극은 다른 사람이 불행하기를 바라는 소망을 키우는 것일까? 우리는 그것을 단순히 다른 목적을 위해 수용하는 것일까? 아니면 긍정적인 감정은 친사회적인 충동과 다른 사람의 행복을 바라는 데서 나오는 것일까? 혹은 이 중 어디에도 해당되지 않는 것일까?

그 차이들은 평범한 것이 아니며 결코 간단하게 구분되는 것도 아니다. 계몽주의 이후 대다수의 비극 이론가들은 비극적인 것이 우리를 친사회적 감정을 지닌 도덕적인 인간으로 만든다는 주장에 힘을 실어주고 있다. 예컨대 희극과는 달리 비극의 도덕적이고 교육적인 가치는 이미 버크와 독일 극작가 고트홀트 에프라임 레싱이 (그의 『함부르크 연극론Hamburgische Dramaturgie』에서) 이런저런 방식으로 주장했듯이 바로 연민을 가르친다는 점에 있다.

그러나 비극에는 관찰자의 감정이 중요하다는 주장 역시 호응을 얻고 있다. 이 경우에 비극적인 것은 개인 안에서 감정을 자극하는 아주 강력한 마약이 될 것이다. 비록 그런 감정은 다른 사람의 고통에 의해 불러일으켜지지만, 결국에는 그의 안녕에 대한 단순한 상상뿐 아니라 실제로도 안녕하게 하는 배려에서 벗어난다.

이 경우 결국 관객이나 수용자들이 겪는 흥분이 최종적인 목적

---

* 삶의 가치나 의미, 성취감의 결여를 의미한다. 즉 높은 욕구들이 충족되지 않을 때 생기는 권태, 허무감, 절망 같은 것이다 - 옮긴이

일 것이다. 장 자크 루소 같은 비판자들은 후자의 입장을 취하며 비극이라는 장르 전체를 거부했다.[4]

영화학에서는 비극에 대한 유사한 현상이 '비극적 영화의 패러독스sad movie paradox'라는 표제어로 다뤄진다. 우리는 슬픈 영화를 보면 정서적으로 강하게 흥분하며, 이 흥분을 미학적인 만족과 미학적인 특성으로 연상한다.[5]

빈프리트 메닝하우스와 그의 동료들은 그들이 수행한 냉정하고 경험적인 연구에서 주장하기를, 미학적인 인지의 중심에 있는 것은 바로 움직여지는 느낌, 즉 수사학적인 움직임movere이라고 했다. 그러나 그렇게 '움직여지는 것'이 과연 친사회적인 특징을 갖고 있는지는 지금까지 미지수다. 어쨌거나 개인 역시 움직여지게 되면 다른 사람들을 위해 마음이 열릴 수 있겠지만, 이 역시 나르시시즘적으로 느끼는 사람에게만 좋은 일이 될 것이다.

양자의 입장, 즉 비극적인 것은 연민을 가르친다거나 단순히 개인의 흥분된 자극이 중요할 뿐이라는, 다시 말해 관찰자가 다른 사람에게 관여하거나 반대로 자기에게만 관여한다는 입장이 있고, 또 그런 입장들 사이에 중간적인 입장이 여럿 있지만 여기서 모두 설명하기는 어렵다.

또 한편으로 이쪽저쪽의 입장을 모두 취해서 개인이 자기와 관여하는지, 아니면 다른 사람과 관여하는지의 여부는 개인의 성향에 달려 있다고 설명할 수도 있을 것이다. 물론 후자의 생각이 확실히 맞기는 하다. 그러나 비극적인 운명을 인지하는 일이 관찰자를 어느 정도 비이기적인 공감의 형태로 자극하는가 하는 원칙적인 물음에 대해서는 별로 도움이 되지 않는다.

그런 문제에 대한 해답을 제시할 또 다른 단초는, 픽션(비극도 포함)이 관찰자와 주인공, 즉 자아와 다른 사람 간의 차이를 중단시키므로 공감과 자기 연관 사이에 차이가 있을 거라는 의문이 결국 생기지 않으리라는 것이다.

이것은 수잰 킨이 제시한 논리적인 관계에서 주장한 것이다.[6] 인간이 연민 없이, 그리고 도와야 한다는 의무 없이 공감을 즐기기 위해 픽션을 만들어낸다고 주장하는 것은 극단적이다. 달리 말하면, 픽션은 자기 상실을 긍정적으로 경험할 수 있는 공감의 형태를 허용한다.

나는 비극에서 느끼는 공감에 대해 다른 측면에서 질문을 제기하고자 한다.[7] 내가 주장하려는 것은, 비극이 감동적인 공감으로 우리를 불러들이는 강력한 초대장이라는 것이다. 그리고 그것은 감정이입과 출구 전략을 연결하고, 출구 전략은 바로 비극적인 결말 속에 있다.

우리는 주인공이 겪는 비극적인 운명을 그와 함께 느낀다. 관찰자를 매혹시켜서 함께 체험하게 하는 것은 주인공이 겪는 끔찍한 운명에 대한 예상이다.

이런 예상은 한 가지 이상의 관점에서 핵심적이다. 즉 예상은 서술의 구성 요소다. 전형적으로 서술적인 사고는 '만약 ~라면 어떨까'라고 곰곰 생각하면서 기존의 상황과는 다른 가능성들을 여는 데 있다.[8] 더 긍정적인 대안을 찾으려는 과정에서 관찰자의 서술적인 사고는 엄청나게 증가한다. 극단적인 비극의 경우에는 서술적인 사고가 최대한 집중된다고 예상할 수 있다. 우리는 관객으로서 비극적인 주인공과 더불어 그에게 주어진 가능성들에 함께 희망을 갖기도 하고 함께 불안해하기도 한다. 주인공은 관객인 우리에게 '열려 있다'. 왜냐하면 너무 많은 것이 우리가 주인공과 함께 그려가는, 아직 정해지

지 않은 미래에 달려 있기 때문이다.[9]

그러나 공감 특유의 두 번째 방식에서도 핵심적인 것은 역시 예상하는 것이다. 공감이 자기 상실과 더불어 나타나면, 자기 상실을 중단 또는 약화시키거나, 잠시 동안 제한하는 것으로 예측할 수 있다. 비극은 후자의 경우에 해당된다. 비극은 관객에게 지속적으로 자아를 상실하지 않고도 공감하거나 동일시하는 방식으로 감정이입을 할수 있음을 약속해준다. 관객의 감정이입 대상인 비극의 주인공은 자신의 결말을 찾게 되고 관객은 결국 '자기 자신으로' 돌아올 수 있기 때문이다. 비극은 관객에게 한 가지 대단한 제안을 한다. 즉 관객이 특별히 감동적이고 심오한 인간의 운명을 함께 체험할 수 있게 해줄뿐만 아니라 다시 그 운명과 작별할 수 있게 해준다. 이는 비극 자체가 만들어내는 효과다. 얼마 동안 강력한 감정에 이끌렸던 관객은 다시 거기서 벗어난다. 비극은 정서적인 왕복승차권인 셈이다. 즉 자기상실은 시간적으로 제한되어 있다.

비극, 즉 다른 사람이 겪는 슬프고 끔찍한 운명은 감정이입을 하는 사람에게는 버리는 것, 즉 공감의 종착점이 된다. 얼마나 많은 비극 관련 사상가들이 감정이입과 비극적 주인공 사이에 경계를 설정하는 문제로 고민하는지 생각해보아야 한다. 아리스토텔레스는 비극의 주인공이 우리와 같은 평범한 사람으로서 너무 선하거나 너무 악해서는 안 된다고 했다. 그리고 그 주인공은 한 가지 오류를 저질러야한다. 즉 어떤 사건에 얽혀 들어가는 것을 정당화해줄 서툰 일이나 분명한 실수나 죄를 저질렀어야 하는 것이다. 이때 관객 자신은 그런 실수를 저지르지 않았기 때문에 그 주인공으로부터 벗어날 수 있다.

비극은 우리가 이런 식으로 감정이입되었다가 다시 되돌아오는 구조를 이미 비교하고 배우고 평가하는 방식으로 우리의 사고 속에 정립되고 의식화儀式化되어온 문화적 예술품이다. 비극적인 서술이 어린아이를 불안하게 하고 그들에게는 별로 재미없다는 것은 흥미로운 일이다. 어린아이는 이야기가 좋은 결과로 끝나기를 바란다. 이런 기대는 확실히 우리 시대가 특별히 육성해온 것이어서 대부분의 동화는 그 결말이 선하고 도덕적으로 만족스럽다. 그러나 이런 식의 약속은 역사적으로 그리 오래된 것도 아니고 보편적인 것도 아니었다. 예컨대 무서운 이야기나 『더벅머리 페터Struwwelpeter』*처럼 훈계조의 이야기에도 어린 독자들이 있었다.

어린아이가 비극을 재미있어하지 않는 이유는 아마도 자기 상실이 아이들에게는 별로 위협적으로 느껴지지 않기 때문일 것이다. 다른 사람이 뭔가를 결정하거나 부모와 아이 사이의 집단적인 화합에서 동일성을 체험하는 일이 너무 일상적이어서, 비극의 복잡한 메커니즘이 주는 특별한 감정이입과 거기서 다시 회복되는 것이 별로 매력이 없다. 그럴 경우 비극에서 남는 것은 제대로 가치 있는 일을 하지 않았거나 절반만 한 누군가가 실패하는 것이다. 이런 것이 비극에서 얻어지는 결과라면, 어린아이들은 차라리 승리하여 환호하는 주인공과 자신들을 동일시하는 쪽을 택하는 것이다.

다시 말해 비극은 한편으로는 공감의 즐거움을 알지만 다른 한편으로는 이미 공감을 통한 자기 상실을 경험해보았기 때문에 완화된 공감의 이중 구조를 찾는 사람들에게만 흥미로운 것이다.

비극적 운명이나 비극에 대해 사람들이 순박한 태도를 보이고

---

* 독일의 정신과의사였던 하인리히 호프만Heinrich Hoffmann이 1844년에 발표한 그림책으로, 얌전히 있지 못하고 까부는 아이에 관한 이야기다 - 옮긴이

다른 사람에게 감정이입을 하는 것은 그가 그럴 만한 일을 했기 때문이라고 가정한다면 이는 너무나 단순한 판단일 것이다. 비극적 결말에 대한 기대는 감정이입에 영향을 준다. 사람들은 다른 사람이 파멸할 것이기 때문에 감정이입을 한다. 2015~2016년 미국에서 치러진 대통령 선거전을 보면, 민주당 후보인 버니 샌더스에게 열광하여 그에 대한 자신들의 동감을 최고조로 끌어올린 추종자들이 있었다. 내가 추측하기에 그들이 그렇게 열광하고 동감했던 이유는 바로 그 후보의 결말이 이미 예상되어 있었기 때문일 것이다.

감정이입과 동일시, 그리고 공감은 종종 직관적으로 생겨나기는 하지만 그렇다고 해서 순진하거나 맹목적인 것은 결코 아니다. 사람들은 단순하게 다른 사람이나 그가 처한 상황 속으로 감정이입하는 것이 아니라 다른 사람의 발전은 물론 공감의 발전에 대한 기대까지 포함되는 과정 속에서 자신을 재발견하는 것이다. 이는 비극의 경우 비극적인 결말에 대한 기대가 이미 과정의 일부로서 공감에 투입된다는 뜻이다. 우리가 다른 사람(또는 허구적이거나 실제적인 캐릭터)에게 감정이입을 하는 이유는 그 사람이 우리를 흥분시키는 의미심장한 운명을 맞고 결국에는 파멸하기 때문이다.

여기서 우리는 처음에 던졌던 질문, 즉 우리가 공감을 느끼는 것은 원래 다른 사람에 대한 우리의 배려 때문인가, 아니면 우리 자신의 공감을 위해서인가라는 질문으로 되돌아가게 된다. 비극, 그리고 비극과 유사한 형태들의 경우 공감 유발 요인은 예상된 공감의 전체 과정이며, 따라서 공감의 약속은 바로 공감 자체에 들어 있음을 보여주는 특징이 많다(물론 여기에는 다른 사람이 그 공감과 감정이입에서 얻는 것이 없다는 점, 거기에 이타적인 태도는 없다는 점, 그리고 다른 사람의 안녕을 바라는 것이 호의적인 태도로 이어지지 않는다는 점도 포함된다).

　　이제 우리는 여기서 벗어나 공감을 위한 공감이 논리적으로 상승하는 모습, 다시 말해 다른 사람의 고통을 적극적으로 불러오는 상황으로 넘어가보기로 한다.

사디스트, 마조히스트, 연쇄살인마

　　공감적인 사디스트는 자신의 희생자와 동감하기 위해 그를 괴롭힌다. 그래야 괴롭힘당하는 사람을 이해하고 그와 함께 괴로워할 수 있기 때문이다. 공감적인 사디즘의 기본 형태는 누군가가 다른 사람을 위험하거나 고통스러운 상황으로 끌어들이고, 그런 상황을 조장하며, 그런 상황을 바라거나 참아내는 것이다. 모두 희생자에게 공감하기 위해서다.

　　이 공감적인 사디즘의 배후에는 다시 좀 더 일반적인 성향, 다시 말해 다른 사람들을 지적이고 정서적으로 이해하기 위해 그들을 통제하려는 시도가 숨어 있다. 거기서 고통은 특별하지만 결정적인 것이다. 왜냐하면 고통을 겪는 정서는 외부로부터 자극을 받거나 거기에 기인해 생길 수 있으며 매우 강하기 때문이다(독일어에서 '고통을 겪다leiden'라는 말이 오랫동안 문법적으로 피동을 의미했음을 생각해보라).

　　이제 직접 공감적인 사디즘과 공감적인 잔인성으로 돌아가 살펴보자.[10] 그러나 ('비뚤어진 공감warped empathy'이라는 표현이 있듯이) 여기서 마치 비정상적인 공감의 형태라든가, '임의의 남자'가 느끼는 것과 같은 도착적인 공감의 형태가 있으리라는 예단을 하려는 것은

아니다.[11]

먼저 픽션들을 평가하는 데서부터 시작해보자. 이는 사디즘적인 공감이 허구적인 망상이라서가 아니라 픽션은 우리 문화의 일부로서 일상생활에서보다도 많은 공감의 구조들을 보여주기 때문이다.

자주 등장하는 인물로 딸을 괴롭히는 사악한 계모가 있다. 완두콩과 쌀을 일부러 땅에 쏟아버리는 신데렐라의 계모를 생각해보라. 계모는 신데렐라에게 무도회에 갈 수 없다고 간단히 말해주는 대신에 완두콩과 쌀을 다시 주워 담으라는 과제를 준다. 그녀가 신데렐라의 고통을 즐기고 있다고 추측해볼 수 있는 장면이다.

또 다른 비슷한[12] 인물로 반항적인 젊은 여인이 사랑에 주저하는 것에 처벌을 가하는 가학적인 애인이 있다. 그런 인물들은 18세기 이후 소설의 역사와 밀접하게 관련되어 있다. 여기서 생각나는 것이 영국 작가 리처드슨의 소설들이다(예를 들면 『클라리사Clarissa』와 『파멜라Pamela』). 고통당하는 감정들을 묘사하기 위해서는 소설이 필요한 것이다.

18세기 초의 독일 소설인 조피 폰 라 로슈Sophie de La Roche의 『슈테른하임 아씨 이야기』와 루트비히 티크Ludwig Tiecks의 『윌리엄 로벨 씨의 이야기Lovell』도 그런 식의 공감적인 사디스트들을 묘사하고 있다 (예컨대 로벨이 여주인공 에밀리 버튼에게 어떤 태도를 취하는지 생각해보면 알 수 있다).[13] 따라서 당시 공감적인 사디즘을 보이는 남성들을 등장시키지 않은 독일 소설이 있었다면 그것은 칭찬할 만한 예외였던 것이다.

괴테의 『젊은 베르테르의 슬픔』이나 횔덜린의 『히페리온Hyperion』 같은 작품들은 사디즘으로 넘어가려는 유혹에 맞서고 있지만, 그렇다고 사랑하는 사람들에게 등을 돌림으로써 그들에게 고통을 주는 내용이 없다는 뜻은 아니다(더구나 그들이 선택한 대안은 자기 파괴와 자학적인 마조히즘이었다). 괴테의 또 다른 작품인 『빌헬름 마이스터』 역시 이루어지지 않는 사랑을 하는 빌헬름 마이스터가 주위의 모든 여성에게 고통을 주면서도 작품이 끝날 때까지 이를 알아차리지 못한다는 점에서 역시 사디즘적이라고 할 수 있다.[14] 그는 마지막에야 비로소 괴테의 또 다른 작품인 『파우스트』의 주인공처럼 양심의 목소리와 마주하게 된다.

소설 속에서 억압받는 젊은 여인들과 그들을 괴롭히며 공감을 하는 인물들의 목록은 19세기에도 계속된다. 예컨대 프랑스 작가 플로베르의 『보바리 부인』, 스페인 작가 클라린Clarin의 『재판관 부인La regenta』,[15] 독일 작가 테오도어 폰타네Theodor Fontane의 『에피 브리스트』[16] 같은 많은 순수 문학작품들은 물론, 드 사드de Sade나 오스트리아 작가 자허 마조흐Sacher Masoch*의 흥미 본위의 문학작품들이 그렇다.

영화에서도 공감적인 사디즘을 지닌 일련의 인물들이 창조되었다. 예컨대 영화 「마부제 박사」(1927)의 주인공은 다른 사람들을 조종하며, 「세븐」(1995)에는 경찰관의 좌절된 분노를 자극하기 위해 그의 아내를 죽이는 연쇄살인마가 등장한다. 또 다른 인물로 브렌턴 이스턴 엘리Brenton Easton Elli의 책과 메리 해런Mary Harron의 영화 「아메리칸 사이코」(2000)에 등장하는 정신질환자가 있다. 또한 조너선 드미Jonathan Demme의 영화 「양들의 침묵」(1991)에 나오는 두 명의 상반된 연쇄살인마인 버팔로 빌과 한니발 렉터를 들 수 있다. 그들은 정반대의 방식으로 상대방에게 감정이입을 한다.[17] 「양들의 침묵」은 중심에 자기 인식과 무지 사이의 균형을 요구하는 정신적 건전함에 대한 이데올로

---

* 사디즘의 반대말인 자학증을 가리키는 마조히즘Masochism이 자허 마조흐에게서 유래했다 – 옮긴이

기가 있다. 그것에 반대되는 것은 병적으로 표현되고 있다. 즉 버팔로 빌은 자기 자신과 자아의 통찰을 피해 달아나면서 인간의 피부 밑으로 자신을 숨기고 싶어 한다. 그는 자기 자신이 되지 않으려고 말 그대로 다른 사람의 피부 속으로 들어가 자신을 바꾼다. 그리고 피부의 주인인 다른 사람의 몸은 단순한 잉여물처럼 내버린다. 그에 반해 한니발 렉터는 마치 책처럼 다른 사람을 읽을 수 있어서 사람들을 존중하는 마음을 모두 상실했다. 그 때문에 그는 그들을 먹어서 자신의 몸속으로 집어넣을 수 있다. 그런 점에서 두 사람은 자신들의 공감을 위해 혹은 자신들의 공감 때문에 다른 사람들을 괴롭히고 죽이는 공감적이고 사디즘적인 괴물들이다. 오직 여자 경찰만이 건전한 중도를 표방하면서 한 단계씩 자신의 의지에 따라 행동하고 다른 사람들의 동기를 이해해가며 사건을 해결한다.

문학작품과 영화에 등장하는 몇몇 문학적이고 허구적인 인물들에 관한 이와 같은 대략적인 고찰은 공감적인 사디즘에 대해 이미 몇 가지 특징을 시사해준다. 예컨대 시간적인 차원들이 중요한 역할을 하는 것이 눈에 띈다. 공감적인 사디즘의 유발 인자는 과거와 현재, 그리고 미래 속에 들어 있다. 이처럼 시간적으로 서로 다른 차원들을 구별하는 것은 어쩌면 피상적일지 모르지만 아래에서 보듯이 공감적인 사디즘의 서로 다른 변수들을 따로 고찰하게 해준다.

예컨대 복수하는 경우에는 유발 인자가 과거 속에 있다. 즉 누군가가 과거에 저지른 행위에 대한 보복으로 처벌을 받아야 하는 것이다. 이는 앞서 언급한 작품들 속에서는 보답받지 못한 사랑일 수 있다. 예컨대 남자가 겪는 고통이 여자의 행위 탓으로 돌려지는 것이다. 따라서 그녀가 미래에 사디스트에게 겪는 고통은 정당하고 적절한 것이 된다. (이 구절을 읽는 독자들은 그런 식으로 처벌하는 애인이 어쩌면 '병적'이거나 '정신장애'라는 생각을 가질지도 모른다. 물론 그런 생각도 맞다. 그러나 거꾸로 결론을 내리는 것은 맞지 않을 것이다. 병적이거나 정신장애를 가진 사람들만이 그렇게 반응하는 것은 아니기 때문이다.) 남자 애인은 처벌을 하면서 (그리고 여자 애인이 미래에 고통을 겪는 가운데) 자기 자신이 과거에 겪은 고통을 다시 한 번 체험한다.

반면에 미래 속에 사디즘적인 공감의 유발자가 들어 있을 때는 다른 사람이 처한 상황을 토대로 자신의 감정을 시뮬레이션하고 이해할 수 있기를 바라면서 그 상황을 조작한다. 여기서의 핵심적인 차이는 공감적인 관찰자 자신이 결국 이해할 수 있는 상황을 스스로 끌어온다는 점이다. 앞서 언급했듯이 대단히 섬뜩한 조종자들이 서로에게 맞서는 영화에서는 그런 식으로 사건이 일어난다.

그에 반해 현재 속에서 직접 공감적인 사디즘을 관찰하고 체험하는 일은 흔한 경우로 보인다.

먼저 과거에 기인한 공감적인 사디즘부터 고찰해보기로 하자.

복수는 공감적인 사디즘이다?

여기서 다루는 것은 처벌할 때 느끼는 악의적인 즐거움이나 재미 같은 불가사의한 현상이다. 사디즘적인 공감에 근거한 처벌이 어떻게 인간적인 태도의 일부가 될 수 있는지 조사해보아야 한다.

사실 악행을 저지르는 자와 부당하게 이익을 취하는 자를 처벌하려는 욕구는 매우 널리, 추측하건대 거의 일반적으로 퍼져 있다. 처벌하고 싶은 욕구와 관련해서는 뇌 속에서 자기공명영상으로 측정[18] 가능한, 분노의 심리학적인 특징들 및 처벌과 보상 의식이 뚜렷한 혈액순환에서부터 그다지 합리적이지 않은 결정 구조에 이르기까지, 처벌에 따르는 열정과 정서에 관한 간접증거들이 분명히 있다. '서문'에서 처벌하고 싶어 하는 욕구는 남성적인 현상이라고 이미 언급했다.[19]

예컨대 한 실험 대상자가 일정 금액의 돈을 다른 사람과 나누게 하는 이른바 '독재자 놀이'에 대해 생각해보자. 또 다른 실험 대상자는 그 분배를 받아들이거나 거절할 수 있다. 첫 번째 경우에 두 사람 모두 돈을 받지만, 두 번째 경우에는 아무도 돈을 받지 못한다. 그럼에도 부당하게 (예컨대 80 대 20으로) 돈이 분배되면 완강한 거부가 뒤따른다. 하지만 그런 거부는 불합리한 것이다. 왜냐하면 두 번째 실험 대상자는 부당한 제안을 받아들여도 잃을 것이 아무것도 없고 오히려 얻는 것만 있기 때문이다. 다시 말해 두 번째 실험 대상자는 보복 충동이 사라진다.[20]

처벌이 지닌 정서적인 구조를 알려주는 몇 가지 요소가 있다. 그렇다고 해서 처벌이 비합리적이라는 의미는 아니다. 오히려 정서 역시 합리적인 것이며 인지적인 시각에서 통상적으로 적절한 과정을 보여준다. 아마도 처벌은 도덕적·법률적·정치적으로 그것을 실행할 때 위축된 정서들을 제도화하는 거라고 설명할 수 있을 것이다. 여기서는 어떤 정서들을 가리키는 것인지 묻기 전에 처벌의 기능에 대해 함께 생각해보는 것이 중요하다.

지난 십수 년간 진행되어온 논쟁에서 처벌은 이타주의적인 것으로 인식되었다.[21] 다시 말해 처벌자는 공동체를 위해 뭔가를 실행하고 그에 따르는 대가도 받아들인다. 처벌의 목적은 공동체에 해로운 행위를 중단시키는 것이다. 도둑이 뭔가를 훔칠 경우 그는 동시에 일반적인 소유 구조도 위태롭게 만드는 것이다. 마찬가지로 무임 승차자는 다른 승객들의 차비를 간접적으로 상승시킨다.[22] 처벌은 이중적인 역할을 한다. 첫째는 행위자 개인을 제지하는 것이고, 둘째는 특정한 행위들은 용납되지 않음을 상징적으로 보여주는 것이다. 상징적으로 실행함으로써 과거의 범법 행위를 처벌하는 것도 의미가 있다. 처벌자는 적극적으로 행동한다. 다시 말해 그는 시간과 에너지를 투자한다. 그러나 그는 정당하게나 부당하게 죄인이 된 사람의 복수 속에는 전혀 들어 있지 않은 상당한 위험을 감수하기도 한다. 그런 점에서 그것을 이타주의라고 말할 수 있다. 즉 처벌자는 자신이 투자한 에너지에 대해 합당하게 보상이 주어지지 않더라도 그 일을 하는 것이다.

그러나 누군가 그 일을 함으로써 무엇보다도 자신에게 부정적인 결과가 미치리라는 두려움이 있다면 왜 그 일을 하는 것일까? 처벌자 자신은 정의의 실현으로 무엇을 얻게 되는 것일까?

구조적으로 보면 처벌은 공동체에 중요하고 사실 필요불가결한 것이기도 하다. 다시 말해 처벌하지 않는 것 자체가 처벌 대상이 될 수 있는 것이다. 다른 사람의 직접적인 행동을 관찰하는 것 외에 개입이 의무가 되는 이차적인 관찰이 있다. 그러나 이때 개인에게 주어지는 것은 처벌하고 싶어 하는 부정적인 자극뿐이다.

바로 이런 딜레마 때문에 처벌하고 싶어 하는 재미에 대해 다음과 같이 결론지을 수 있다. 즉 이타적인 처벌자는 처벌 속에서 재미나 만족을 느끼기 때문에 행동한다. 처벌하는 사람은 정서적인 보상에

솔깃해지는 것이다. 분노와 분노에 대한 만족이 혼합되어 처벌을 하도록 필연적으로 자극을 준다. 이때 처벌자는 정서적인 보상을 느끼고 싶어서 이타적으로 그 일을 하는 것이 아니라 바로 자신을 위해 그 일을 하는 것이다. 그러나 분노를 만족시키는 것이 어떤 정서적인 보상을 가져오는 것일까? 분노를 만족시키는 일이 사디즘적인 공감과 연결되면, 처벌받는 사람이 겪는 고통이 기쁨으로 바뀐다는 한 가지 답이 나올 수 있다. 따라서 사디즘적인 공감은 그로 인해 보통 잘못된 처벌이 행해졌으므로 진화론적인 관점에서 생겨난 것일 수 있다. 그렇게 보면 사디즘적인 공감은 의미가 있고 공동체를 위한 선택적인 이익을 뜻하게 된다.

동시에 사디즘적인 공감은 대개의 경우 공동체에 위협이 된다는 것도 깊이 생각해봐야 한다. 예컨대 남의 불행을 기뻐하는 마음이 그런 경우에 해당된다. 남의 불행을 기뻐하는 것은 처벌에 가깝다. 예컨대 과거의 경쟁으로 겪었던 고통에 대한 보상으로서 남의 불행을 기뻐하는 것이라고 덧붙여 생각할 수 있기 때문이다. 그러나 이타적인 처벌과는 달리 남의 불행을 기뻐하는 것은 공동체의 발전을 촉진하지 않는다. 그런 점에서 우리는 처벌과 공감의 관계에 관한 정확한 상황을 좀 더 자세히 조명해보아야 한다.

처벌과 공감의 관계에 대해 질문을 제기하려면 처벌 장면에 대해서도 함께 생각해야 한다. 적극적인 처벌은 고도로 양식화되고 의식儀式화되고 담론적으로 조절된 행위다. 처벌자는 자신이 옳다는 의식을 갖고 있다. 그렇다고 처벌하는 사람이 어느 경우에나 그렇게 생각한다는 뜻은 아니다. 그러나 충동적인 보복 행위의 경우에는 그것이 과거에 저질러진 악행에 대한 보상을 의미하기 때문에 적절하다는 감정이 깃들어 있다. 이런 감정 속에는 처벌받는 사람은 당연히 처벌받을 짓을 했고, 따라서 그 처벌을 다른 사람들 앞에서 합법화할 수 있다는 가정도 포함되어 있다. 달리 말하면, 자기 자신과 다른 사람들 앞에서 연극적인 장면이 표출될 수 있다. 그것은 우리가 매번 반복해 연출하고 시험해보고 또 역할을 바꾸어 체험해보는 장면이기도 하다.

간단히 말해, 그것은 우리가 모든 면에서 함께 체험할 수 있는 장면이다. 거기서 우리는 실제로 진행되지 않은 것들을 포함해 가능한 모든 것을 머릿속으로 끝까지 그려볼 수 있다. 우리의 체험은 하나의 시각에서 다른 시각으로 이리저리 바뀔 수 있지만(꼭 그래야 하는 것도 아니지만),[23] 시각이 바뀐다고 해서 공감적인 편들기가 바뀐다는 뜻은 아니다. 사람들은 '자신의' 공감적인 편들기를 외부에서 인지할 수 있고 이것이 편들기와 공감을 전적으로 높일 수도 있다. 그렇지만 계속되는 편들기가 종종 공감으로 이어지기는 해도 항상 그렇지는 않다고 가정할 수 있다.

처벌의 연극적인 측면은 과대평가해서도 무시해서도 안 된다. 한편으로는 법·제도의 활약과 지배로 인해 처벌이 기계적으로 제도화되는 면이 있다. 희생자들도 정확히 누가 행위를 저질렀는지 알고 싶어 하지 않는 경우가 많다. 행위자가 발각되면 처벌을 받을 거라는 추상적인 지식이 사람들을 만족시키곤 한다. 심지어 희생자들이 행위자와 직접 접촉하지 않는 것을 기뻐하는 경우(예컨대 침입, 익명의 위협, 겁탈)도 많다. 마치 행위자들의 개성으로부터 영향을 받거나 감염될까 두려운 듯이 말이다. 그러나 이런 경우에도 희생자들은 그 행위가 일어난 장면을 알고 있고 그대로 믿는다.

다른 한편으로 행위자들의 고통과 괴로움, 그리고 공개적인 처벌 장면을 함께 체험하고 싶어 하는 희생자들도 있다. 예컨대 미국에서 처형이 시행될 때 현장에 있겠다고 고집하던 중범죄의 피해자들을 생각해보라.[24] 그들의 동기는 무엇일까? 계몽된 유럽이 이미 200년 전에 결별했던 근대 이전의 조야한 태도가 되살아난 것일까?[25]

그렇게 하는 데는 수많은 동기가 있다. 거기에는 먼저, 과거의 사건들을 공식적으로 돌이켜보면서 기억하는 일, 살아남은 생존자들과 그 가족들이 함께 슬퍼하는 일, 계속 살아가는 것을 의례화儀禮化하여 그 사건을 '기억하는 작업'이 포함된다.[26] 곧 설명할 사례에서 처형을 목격한 많은 증인이 나중에 진술한 바로는, 자신들이 직접 처형 현장에 있었던 것은 끝맺음을 위한 것이었다고 한다. 처형이 그들에게 새로운 시작에 대한 희망을 갖게 해주었다는 것이다. 여기서 처벌은 의례적인 기능을 갖고 있는 것이다.

처벌 장면을 지켜본다는 것은 어떤 것일까? 실제 사례를 들어보자. 바로 미국 오클라호마시티의 폭탄 테러범인 티머시 맥베이Timothy McVeigh의 처형이다. 2001년 맥베이는 처형되었고 미국 언론은 경쟁적으로 취재했다. 당시 증인으로 처형 장소에 있었던 희생자의 가족들과 생존자들은 집중적으로 인터뷰를 받았고 자신들이 여론의 주목을 받는다는 것을 의식하고 있었다.

생존자들과 가족들은 다양한 방식으로 처형 장소에 있었다. 그들은 창을 통해서만 들여다보거나 카메라를 통해 (감옥에 있는 카메라를 통해 혹은 오클라호마시티의 생중계를 통해) 맥베이의 얼굴을 확대해보기도 했다. 즉 이미 처형 장소 안에 관찰할 수 있는 여러 공간이 있었다. 처형장 안에는 맥베이를 관리·감시하고 결국 그에게 죽음의 주사를 놓았던 전문적인 사형집행인 외에도 관객들이 있었다. 또한 카메라도 설치되어 있었다. 보도에 따르면 맥베이는 그곳에 있는 관객들을 오랫동안 쳐다보다가 이어서 카메라를 바라보았다. 그의 시선은 나중에 논쟁거리가 되었다. 카메라를 응시한 맥베이의 시선이 차가웠는지 그렇지 않았는지에 대해 집중적인 토론이 벌어졌다. 어쨌든 처형을 목격한 모든 증인은 맥베이가 관객들이 있는 방으로, 그리고 카메라 쪽으로 시선을 주면서 목격자들이 자신의 죽음을 관찰하리라는 것을 알고 있고 자신도 그들을 보고 있다는 신호를 주었다고 생각했다.

언론은 관객들이 모인 방으로 들어가는 것이 결코 허락되지 않았다. 당연히 모든 증인과 생존자, 그리고 희생자의 가족에 대한 관심은 그만큼 더 컸다. 그들은 예리하게 관찰하는 것이 자신들의 역할이라고 이해했다. 거기에는 그들이 다시 인터뷰를 받으리라는 생각도 포함되어 있었다.

이제 공감하는 입장에서 나아가 자신이 실제로 겪은 것처럼 이해하고 싶어 하는 사람은 이처럼 일차적인 시선과 이차적인 시선이 뒤얽힌 가운데 용서하는 것에서부터 사디즘에 이르기까지, 관찰자가 매체를 통해 관찰하는 것에서부터 맥베이와 동일시하는 것에 이르기까지 모든 것이 가능하다고 여길 수 있다. 처형 중에 맥베이가 느낀 정서를 생생하게 느껴보는 것이 많은 증인에게는 핵심적이었다. 예컨대 처형을 목격한 한 여자 증인은 나중에 이렇게 설명했다.

"그렇게 가까이에서 모든 것을 지켜보게 되어서 기쁩니다. 맥베이의 눈과 표정에서 그가 무엇을 느끼는지 나는 알았으니까요."[27]

그러나 거기서 주목할 것이 하나 있다. 대다수 관찰자의 진술에 따르면 맥베이는 아무런 정서도 보이지 않았다는 것이다.[28] 따라서 그 상황에서 직접 볼 수는 없고 다만 추론을 통해 투사할 수 있었던 정서와 감정을 알아내는 일이 중요했다. 그에 상응하여 그 사건을 목격한 사람들의 체험들도 서로 많은 차이가 있었다. 예컨대 한 여자 관찰자는 영적인 만남을 체험함으로써 맥베이를 용서하게 되었다고 했다.

> [⋯] 그리고 갑자기 그가 나한테 왔어요. [⋯] 나는 그를 그 남자, 티머시 맥베이가 아니라 영혼인 티머시 맥베이로 생각했습니다. 그리고 그를 위해 기도하기 시작했어요. 이것이 그의 마지막 기회가 되기를, 이것이 그의 마지막 숨이 되기를 바라며 기도하기 시작했어요. 그러자 나는 어쩐지 압도되었어요. [⋯][29]

이 여자 증인은 맥베이의 죽음에 감정이입을 하는 위치에서 그를 이해하고 있다. 다시 말해 그녀는 자신이 용서를 하기에 더 나은 상태, 즉 종교적인 상태가 되었음을 느낀 것이다.

하지만 이런 종교적인 체험은 예외적인 것이었다. 많은 증인이 한결같이 맥베이가 더 심한 고통을 받기를 원했기 때문이다. 그에게 죽음의 주사를 놓은 것이 그들에게는 너무나 간단해 보였던 것이다. 그들의 진술은 여러 가지였다. "나는 그가 좀 고통스러워하기를 바랐어요"라거나 "나는 뭔가 단호한 것을 원했습니다"라거나 "그렇게 끔찍하지 않았어요. 그는 더 고통스러웠어야 해요" 혹은 "나는 그가 고통받기를 바랐어요", "실망이었습니다. 고통이 오래 지속되지 않았거든요. 나는 그가 고통받기를 바랐어요. 그가 고통스러워하기를 바랐다고요. 아시겠어요?" 등등.[30] 그들은 한결같이 희생자들이나 유족들이 겪은 지속적인 고통을 상기시키곤 했다. 처벌을 바라는 사람의 마음속에 들어 있는 희생자에 대한 생각이 희생자와 행위자의 운명이 엇비슷해지기를 바라게 했던 것이다. 즉 양쪽은 적어도 비슷한 고통을 받아야 한다는 것이었다.

여기서 우리는 처벌 장면과 과거가 지속적으로 영향을 미치는 장면에 대해 생각하게 된다. 그 처벌 장면의 의례화는 마치 영화를 보듯이 처음에 벌어진 행위를 반복적으로 보게 한다. 나중에 시행된 처벌을 관찰하는 일은 그 기저에 과거 행위의 희생자에 대한 공감이 깔려 있는 것이다.

첫 번째 행위는 두 번째 행위(즉 처벌)의 대본이 된다. 이런 인지는 관찰자의 위치나 관객-카메라의 시각에 의해 가능해지거나 촉진된다. 고통과 고통을 비교하는 공감적인 관찰자의 시각에서 보면 첫 번째의 부당 행위와 두 번째의 처벌 행위가 비슷하게 느껴진다. 이런 시각은 현대식 영화 카메라에 의존한 것이 아니다. 오히려 수천 년 전부터 비슷한 일들이 공감적인 관찰자의 입장에서 거리를 두고 의식화된 처벌로서, 즉 극장 공간에서 진행되는 재판으로서 진행되어왔다. 첫 번째 장면과 두 번째 장면을 중첩시킴으로써 둘의 커다란 차이를 잊게 하거나 약화시키는 것이다.

'눈에는 눈으로'라든가 '이에는 이로'라는 식의 원시적인 논리 속에도 시적詩的인 정의가 나타난다. 그런 점에서 공감을 전제로 희생자에게서 가해자에게로 옮겨가는 아주 복잡한 문화적인 역학이 드러난다. 그런 점에서 희생자에 대한 지나친 공감이나 지나친 연민(또 자기연민)은 스스로를 보존하고 나중에 처벌하는 데서 새로운 목적을 찾는 것으로 보인다. 과거가 계속 영향을 미치는 현재는 이런 공감적인 사디즘의 전제가 된다.

동시에 첫 번째 장면과 두 번째 장면(즉 부당 행위와 처벌)이 중첩됨으로써 공감적인 사디즘이 처벌 장면을 넘어서서 절대화하는 것이 방지된다. 처음에 범죄가 행해졌고 나중에 처벌의 증인이나 처벌자 자신이 희생자와 동감할 때에만 그는 희생자의 고통과 비슷하게 인지된 처벌을 합법적으로 즐길 수 있다. 그런 점에서 윤리적이거나 법률적인 적합성이 사디즘적인 공감이 오용되는 것을 막는 문화적인 보호 메커니즘이 될 것이다. 다른 사람이 겪는 모든 고통이 기쁨을 주어서는 안 되고, 다만 희생자가 겪은 고통과 적절한 관련성이 있는, 처벌받는 자의 고통만이 기쁨을 주어야 한다.

그러나 동시에 그런 문화적인 보호 메커니즘이 전혀 오류 없이 기능을 발휘하지는 않는다는 것도 인식할 수 있다. 자기 자신이나 다른 사람들을 희생자로 규정할 줄 아는 사람은 처벌을 즐기게 된다. 자기 자신이 '사회'나 어느 특정한 집단으로부터 나쁜 대우를 받았다고 생각하고 해당 사회나 집단의 대표자들에게 기꺼이 처벌을 가하는 역학도 거기에 속한다. 19세기 소설을 보면 자신의 청혼을 받아주지 않는 여자들에게 치욕을 당한 많은 애인들이 그 여자들을 '처벌'하곤 한다.

남의 불행을 보고 기뻐하는 것도 여기에 속한다. 남의 불행에 기뻐함으로써 관찰자는 다른 사람이 앞서 경쟁에서 거둔 승리와 그가 나중에 겪는 불행을 비교할 수 있게 된다. 이런 경우 새로이 거기에 적합한 메커니즘이 설정되겠지만 동시에 이 메커니즘이 어떻게 말을 듣지 않는지도 보여줄 것이다. 왜냐하면 지금 불행을 겪고 있는 그 사람은 예전의 경쟁을 위해 아무것도 할 수 없기 때문이다. 시적인 정의의 등가等價가 갖고 있는 보호 메커니즘은 여기서는 실패할 가능성이 있다.

원수가 나쁜 운명이나 나쁜 행위를 당할 만한 이유가 쉽게 찾아지기 때문이다.

이런 생각에 이른 것은, 사디스트들은 공감이 부족한 것이 아니라 오히려 공감이 넘치지만 그것이 협력과 같은 반응으로 옮겨가지 못한다는 뇌 연구에서 나온 가정이 토대가 되었다.[31] 더불어 처벌 장면에 대한 이런 생각은 처벌자도 자신을 행위자로는 별로 느끼지 못하고 오히려 관찰자의 위치에서 자신을 인지한다고 추측하게 만든다.

잔인한 공감

앞서 인용한 '임의의 남자'라는 블로거는 과거와는 아무 관련성 없이 등장한다.

나는 이 말이 맞다고 생각합니다. 나는 누군가를 쳐다보면서 사디즘적인 상상을 시작할 때면, 그가 무슨 일을 겪으며 어떤 고통과 불안을 품게 되는지 이해하고 느끼게 됩니다. 그리고 흥분됩니다.

여기서는 블로거가 흥분하는 이유에 주목할 만하다. 여기에는 다음과 같이 두 가지 설명이 있다.

그중 하나는 다른 사람이 괴로워하면서 고통을 느끼기 때문이고, 다른 하나는 그가 상대를 이해하고 동감하기 때문이다.

여기서 고통을 즐기는 첫 번째 형태는 공감적인 잔인성에 해당된다. 공감적인 잔인성은 고통을 관찰하는 관찰자의 비非전형적인 반응으로 이해된다. 그런 경우는 뇌 영상을 통해 뇌 연구를 진행해보면 재미와 보상을 담당하는 뇌 영역들이 어떻게 고통의 관찰로 편입되는지가 관찰된다.[32] 이미 1982년에 심리학자 앨프리드 하일브런은 다음과 같이 주장했다.

이런 결과들을 해석하는 방식은 다른 사람에게 고통이나 스트레스를 유발하는 것이 자극적이고 확증적이며 (재미를 주는) 가학적이고 […] 정신병적인 모델의 개념들 속에 있다. 그런 모델에서는 고통을 가하는 행위들이 충동적이라기보다는 오히려 의도적이며, 공감적인 능력은 그것이 희생자가 느끼는 고통과 스트레스를 정신병자가 더 강하게 인지하게 해주는 한, 흥분과 가학적인 재미를 진작시킨다고 가정할 수 있다.[33]

고통을 즐기는 두 번째 형태는 사디즘적인 공감의 시뮬레이션, 또는 간단히 사디즘적인 공감으로 불릴 수 있을 것이다. 여기서는 원래 고통이 목적이 아니라 오히려 공감 상태를 자극하는 것이 목적이기 때문이다.

위의 두 가지 경우, 사디즘은 공감 부족 내지는 공감 능력의 부족 때문이 아니라 공감이 넘쳐서 생긴다. 실제로 지난 수년간 사디스트의 특징은 무엇이고, 정신질환자의 특징은 무엇일까에 관한 생각의 전환이 있었다. 그에 앞서 오랫동안 사디스트와 정신질환자는 스스로 아무런 느낌 없이 다른 사람들을 괴롭히는, 감정 없는 존재라는 단순한 이미지가 지배했던 것이다.[34]

그에 반해 수년 전부터 고통의 관찰을 달리 분석하고 추측하는 대안적인 설명이 등장했다. 거기서는 다른 사람의 고통을 관찰하는 것에 대해 신경심리학적인 현상에서 출발한다. 자기 스스로 고통을 느끼는 것과 다른 사람의 고통을 관찰하는 데는 (PAM,* 즉 인지행동 모델의 예측에 상응하여) 아주 비슷한 신경 네트워트가 작동한다.[35] 이는 예컨대 공격적 행동장애Conduct Disorder, CD의 스펙트럼 내에 있는 청소년의 경우처럼 가학적 성향을 지닌 사람들에게도 마찬가지다. 공감적인 뇌의 반응이 완전히 결핍되는 일은 없는 것 같다. 적어도 고통을 이해하는 뇌의 활동이 원칙적으로 비슷하다는 관점에서 보면 그렇다. 그 대신 이런 스펙트럼 내에 있는 청소년들은 강하게 고통을 인지하는 것으로 보인다.[36] 그때 지금까지 각인되어온 뇌 활동은 뇌의 다른 영역과 차이가 난다. CD 스펙트럼 내에 있는 청소년들의 경우, 다른 청소년들에게서 작동했던 일련의 다른 뇌 영역들이 작동하지 않는다.

그러나 이것을 얼마나 자세히 해석할 수 있는지는 의문이다.[37] 따라서 공감적인 고통의 관찰은 그것이 단순히 시스템의 강한 움직임과 흥분을 의미하기 때문에 재미있는 것일까? 공감적인 관찰은 상상의 대상과 실제 인간의 차이가 전자에게 유리하게 사라지도록 미학적인 관찰 과정과 비슷한 거리를 두고 즐길 수 있는 것일까?[38] 아니면 고통을 관찰하는 일이 재미있는 것은 그것이 공감적인 이해와 아마 "나는 마침내 너를 이해하고 너와 동감하는 것을 즐긴다"라는 말대로 보통 때는 닫혀 있는 다른 사람과 동일시하는 것이 내포되어 있기

---

* PAM은 'Perception-Action Model'의 약자로, 뇌 속에서 다른 사람의 상태를 똑같이 재현함으로써 그를 이해하고 공감할 수 있다는 사회적 인지행동 모델이다. 일반적으로 누군가 어려움에 처해 있을 경우 반작용적으로 그 사람의 상황을 자신이 처한 상황이라고 생각해 돕는 행동이 이에 속한다 - 옮긴이

때문일까('임의의 남자'처럼)? 아니면 "나는 너를 느끼지만 너를 위해 아무것도 해줄 필요는 없다"는 말대로 공감의 통제를 의미하기 때문에 재미를 주는 것일까?

이런 모든 가능성과 관련되어 있을 수 있다. 그러나 적어도 다른 사람의 고통이 재미로 점철되거나 재미를 연상시키는 어느 지점에서는 바로 이 고통을 추구하고 있다고 가정할 수 있다. 그리고 그럴 때는 공감적인 고통의 체험이 목적이 되는 한, 공감을 위한 공감을 즐긴다고 말할 수 있다. 많은 정신질환자가 다른 사람을 잘 조종하기도 하고, 또 높은 수준의 '마음 이론' 능력을 지니고 있다는 것도 알려진 사실이다.[39] 그런 점에서 그들이 이런 능력을 그런 목적에, 즉 다른 사람들에게 해를 가하고 그들의 고통을 함께 느끼기 위해 사용한다고 해도 놀랄 일은 아니다.

물론 모든 사디스트가 정신질환자는 아니다. 이제부터는 약간의 사디즘이 그저 일상적으로 나타나는 현상이고 인간이 지닌 일반적 성향인지를 고찰해볼 것이다.

해피엔딩으로 끝나는 성폭행

공감적인 사디즘은 다른 사람이 처한 상황을 순수하게 예상하는 형태로뿐만 아니라 적극적으로 조작하는 형태로도 미래와 연관될 수 있다. 거기서 다른 사람이 처한 상황을 조작하는 일은 앞서 고찰한, 현대에 나타나는 잔인한 공감 및 사디즘적인 공감과 매우 근접해 있다. 여기서 덧붙일 것은 다른 사람을 정서적으로 계산 가능한 어떤 상황으로 몰고 가는 계획적이고 목적적인 행위다. 거기서는 다른 사람을 읽을 수 있는 가능성도 즐길 뿐더러 그가 어떻게 느낄지를 예상하는 것도 즐길 수 있다.

거기서 조작하는 공감은 다른 사람의 정서와 생각을 상상하면서 함께 체험하고 이해하려는 목적으로 다른 사람을 위한 상황을 불러오는 것으로 이해해야 한다. 이런 정의는 사디즘적인 행위들 너머를 바라보는 것도 허용한다. 선물과 같이 긍정적이라고 인정된 행위도 이런 정의에 맞는다. 즉 선물을 하는 사람은 종종 그것으로 다른 사람에게 기쁨을 주거나 그를 놀라게 하려는 감정을 품는다. 이는 자기중심적으로 선물을 주는 경향이다. 여기서부터 다소 신속히 조작이 쉬운 영역으로 들어선다. 다른 사람의 반응을 공감적으로 파악할 수 있는 상황으로 그를 끌어들이려는 것이다.

일상에서는 대체로 우리가 다른 사람들을 더 잘 이해하고 그들의 기분을 제대로 느껴볼 수 있는 상황으로 이끌어가려고 애쓰면서 그런 상황에 더 주목하는 '미학적인' 경향이 존재한다. 맥락에 따라 다소 관용적으로 받아들여지는 다양한 스펙트럼의 일상적인 태도 형태들도 여기에 속한다. 깜짝 선물을 준비하는 일 외에도 예컨대 어떤 사람이 자기가 가르치는 학생들이 인식하는 순간에 교육적으로 공감을 보이며 참여하는 태도 형태도 '긍정적인' 스펙트럼에 해당된다. 또 긍정적이거나 부정적인 소식을 전하는 일도 여기에 속할 수 있다.

분명히 '부정적'이지만 일상적인 태도 형태로는 특히 직원들이나 직업교육 중인 사람들에 대한 품행 교육, 비꼬기, 비판하기, 간섭하기, 시험하기, 집단 괴롭힘, 경고하기, 억압하기를 들 수 있다. 또 협박하기, 헛된 희망 심어주기, 실망시키기, 반어反語, 성차별, 막다른 상황으로 몰아가기, 은근히 강요하기, 폭로하기 등이 있다.

　이런 태도 형태들 중 어떤 것도 반드시 사디즘적인 공감으로 이해되어야 하는 것은 아니다. 그러나 예컨대 다른 사람을 지나치게 비판하는 일이 그의 고통을 공감적으로 함께 느끼려는 것이 아니라면, 과연 그 동기가 무엇인지 의문을 가질 수 있다. 그리고 반어도 양쪽이 유희 같은 대화를 위해 말투를 일부 손질한 것일 수 있다. 그러나 반어와 비꼬기는 여러 대화 상대를 동일한 정서로 끌어들이고 그 조작된 정서들을 읽을 수 있는 상황으로 뛰어들게 할 수 있다. 그럼으로써 그것은 친밀하고 결속적인 대화의 일부가 될 수 있다.

　그렇지만 이런 태도 형태들이나 이와 유사한 모든 형태는 다른 사람이 처한 상황과 관련해 제한적으로 치고 나갈 때 두드러진다. 거기서는 다른 사람을 구체적으로 정확히 이해하라고 강조할 필요가 전혀 없다. 그저 다른 사람이 그런 상황에 정서적으로 반응하는 것을 마치 자신의 반응처럼 이해하는 것으로 충분하다.

　이처럼 일상적으로 보이는 사디즘적인 공감의 형태들이 어떤 평계로 일어나더라도 그것은 우연이 아니다. 직장 상사나 학교 교사는 겉으로는 다른 사람을 도우려는 것처럼 보인다. 반어를 구사하는 사람은 지적인 유희를 벌인다. 도덕적인 훈계를 하는 사람은 일반의 안녕을 위하는 것처럼 넌지시 말할 수 있다.

　조작하는 공감에서는 부끄러움이 큰 역할을 한다. 왜냐하면 부끄러워하는 사람의 기분은 특히 읽기 쉽기 때문이다. 부끄러움은 얼굴을 붉히거나 눈물을 흘리는 경우와 비슷하게 다른 사람의 신체적 반응을 분명히 읽게 해주는 것처럼 보인다.[40] 게다가 부끄러워하는 장면은 공개되고 관찰되는 것을 포함한다. 처벌하는 장면과 비슷하게 그런 장면에서는 서로 다른 여러 역할, 시각, 입장이 서로에게 투과되어서 관찰자는 다른 사람이 느끼는 부끄러움을 함께 느끼기 쉽다(부끄러워하는 사람이 관찰자의 입장을 함께 생각하는 것과 마찬가지다).

신데렐라의 계모도 조작하는 공감의 스펙트럼에 속한다. 그녀는 완두콩과 쌀을 일부러 엎질러버린다. 그래야 무도회에 참가하고 싶은 신데렐라의 꿈이 깨진다는 것을 알고 있었기 때문이다. 계모는 신데렐라가 아무리 열심히 해도 결국에는 그 일을 해내지 못할 것을 깨닫고 실망에 빠지리라는 상상을 했던 것이다.

이처럼 조작하는 공감의 형태들은 선택의 폭이 넓고 그에 상응하는 도덕적 평가들도 선택의 폭이 넓다. 예컨대 리자 전샤인이 주장하는, 마지막에 다른 사람들을 돕기 위해 그들을 고통 속으로 끌어들이는 문학작품 속의 인물인 '공감적'이거나 '사디즘적인 후원자'를 생각해보라.[41]

그런 종류의 인물은 결국 고통을 공감적으로 즐기려는 것이어서 다른 사람의 상황을 개선해주는 것이 재미를 누리기 위한 핑계일 뿐인지, 아니면 그가 확고한 목적을 염두에 두고 고통을 그냥 하나의 단계로 보고 있는 것인지는 알 수 없다. (전샤인이 제시하는 비슷한 사례 중에는 장 자크 루소의 『에밀』에 등장하는 가상의 교육자인 장 자크가 있다. 그는 선의를 지니고 있지만 전적으로 가학적인 경향도 보인다.)

사디즘적인 후원자와 비슷한 인물로는 '사디즘적이면서 공감적인 대변자'[42]가 있다. 이 대변자는 고통받는 사람과 함께 느끼면서 그의 편을 들지만 사실 그런 역할 속에서 재미를 느끼고 확증을 얻고 싶어 한다. 다른 사람의 고통이 바로 대변자 역할을 하기 위한 전제가 되기 때문에 그는 상대방의 상태가 나아지기를 바라는 한편 그의 고통이 지속되도록 노력하는 모순적인 모습을 보인다. (여기서 사디즘적이고 공감적인 대변자는 문학작품의 독자나 영화 관객일 수도 있다. 관찰자는 상대방의 고통을 이해하고 부당함에 분노하며 상황이 전적으로 개선되기를 바라면서 고통받는 사람의 대변자가 된다. 그러나 그때에도 그는 은밀히 다른 사람의 희생을 대가로 자신의 동감과 대변자 역할을 즐긴다.)[43]

앞의 두 인물은 (특히 진보적인 형태로서의) 사디즘적인 공감이 진정으로 배려하려는 긍정적인 성향과 병행될 수 있음을 암시한다. 은밀하게 공감적인 재미를 은폐한 상태에서 상황에 개입하거나 진정한 협력을 할 수 있다. 사디즘적인 공감자는 개입하는 순간을 미룰 수도 있다.

물론 모든 협력자가 실제로 사디즘적인 공감을 한다는 뜻은 아니다. 즉 이런 이유에서 도와주는 직업을 택했다고 해도 비난받아야 한다는 것은 아니다. 오히려 이런 동기를 가진 사람이라고 해도 고통받는 사람들을 희생자 역할에만 고정시켜두지 않는다면 좋은 일을 많이 할 수 있다. 그러니 지나친 속단은 피해야 한다.

이런 조작적인 공감의 경향은 이 장에서 내세운 가정, 우리는 다른 사람들을 이해하거나 그들과 동감하고 싶어 하기 때문에 사디스트가 될 수 있다는 가정이 옳다는 하나의 간접증거가 될까? 간접증거는 될지언정 진정한 증거는 아니다. 다른 사람이 느끼는 고통과 관찰자가 지닌 지배력은 서로 관련되어 있으며, 결국 문제는 공감이 아니라 바로 이 지배력이라고 이의를 제기할 수 있기 때문이다. 또는 다른 사람을 공감적으로 이해하는 것에 중점을 두는 대신에 동감하는 고통의 가치를 이상하게 돌려서 평가하는 거라고 해석할 수도 있다.

이제 '공감적인 폭행자'라는 과격한 경우로 되돌아가보자. 대중문학에서는 오랫동안 성폭행을 섹스의 문제가 아닌 지배의 문제로 가정해왔다.[44] 또 성폭행범은 동감이나 공감 능력이 거의 없다고 오랫동안 추측해왔다. 그에 상응해서 성폭행범의 재활 수단으로 공감 훈련이 제안되곤 했다.[45] 그러나 그사이에 이런 이미지는 복잡하게 바뀌었다. 욜란다 페르난데즈와 W. L. 마셜의 연구에 의하면, 성폭행으로 구금된 27명의 수감자 집단과 다른 죄목으로 구금된 27명의 수감자 집단 중에 전자가 일반적으로 여성들에게 더 많이 공감하는 것으로 나타났다(정신질환자에 대한 고전적인 방식의 설문 조사와 '강간범에 대한 공감 측정Rapist Empathy Measure'으로 조사한 결과).[46] 그러나 그들은 자신들의 희생자들에 대해서는 덜 공감했다. 물론 후자의 경우는 다르게, 예컨대 공감이 결핍되었거나 사후에 죄를 줄이려는 전략으로 해석될 수 있다.

내가 제기하고 싶은 질문은, 특정한 형태의 공감이 여기서는 직접적으로 부정적인 효과를 낼 수도 있지 않을까 하는 것이다. 성폭행범은 자신의 행위로 공감을 시뮬레이션하고 싶어 한다. 그는 고통받는 희생자를 이해하고 동감할 수 있다. 그리고 모든 행위를 하는 것은 자신이므로 다른 사람의 감정을 컨트롤하는 것도 가능하다. 다른 사람들이 겪는 끔찍한 고통 속에서도 그는 그들을 이해하는 재미를 누리고 그 강도를 즐길 수 있다. 이때는 공감이 부족해서 폭력이 공감을 시뮬레이션하는 극단적인 수단으로 이용되고 있는 것이다. 이런 상황에서는 누구든 다른 사람이 겪는 고통을 '이해'하게 되기 때문이다.

폭력을 미화하거나, 희생자의 옷차림이 성폭행을 유발했다는 식으로 희생자에게 죄의 일부를 전가하려는 경향은 그 의도가 특히 나쁘다.[47] 결혼 생활에서 일어나는 폭행을 비롯해서 수많은 폭행들도 얼마 전부터 비로소 비난의 대상이 되었다. 많은 관점에서 보면 성폭력의 희생자들은 성폭행이 금기시되는 문화 때문에, 그리고 그들 자신이 종종 수치심을 느끼기 때문에 자신이 당한 범죄를 신고하지 않는다. 더불어 경찰이나 법, 그리고 재판은 성폭행을 오랫동안 대수롭지 않게 여기면서 은폐했고 지금도 그렇다는 비난을 받아왔다. 따라서 성폭행이 처리되는 과정에서 '2차 가해'라는 말이 나온 것도 전적으로 타당하다.

성폭행 사건을 경시하는 수많은 형태를 조사해보면 특히 한 가지 두드러지는 것이 폭력을 서술적으로 표현한다는 것이다. 한 명 또는 여러 명의 남성이 여성을 폭행하는 '고전적인 경우'를 영화와 문학에 표현한 것을 보면, 비록 일련의 서술적인 곡선이 있기는 하지만, 예컨대 처음에는 여성 쪽에서 저항을 하다가 나중에는 그녀가 쾌락을 표현하면서 성폭행을 수긍하는 식으로 끝난다.

폭력에 대한 이런 식의 서술은 전 세계적으로 상영되어 성공을 거둔 영화 「바람과 함께 사라지다」(1939)에도 나온다. 여주인공 스칼렛 오하라와 그녀의 남편인 레트 버틀러 사이에 말다툼이 벌어진다. 그때 질투심에 불타오르는 레트가 두 손으로 스칼렛의 머리를 붙잡고 그녀의 머릿속에서 무슨 일이 벌어지고 있는지 알아야겠다고 말한다. 그리고 그녀가 강렬하게 저항하는 가운데 그녀를 안고 마침 흘러나오는 음악에 맞춰서 침실로 간다. 그러고는 그녀의 크게 확대된 얼굴이 스크린에 나온다. 만족하고 행복한 표정으로 어느 햇살이 비치는 날, 잠에서 깨어나는 모습이다.

그런 서술적인 틀은 여성 희생자의 저항을 폭력적으로 잔인하게

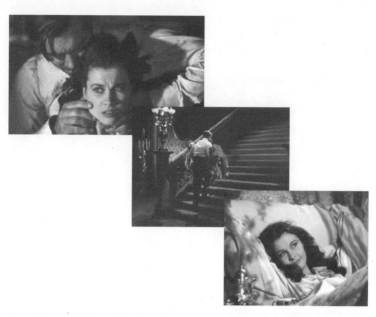

암묵적인 폭행이 일어나는 유명한 영화로 「바람과 함께 사라지다」가 있다. 레트 버틀러는 아내인 스칼렛 오하라의 생각과 사랑을 통제할 수 없게 되자 절망에 빠져서 그녀를 함부로 침대로 끌고 간다. 그 뒤에 이어진 영상에서는 활기차고 밝은 모습으로 깨어나는 그녀의 모습이 보인다.

제압하는 장면에서 시작해 결국 여성이 쾌락을 느끼며 '해피엔딩'을 맞는 장면으로 끝난다. 그로써 폭력은 암묵적으로 긍정된다. 그렇게 비행을 합법화하고 미화시키는 틀을 깨려는 여러 가지 변형과 예술적인 시도들이 물론 있었지만,[48] 여전히 그런 틀이 계속 유지되고 있다.

그런 틀이 확산되어 있음을 경험적인 데이터로 증명하려면 그런 것들이 기록되어 있는 데이터를 살펴보아야 한다. 내가 가르치는 여대생 한 명이 인터넷에서 '리테로이카Literotica'라는 표제어로 에로틱한 이야기들을 모아놓은 사이트를 살펴보자고 했다. 그 사이트에는 사용자가 얼마든지 에로틱한 이야기, 특히 포르노 관련 이야기들을 올릴 수 있다. 2016년 현재 약 2만 편의 이야기(!)가 'non-consent(동의 없이, 다시 말해 '폭력')'라는 카테고리하에 실려 있다. 내 학생이 조사한 바로는 거기에 실린 이야기들 중 절반 이상이 앞서 살펴본 서술의 틀에 해당된다고 한다. 물론 여기에 실린 이야기들의 가치를 의심해보는 것도 정당하다. 한편으로 이런 이야기들은 실화가 아니라 허구다. 그것도 모두 사용자들이 자발적으로 쓴 것이 아니라 적어도 일부는 돈을 받고 쓴 것들이다. 내 학생도 대학 등록금을 벌기 위해 거기에 이야기를 올린 적이 있다고 했다(그 인터넷 사이트에는 여러 가지 섹스 관련 이야기를 모은다는 광고도 올라와 있다). 더구나 이런 이야기들은 그런 폭력을 하찮게 여기면서 화해적으로 묵인하고 반기는 독자들을 상대로 쓰인 것들이다.

그럼에도 우리는 이런 서술의 틀이 어떤 역할을 하는지에 대해 의문을 제기해야 한다. 여기서 고려해볼 것은 폭력을 경시하는 태도 외에도 공감에서 나오는 두 번째 동기다. 즉 폭행을 하는 사람은 어쩌면 공감 능력이 있음에도 그런 행동을 하는 것이 아니라, 오히려 공감에 근거해 여자를 이해하려고 하는 것일 수도 있다. 즉 공감적인 폭행자는 희생자를 보면서 자기 자신을 인식하는 것이다. 그는 곤경에 처한 희생자의 감정을 이해한다. 그는 (아마 대다수의 사람들과 달리) 이해하는 것에 대해 기쁨을 느끼는 식으로 그런 폭행 행위를 긍정적으로 여길 수 있다.[49]

또 마지막에 기쁨을 느끼거나 적어도 비행을 긍정하는 희생자의 반응도 극단적인 고통이 긍정적인 감정으로 선회하는 것과 일치한다. 그런 점에서 공감적인 폭행자는 자신을 희생자 안에서 이중으로 재발견할 수 있다. 먼저 그는 고통을 가함으로써 공감을 시뮬레이션한다. 그러면서 희생자의 느낌을 정확히 인식하고 '동감'할 수 있기 때문이다. 그것은 기쁨과 재미를 불러온다. 그런 다음에 그는 자신이 상상하는 희생자 안에서 고통이 기쁨으로 전환되는 것을 재발견하고 재미를 느끼게 된다. 희생자는 공감자를 정당화해줄 뿐만 아니라 자신을 그의 느낌에 맞춤으로써 (불쾌함이 재미로 바뀐다) 그에게서 공감하는 일을 덜어주고 그로써 새로이 정서적으로 자신에게 접근할 수 있게 해준다.

아마 이것도 추측에 지나지 않을 수 있다. 그러나 다시 강조하지만 그 목적은 처벌받을 행위를 저지른 사람을 용서하려는 것이 결코 아니다. 반대로, 그런 행위를 하는 사람들을 충동질하는 것이 무엇인지 이해하고 예방하려는 것이다. 게다가 공감은 용서를 빌어야 할 사안도 아닐 것이다. 공감적인 사람은 사실 자신이 무슨 일을 하고 있는지 알고 있을 테니 말이다. 폭행자는 여러 유형이다. 그리고 공감적인 폭행자가 그 유형들에 속하는지, 아니면 순전히 환상으로 만들어낸 존재인지는 분명하지 않다. 그러나 환상으로 꾸며낸 폭력은 적어도 문학과 영화에는 존재하는 것으로 보인다. 왜냐하면 할리우드 영화에서 문학작품에 이르기까지 폭행이 긍정적인 결말을 보이는 경우가 놀라울 정도로 자주 있고, 또 그런 식의 해석을 뒷받침해주기 때문이다. 더구나 긍정적인 결말을 지닌 서술적 틀은 폭행 문화를 장려하는 것이기도 하다. 그러나 동감, 인내, 공감을 보여야 할 대상은 희생자들이라는 것은 여기서 새삼 강조할 필요가 없다.

처벌에서 공감 조작에 이르기까지 온갖 차이가 있음에도 사디즘적인 공감은 다른 사람이 느끼는 부정적인 정서를 재미있어한다는 점을 지금까지 살펴보았다. 이런 현상을 관찰한 대다수의 학계와 저널리즘의 관찰자들은 공감적인 잔인성의 경우 인지된 고통을 왜곡해서 뭔가 재미로 느낄 수 있다는 점을 언급했다.

이 장에서는 사디즘적인 공감에 대한 다른 해석을 시도하면서 그런 공감에서는 다른 사람에 대한 이해와 단순화된 감정이입이 드러난다는 것을 밝혔다. 이때는 고통을 직접 즐기는 것이 아니라 그 고통에 의해 다른 사람의 모습이 투명해진 것을 즐긴다. 관찰자는 다른 사람이 겪는 고통이나 괴로움에서 또는 그 사람을 조작하는 가운데서 그가 어떻게 느끼는지 알고 그의 자리에 자신을 대체할 수 있는 것이다.

우리는 이런 현상을 '예술을 위한 예술'이라는 말에 빗대어 '공감을 위한 공감'이라고 불렀다. 공감은 다른 사람의 안녕을 고려하는 것과는 무관하게 그 자체가 목적이 된다. 앞서 다룬 사례들을 보면 사디즘적인 공감은 결과적으로 공감적인 관찰자가 다른 사람의 감정을 통제하고 지배하면서 그를 이해하기 때문에 전권을 갖게 된다.

그런 점에서 공감을 위한 공감은 자기에게 권력을 주려는 수단으로 이해될 수도 있다. 감정이 없는 사디스트나 반사회적인 인격장애자의 사례와 달리 여기서는 권력이 오히려 문제가 된다. 즉 감정을 이해하는 것은 물론 그것을 함께 체험하는 것도 문제가 되는 것이다.

그러므로 앞서 설명한 사디즘적인 공감에서는 공감하며 함께 체험함에도 다른 사람을 돕는 행위는 하지 않는다(혹은 '사디즘적인 후원자'의 경우처럼 돕는 일을 주저한다). 적극적인 연민과 배려가 결여되어 고통받는 상황을 중단시키는 행위로 이어지지 않는다. 그런 점에서 잔인함이나 일상적인 압박 가운데 상당수는 공감하고 함께 느끼는 것이 부족하다기보다는 오히려 동감을 배려로 실천하지 않는다는 (또는 그것이 차단되었다는) 특징을 지닌다. 공감의 한 단계가 느낌과 함께하는 체험으로 즐겨질 뿐, 다른 형태의 공감과 친사회적인 행위로 전환되지 않는 것이다.

따라서 공감에는 의식적인 것과 무의식적인 것, 차단되는 것과 고정되는 것 등 여러 단계가 있음을 새로이 알게 되었다. 이 장의 마지막 부분에서는 사디즘적인 공감의 발전에 관한 심리학적인 모델을 살펴볼 것이다.

사디즘적인 공감의 발전 단계

사디즘적인 공감은 전적으로 자신의 감정을 지배하는 것으로 설명될 수 있다. 다른 모든 사회적 감정처럼 사디즘적인 공감도 습득되는 것이라고 가정할 수 있다. 그러나 우리는 이렇게 습득하는 것, 적어도 여기서 사디즘적인 공감이라고 부르는 것에 관해서는 지금까지 별로 알지 못했다. 우리는 아주 태만하거나 폭력적인 청소년이 이른바 정신질환이나 반사회적 인격장애를 겪는 것이 아니라 보통 또는 일상적인 사디즘적인 공감을 하는 것이 아닌가 짐작할 뿐이다. 사디즘에 대한 문헌을 보면 폭력과 우월감이 중요한 역할을 할 수도 있다는 것을 알게 된다.

그러므로 추측에 의해 유추해보기로 하자. 그러나 이것은 단지 추측에 그치는 것이 아니라 내 아이들과 다른 아이들을 살짝 관찰해본 결과라는 점에서 에피소드 형식을 띠고 있기도 하다. 우리 집에서 세 아이가 놀고 있었다. 놀이가 격해지지만 직접적인 다툼으로 이어지지는 않는다. 한 아이가 다른 아이를 소파에 대고 꽉 누른다. 소파에 눌린 아이는 아파하는 것처럼 보이지는 않지만 몸을 조금 비틀어 저항하면서도 일어나지 못한다. 밑에 깔린 아이는 그 놀이를 '포기' 할 수 있다. 우월한 아이는 기분에 따라 밑에 눌린 아이를 놓아주기도 하고 계속 붙잡아두기도 한다. 밑에 눌린 아이는 우는 일이 별로 없고, 종종 재미있다는 듯이 웃기까지 한다. 그럼에도 밑에 깔린 아이는 결국 스트레스를 받는 상황으로까지 이어진다. 아이들이 이 '놀이'를 자꾸 반복하게 되자 그것은 곧 의례적인 것이 된다. 이 놀이에서 밑에 깔린 아이가 재미있어하는 것은 과연 무엇일까? 내가 보기에는 일련의 가능성들을 생각해볼 수 있을 것 같다.

나이가 가장 어린 아이는 아마도 자신이 누나를 지배하는 것을 즐기고 있을지 모른다. 그 아이는 자신의 강함을 즐기고 있는 것이다. 거기에는 공감이 필요 없다. 물론 상황을 지배하면서 밑에 눌린 아이가 고통스러워한다는 것을 분명히 이해하고 있지만 거기에는 직접적인 공감도, 공감에서 나오는 재미도 꼭 필요한 것은 아니다. "나는 아주 강하다! 내가 얼마나 강한지 봐"라고 암시하는 것으로 충분하다. 그것을 증명하기 위해 막내 아이는 누나가 포기하기를 바라는 것이다.

반면에 둘째아이는 남동생이 누르는 것을 즐길 수도 있다. 누나는 이미 자신이 더 강하다는 것을 알고 있기 때문에 단순히 이긴 것이 기뻐할 계기가 되지 않는다는 것도 알고 있다. 대신 나이가 좀 더 많은 이 아이는 동생의 감정을 지배하는 데서 재미를 느낄 수 있다. 즉 누나는 자신이 단지 물리적인 상황뿐만 아니라 정서적으로도 지배하고, 통제하고, 정확히 예견할 수 있다는 것을 배운다. 여기서의 좌우명은 "나는 네 안의 강한 느낌을 일깨울 수 있다"다. 또한 자신의 행위를 돌이켜보면서 '나는 너와 이 놀이를 하면 네가 어떻게 느끼는지 알 만큼 영리하다'라고 생각한다. 실제로 나이가 많은 이 아이는 자신이 모든 상황을 통찰하고 있음을 동생에게 알려주기 위해 이렇게 말하곤 한다. "야, 귀찮지 않아?" 나이가 더 많은 아이는 막냇동생이 고통스럽다는 신호를 주거나 자신이 정확히 예상한 목적이 달성되어 동생에 의해 그것이 확인되면 곧 누르는 장난을 중단한다.

가장 나이 많은 아이는 밑에 눌린 여동생이 이길 거라고 역시 기대했고, 아마 여동생이 놀이 중에 배운 것을 이미 학습했을 것이다. 그녀는 두 동생의 감정을 정확히 예상할 수 있으므로 보통은 그런 놀이를 더 이상 재미있어하지 않는다. 그럼에도 이 놀이 역시 계속되곤 한다. 거기서 한 가지 눈에 띄는 것은, 그녀가 언제 놀이를 그만둘지 스스로 결정하며, 어린 동생들에게는 영향을 받지 않는다는 점이다. 밑에 눌린 아이가 고통스럽다고 호소해도 그녀에게는 먹혀들지 않는다. 이런 태도에 대해 한 가지 가능한 해석은 그녀가 이 놀이를 하면서 자신의 공감을 억누르고 통제하는 법을 배운다는 것이다. 이때 그녀의 좌우명은 다음과 같을 것이다. "물론 나는 네가 아파하는 것을 느끼고 있어. 하지만 그렇다고 내 마음이 움직이지는 않아." 그때 이 같은 통제에는 놀이가 언제 끝날지 그녀가 결정하며, 이런 결정이 밑에 눌린 아이가 아파하는 소리에 좌우되지 않는다는 것이 포함된다. (또 다른 해석으로, 가장 나이 많은 아이는 부모가 자신을 관찰하고 있다고 생각하면서 그들에게도 자신이 지배하고 있다는 신호를 보내고 싶어 하는 것일 수 있다.) 가장 나이 많은 아이는 지배하는 놀이를 내면화하고 그것을 자기통제이자 자기 확인의 형태로 바꾼다.

여기서 조금 지나치게 묘사한 아이들의 놀이가 실제로 어느 정도나 일반화될 수 있는지는 분명 의문의 여지가 있다. 그러나 아마도 우리는 일반적으로 다른 사람들을 정서적으로 이해하는 것이 실제로 다음과 같이 얼마간 사디즘이나 조작 또는 억압과 결합되어 발전한다고 추측할 수 있을 것이다.[50]

1. 한 사람이 다른 사람을 붙들고 조작한다.
2. 그럼으로써 조작자는 다른 사람이 어떤 상황에서 보이는 정서적인 반응을 계산할 수 있다.
3. 이런 계산 가능성과 조작자에게 붙들린 사람의 고통은 공감을 허용하고 단순화하여 공감을 시작하게 한다('마음 이론'의 맥락에서).
4. 조작자는 다른 사람의 정서도 (그리고 고통도) 함께 체험한다.
5. 조작자는 공유한 고통을 차단하거나 억누른다.
6. 조작자는 위의 1·2·3·4·5에서 즐거움을 체험하고 그것들을 합성하는 체험을 한다. 2에서 5까지만 공감에 대해 이야기할 수 있다.

이와 같은 구도는 사디즘적인 공감의 발전 가능한 모델을 보여줄 뿐더러 공감을 습득하는 기본 형태들 중 하나를 설명해준다. 가정할 수 있는 또 다른 기본 모델로는 어린아이가 자신의 고통을 체험하고 나중에 비슷한 상황에 처한 다른 사람들에게서 비슷한 고통을 인식하는 경우가 있다. 그러나 왜 다른 사람들에게 고통을 고백해야 하겠는가? 그것은 자신이 하는 행위의 지평을 제한하는 것이다. 여기서 언급한 사디즘적인 공감을 습득하는 구도는 사람들이 공감을 사디즘과 연결 짓게 하는 매력의 요소를 밝혀준다.

어린아이는 이런 학습 과정을 매 단계 거치면서 기쁨과 재미를 느끼고, 그로써 자신의 행위에 대해 보상받는다. 거기서는 대체로 아이가 자기 학습에 대한 주도권을 갖는 것으로 가정된다. 그러므로 여기서 사디즘적인 공감은 이타적인 공감과는 대조적으로 학습과 주도권의 이점을 제공한다.

이 마지막 생각은 반어적으로 표현한 것이 아니다. 그렇다고 해서 우리가 이처럼 단순하거나 자연스럽게 사디즘적인 공감으로 발전해가는 것을 옹호해야 한다는 뜻은 아니다. 반대로, 공감의 발전에서 그런 종류의 사디즘적인 공감을 배제해줄 수단이 별로 없음을 깨달아야 한다. 그리고 우리는 공감을 위한 교육이 아니라 그와 평형추가 되는 도덕과 배려를 위한 교육에 신경 써야 한다. 그것에 대해서는 마지막 부분에서 좀 더 다루기로 한다.

일상 속의 흡혈귀

헬리콥터 부모와 스토커의 공통점

지금까지 조사한 많은 경우를 보면 공감은 시간적으로 분명히 제한되어 있다. 종종 마치 사고가 일어나듯이 공감이 생기곤 한다. 누군가가 반쯤 자동적으로 어떤 상황 속에 자신을 들이밀었다가 공감에 휩싸이곤 한다. 우리는 편들기를 하고 사안을 하나의 시각으로 보다가 다시 그것을 사라지게 한다. 우리는 곤경에 처한 누군가를 보면 강하게 동감하고, 그의 상황이 나아져서 우리가 다시 거기서 물러나게 되면 기뻐한다. 그러나 누군가가 목적을 품고 다른 사람을 제한함으로써 정서적으로, 그리고 인지적으로 그를 이해하려고 하는 사디즘적인 공감인 경우에는 뭔가 다르다. 그러나 이런 형태의 공감도 원칙적으로는 구체적이고 시간적으로 짧은 상황을 지향한다.[1] 이렇게 짧은 접촉에서 일어나는 공감과는 반대로 우리가 평생 다른 사람과 관여하는 장기적인 공감 관계가 있다. 이 장에서는 긴 시간 동안 발생하는 공감의 효과들에 중점을 두고 고찰하고자 한다.

공감은 가족, 우정, 사랑같이 장기적으로 유지되는 관계에서는 가볍지 않은 역할을 한다. 대다수의 사람들은 아마 평생 동안 바뀌어 가는 몇몇 집단 속에서 살아가며, 소수의 확고한 친구들과 좁은 범위의 애인들을 두고 있다. 장기적인 관계를 유지하다 보면 다른 사람과 함께 체험하는 일이 습성이 될 수 있다. 다시 말해 다른 사람들을 이해하고 그들의 정서적 반응을 예상하는 일이 우리에게는 더 쉬울 수 있다는 뜻이다. 우리는 과거에도 비슷한 일을 관찰하고 체험했기 때문이다. 그 말은 다른 사람과의 경계가 더욱 약해지고 다른 사람의 체험이 곧 우리의 체험이 될 수 있다는 뜻이기도 하다. 우리는 얼마간 하나의 유기체가 되는 것이다.

함께 체험하는 것이 특별한 능력이라는 것에는 의문의 여지가 없다. 친구들과 가족의 삶에서 일어나는 사건들은 직접적으로 나와 관련지어진다. 그들이 고통받는 것은 내가 고통받는 것이고, 그들이 감동하는 것은 내가 감동하는 것이다. 그들이 경험하는 새로운 통찰과 체험은 나도 눈을 뜨게 해준다. 공감은 다른 사람을 이해하고 그와 함께하는 체험을 심화시켜주는 지속적인 과정일 수 있다. 공감이 없는 사랑은 대다수의 사람들에게는 슬픈 일이다. 게다가 우리 삶의 중요한 순간들을 다른 사람들과 공유할 수 있다는 것은 경이로운 체험이다. 이는 현재를 넘어서서 함께 공유할 수 있는 과거나 미래의 순간들에도 해당된다. 우리는 동시에 많은 사람들의 세계 속에서 살고 있다. 이런 점에서 우리 인간은 다른 동물들이나 지적 능력을 갖춘 기계들과는 구분되는 참으로 예외적인 존재다.

우리가 다른 사람들과 함께 체험하고, 그들을 통해 세계를 파악하는 이 능력은 자신의 바람에 따라 다른 사람을 프로그램할 수 있는 유인책도 내포하고 있다. 그런 식의 프로그래밍 속에서 다른 사람은 단순히 우리가 원하는 체험의 수단이 된다. 다른 사람은 단지 세계를 체험하는 촉수觸手가 되기도 한다. 그중 가장 극단적인 형태가 바로 흡혈귀 행위다. 이는 자신의 체험을 위해 다른 사람을 강탈하는 행위다.

어떤 독자는 그것이 공감의 한 가지 현상과 관련된 것이 아니냐고 물을 것이다. 사람들은 내가 모든 것을 못으로 (혹은 공감으로) 여기고 망치로 때릴 생각만 하는 사람이라고 비난할지 모른다. 헬리콥터 부모들은 단지 공감에 의해서만 설명되지는 않는다. 또 모든 스토커가 공감 능력이 있거나 또는 공감에 따라 행동하는 것도 아니다. 그럼에도 이런 강박관념적인 태도에서는 공감이 하나의 역할을 하며, 또 그것은 공감이 아니고는 설명될 수 없다. 그러니 우선 우리의 망치로 무슨 일을 시작할 수 있을지 보자. 여기서 소개한 공감의 형태는 아마도 진짜 헬리콥터 부모나 강박관념적인 팬들에 대해 직접 설명해주지는 않을 것이다. 다만 망치를 들고 때로는 현실에 가까이 있거나 때로는 멀리 있는 조각 작품을 만들어낼 수는 있을 것이다.

이루지 못한 꿈을 아이에게 투사하다

거의 25년여 전부터 교육 분야에서는 '헬리콥터 부모'라는 말이 쓰이고 있다.[2] 그것은 자녀들 주위를 맴돌면서 자녀들이 스스로 책임질 여지를 거의 주지 않는 부모들을 비유하는 말이다. 이미 성장한 자녀들이 고등학교에 다닐 때는 물론 대학에 다니거나 나중에 회사에 다닐 때조차 개입하는 부모가 헬리콥터 부모의 전형이다. 이런 교육을 받은 자녀들은 뒤늦게야 독립심을 배우고, 평균적으로는 별로 성공하지 못하며, 우울증과 불안에 시달릴 확률이 높다.[3] 학술적으로 이런 현상을 정확히 어떻게 설명해야 할지 아직 의견이 일치되어 있지 않다. 그러나 심리학과 관련된 대중 문헌이나 상담 관련 문헌에서는 미국 부모들 가운데 20~60퍼센트가 헬리콥터 부모인 것으로 추정하며, 독일에서도 이런 현상이 증가하는 경향을 보이고 있다.[4]

이른바 헬리콥터 부모에 대한 대중적인 설명을 보면, 종종 스스로 불안해하고 성숙하지 못한 부모들이 지나치게 자녀들 옆에 붙어 있곤 한다. 그들은 자녀들이 자신들의 삶을 스스로 책임지지 못하게 하거나 아예 책임지는 것을 허용하지 않는다. 이런 부모들은 자녀가 곁을 떠나지 못하게 하면서 과잉보호한다. 따라서 자녀의 안녕에 대해서도 지나치게 불안해한다. 이것이 헬리콥터 부모에 대한 전형적인 설명이다. 그러나 또 다른 설명에서는 앞의 설명에 반대되지는 않지만 부모들이 함께 체험하는 것, 즉 공감에 문제가 있다고 보고 있다.

현상학적으로 보면 이런 부모들은 자녀들이 처한 상황을 자세히 관찰하면서 자녀들에게 무엇이 최상의 결정이고 태도인지를 자신들의 시각으로 예상한 다음, 바로 그런 결정을 내리거나 그런 태도를 취한다.

거기서 전형적으로 중요한 것은 보호하는 것뿐만 아니라 성과를 내는 것이다. 정서적인 시각에서 이때 함께 체험하는 것의 두 가지 차원은 서로 구분된다. 첫째는 자녀가 느낄 거라고 추측되는 감정들, 예컨대 성공에 대한 기쁨이나 실패에 대한 좌절 같은 것을 함께 체험하는 것이다. 자녀가 학교에서 거두는 성과나 실패에 대해 부모와 달리 느끼리라는 추측은[5] 거기에 방해가 되지 않는다. 오히려 자녀들이 성공을 위해 더욱 신경을 써야 한다고 그들을 자극한다. 둘째로, 실제 상태와 바라던 상태 간의 차이를 보면서 느끼는 이차적인 정서가 있다. 예컨대 관찰 대상이 잘못된 결정을 내릴 것에 대한 초조함이나 불안 또는 걱정이 그런 것이다.

여기서 공감은 어느 정도나 작용하는 것일까? 여기서는 자녀와 공감하고 자녀를 이해하는 것이 분명한 역할을 하는 것으로 보인다. 동시에 대개의 공감 형태들에서 하위의 역할을 하지만 (전적으로 같은 여운을 주는) 또 한 가지 요소가 있다.[6] 바로 자녀가 어떤 태도를 보이고 무엇을 느껴야 할지를 미리 규정하는 것이다. 부모의 공감적인 관찰은 이처럼 미리 규정하는 것이 가능하다는 특징을 갖고 있다. 뭔가 미리 규정하고, 기대하고, 권할 수 있을 때마다 헬리콥터 부모들이 개입하는 것이다.

달리 말하면 이런 부모들은 자녀들에 대한 그들의 감시 기능을 진지하게 받아들임으로써 마치 프로이트가 말하는 '초자아超自我'같이 '나'의 '위에' 떠 있는 헬리콥터처럼 자녀 주위를 맴돈다. 그러나 프로이트의 초자아가 양심의 소리로서 아직은 도덕과 기대가 섞인 측면을 보여준다면, 오늘날의 부모들에게는 그 자리를 성과에 대한 기대가 대신하고 있다. 거기서 성과는 학교와 직업에만 국한되지 않고, 사회적 기능과 정서적인 지성에 이르기까지 모든 요구를 포함하고 있다. 오늘날 헬리콥터 부모의 자녀들은 성과에 대한 압박뿐 아니라 실패에 대한 부모들의 불안까지도 내면화해야 한다. 그러나 그보다도 더욱 심각한 것은 그렇게 거둔 성과가 아무런 내용이 없기에 내면에 공허함이 남는다는 것이다.

경고하고 처벌하고 달래는 프로이트의 '초자아'는 사실 강력한 아버지의 목소리가 내면화한 것일 뿐, 실제 아버지 자신은 아니다. 단지 자녀가 권위자인 아버지에 대해 인지하는 것일 뿐이다. 그러므로 헬리콥터 부모의 시각에서 무슨 일이 일어나는지 물어보면, 그들은 자신들을 질서를 지키는 권위적인 사람들로 인지하지 않는 것이 분명해 보인다. 오히려 그들은 자녀들과 함께 느끼고 체험하면서 그들의 운명을 미리 예측할 뿐이다. 거기서 그들의 시선은 미래로, 추측하건대 긍정적인 미래로 향한다.

헬리콥터 부모들이 인지하는 것은 특정한 형태로 고정되지 않을 개연성이 매우 크다. 그러나 감히 추측하건대, 거기서는 공감, 그것도 일종의 소망이 담긴 공감이 중요한 역할을 한다. 부모가 원하는 것은 자녀가 찬란하게 빛나는 성공과 승리를 거두는 것이고 그들이 거기에 함께 참여하는 것이다. 여기서 그 파급 범위는 크다. 그것은 자녀들의 성공, 예를 들면 좋은 성적을 받기 바라는 평범한 바람에서부터 시작된다. 그러나 왜 성공을 바라는지 묻는다면, 대답은 자녀가 좀 더 쉽게 취업하기를 바라는 마음에서부터 부모들의 생각이 간접적으로 입증되기를 바라는 것에 이르기까지 다양하다. 여기서 부모들 자신이 젊은 시절에 전혀 가져보지 못했던 것을 자녀들에게서 다시 찾고 싶어 하는 흡혈귀 행위가 발견된다. 이때 공감적인 흡혈귀 행위는 다른 사람의 장기적인 안녕은 생각하지 않고 그의 삶을 함께 체험하면서 자기 것으로 만들려는 것이다. 이 같은 정의는 단기적인 공동 체험을 넘어서서 그것을 자기 것으로 소유하려는 것에 초점이 있다.

이런 흡혈귀 행위는 종종 틀에 박힌 '스테이지 맘'에게서 극적으로 드러난다. 즉 자기 자녀를 할리우드 스타로 만들고, 미인 대회에 내보내 모델로 키우고, 음악이나 무용 또는 스포츠 스타로 성장시키고 싶어 하는 엄마들이 대표적인 스테이지 맘의 사례다.

자녀가 무대에서 성공할 가능성이 생기면 부모들은 거기서 자신들의 모습을 본다. 실제로 무대에서 벌어지는 일들이야말로 가장 의례화된 공감의 장면들에 속한다.[7]

그에 대해 가장 눈에 띄는 사례로는 존베넷 퍼트리샤 램지JonBenet Patricia Ramsey(1990~1996)의 삶과 죽음을 들 수 있다. 당시 어린이 미스 아메리카 출신이었던 여섯 살짜리 미국 소녀에게 일어난 해결되지 않은 살인 사건은 아이의 엄마에 대한 많은 추측을 낳게 했다. 과거에 미인 대회에 출전했던 아이의 엄마는 자기 아이가 여러 어린이 미인 대회를 휩쓸며 '경력'을 쌓아가게 했다. 딸을 지나치게 '여성'스럽게 포장하면서 말이다. 지금까지 해결되지 않은 그 살인 사건에서 그녀는 중요한 용의자로 조사받았다. 엄마가 지나치게 딸과 자신을 동일시하면서 애증 혹은 질투를 느끼고 딸을 죽였을 거라는 추측이 있었던 것이다. 또 그녀가 무의식적으로 자신의 젊은 시절을 딸에게서 다시 발견하고 싶어 했으리라는 추측도 있었다.

그런 현상의 중심에는 대개 긍정적인 생각, 즉 성공하고 싶어 하면서 경탄하는 마음이 자리 잡고 있다. 성과를 거두지 못하고 좌절이나 실패했을 경우에 가해지는 처벌이나 부정적인 압박은 오히려 부차적인 것이다.

이런 현상에서 흥미로운 것은 첫째, 부모가 적절하게 아이를 보살피다가 흡혈귀 행위로 넘어가는 경계가 어디인지 분명하지 않다는 것이다. 양육자인 부모는 자녀들의 안녕을 보살펴야 할 정당한 이유가 있다. 심지어 그들은 그 일을 해야 하고, 또 자녀들을 위해 개입해야 한다. 그러나 어느 순간 이 같은 보살핌은 도를 넘어 금치산자와 같은 결과로 이어질 수 있고 결과적으로 부모가 강박관념을 가질 수도 있다. 만약 부모가 취하는 조치들이 자녀의 자율성을 위태롭게 하고 결과적으로 아이들이 부모의 이상을 구현해야 한다면, 이때는 이론상 부모가 '건전한' 참여의 정도를 넘어섰다고 표현해도 될 것이다. 그러나 현실에서는 그 경계선이 모호하다. 왜냐하면 아이들은 처음에는 별로 자율성을 갖고 있지 못하므로 일단 그들에게 자율성을 심어주는 과정이 필요하기 때문이다. 이때는 부모의 당연한 보살핌, 헬리콥터 같은 교육, 스테이지 맘과 같은 흡혈귀 행위가 한동안 서로 협력하며 나아간다. 물론 부모는 자녀의 성공을 기뻐하지만 이 기쁨에는 한 가지 이상의 동기가 내포되어 있다. 즉 자녀의 입장에서 함께 느끼는 기쁨이 있고, 또 자신의 입장에서 이제는 아이 걱정을 별로 하지 않아도 된다는 안도감이 있다. 그리고 자기가 제대로 교육했다는 자부심도 있고, 또 자신이 승리자가 되었다는 도취감도 있다. 바로 이처럼 문화적으로 겹치는 느낌들과 그 불분명함이 이 현상을 흥미롭게 한다.

헬리콥터 부모와 스테이지 맘에 관한 문헌들에 따르면 어머니들은 자기 자녀들을 경쟁력 있는 완성물로 세우기 위해 "자기 자녀들을 위한 꿈의 작업dreamwork에 자신들도 관여하려고 한다".[8] 비판적으로 말하자면, 부모들의 숨겨진 흡혈귀 행위나 나르시시즘의 구실로 교육이 이용되고 있다는 뜻이다. 긍정적으로 설명하자면 부모가 자녀와 함께 체험하는 데는 정당하게 자녀를 보살피고 싶어 하는 충동도 있다고 말할 수 있다. 부모가 무엇을 얻는지는 분명하다. 부모가 해야 하는 몹시 소모적인 임무가 곧 정서적으로 풍요로운 결과를 낳을 기획이 되는 것이다. 사실 여기에 부모가 자녀 교육이라는 임무를 진지하게 받아들이는 중요한 요인이 있을 수도 있다. 그런 점에서 문제가 되는 헬리콥터 양육은 역설적이게도 좋은 교육을 위한 동기가 되기도 할 것이다.

더 나아가 눈에 띄는 것은, 지나친 보살핌과 흡혈귀 행위의 동기가 되거나 그런 행위의 정점을 보여주는 것들 중 다수는 공적으로 상당히 주목받는 상황들에서 찾을 수 있다는 사실이다. 그런 현상은 영화, 연극, 발레, 오케스트라, 미인 대회, 스포츠 등의 무대 위에서 자녀를 보고 싶어 하는 스테이지 맘들에게서 분명히 알 수 있다. 그리고 헬리콥터 부모들이 품은 환상들 가운데 많은 것들은 실제든 상상이든 무대에 등장하거나, 아니면 남들 앞에 공개적으로 드러내 보이는 것이 목적인 듯하다. 예컨대 학교에서 우등상을 받거나 경제적 성공을 인정받는 것, 가족이나 이웃의 수다가 펼쳐지는 비유적인 무대에서 인정받는 것이 그것이다. 이런 모든 경우에 아이들은 부모들의 보여주기식 자녀가 되는 것이다.

달리 말하면, 이런 흡혈귀 행위의 장면들은 전형적인 공감의 장면들이다. 무대는 공감의 장면들이 구체적으로 의례화되어 드러나는 곳이다. 우리는 사건을 함께 체험하고 캐릭터들이 처한 상황에 감정이입을 하기 위해 극장에 간다. 어떤 제도도 함께 체험하고 감정이입을 하게 하는 극장만큼 서구 문화의 특징을 제대로 보여주지 못한다.

사실 고대 그리스의 민주주의도 거기서 나왔다. 그런 점에서 무대(그리고 무대와 비슷한 장면들)는 공감을 의식화하는 것이라고 말해도 무방하다. 우리는 무대 앞에서는 빠르게 공감하고 반응한다. 우리는 판타지 속에서 공감을 느끼기 위해 또는 스스로 다른 사람의 공감 대상이 되기 위해 무대와 비슷한 장치를 고안해낸다. 다시 말해 무대는 우리가 아주 쉽게 공감 작업을 하도록 도와준다. 즉 무대는 우리에게서 공감하는 작업을 덜어준다. 비교적 공감을 느끼지 못하는 사람들도 무대 앞에서는 쉽게 공감한다. 그래서 어린아이들도 실제 또는 상상적인 무대 위에 세워지면 쉽게 관객의 공감 대상이 된다. 여기서는 이런 설명에 한 가지 양상을 더해 무대 위에서 각광받는 사람들의 이른바 '빛나는 피부'에 대해 고찰할 것이다.

부모들은 서로 상반되는 기대와 실행의 교차점이다. 그렇기 때문에 자녀들에 대한 그들의 공감도 쉽사리 흡혈귀적인 무대로 빠져들 수 있다. 그들이 한 가지 공감 형태에 다른 공감 형태를 연상해 결부시키고, 그리하여 부모로서 갖고 있던 보살피려는 공감에서 그들이 다른 식으로 습득한 공감 유발 요인의 형태로 바꾸기 때문이다. 이렇게 해서 자녀들은 부모의 무대가 된다.

자녀들이 이처럼 무대화되는 것은 부모 자신이 갖고 있는 유년 시절의 트라우마에 대한 대답이 될 수 있다. 부모는 자녀들 속에서 자신들의 유년 시절을 다시 한 번 본다. 당시 그들은 유년기의 상황 속에 그냥 내던져져 있었지만 이제는 자신들이 감독이 되어 모든 것을 다시 한 번 제대로 체험하고 싶어 한다. 이를 위해 아이들이 꼭두각시로서 필요한 것이다. 헬리콥터 부모들이 보여주는 광적인 보호도 여기에 속한다.

다시 한 번 강조하자면, 이런 모든 흡혈귀적이고 공감적인 반응이 나타나는 것은 바로 부모가 된다는 것이 갖고 있는 애매한 특성 때문이다. 우리가 품고 있는 교육에 대한 이상, 예컨대 200여 년 전에 칼 필립 모리츠와 칸트, 그리고 페스탈로치에서 시작된 자율성 교육이 이제는 성과 위주의 사회에서 수많은 공감의 문화적인 실행들과 팽팽한 긴장 관계를 형성하고 있는 것이다.

스토커, 팬, 그리고 강박적인 공감

언뜻 헬리콥터 부모와 스토커 및 광팬은 아무 상관이 없어 보인다. 팬이나 추정자 또는 스토커들은 자신들이 영웅처럼 떠받드는 남녀를 보호하거나 그들의 성공을 독려하는 경우가 드물다. 그들이 영웅으로 받드는 사람들은 이미 정상에 도달해서 일반인들의 주목과 각광을 받거나, 아니면 적어도 스토커 개인의 주목을 받고 있기 때문이다. 그렇지만 그런 현상들에 비슷한 점이 있다면 그것은 누군가가 다른 사람의 뒤를 쫓으면서 관찰하는 등의 강박적인 행동이다.

그때에도 헬리콥터 부모의 경우와 마찬가지로 숭배 대상에게 가까이 다가간 것처럼 상상하는 것을 가능하게 해주는 의례화된 무대 관찰의 순간들이 있다. 이때 헬리콥터 부모의 경우와는 달리 관찰은 이미 주어진 완벽함을 드러내는 전조前兆가 된다. 즉 할리우드 스타나 스포츠 선수, 그리고 몰래 사랑하는 사람들에게서 인지되는 것들은 마치 전부 완벽하고 진짜이며 삶의 긍정으로만 보인다. 바로 이런 것들 때문에 강박 상태에 있는 부모들이나 스테이지 맘들, 그리고 팬들이나 스토커들 사이에 공통점이 있는 것이다. 사실 부모들도 자녀에게 실제와는 다른 완벽한 자녀의 모습을 투사하기 때문이다.

여기서 문제가 되는 것은 공감하는 순간일까? 헬리콥터 부모의 경우와 마찬가지로 모든 스토커가 공감을 느끼면서 행동하지는 않는다. 전형적인 동기에 속하는 것으로 친근감을 발견하고 싶어 하는 '긍정적인' 의도도 있지만 복수심이나 경쟁심 같은 부정적인 의도들도 있다.[9] 특히 눈에 띄는 스토커들 가운데 상당수가 사이코 증세를 보인다. 신체적인 폭력성을 보이는 스토커들은 수가 적지만, 희생자들 대다수는 쫓김을 당하면서 공포 속에서 살아간다.[10]

미국의 여대생들 가운데 25퍼센트가 스토커에게 쫓긴 적이 있다고 진술했다.[11] 특히 영화배우들이나 가수들의 경우에는 그런 비율이 훨씬 높을 것이다.

이런 스토커의 형태는 현상학적으로 보면 강박증을 보이는 팬이나 숭배자 상像과 겹치는 부분이 있다. 이런 겹치는 부분에서 출발해 보기로 하자. 강박증을 지닌 팬들과 숭배자들이 보이는 증상은 대개 공개적인 무대와 연결된다. 영화와 할리우드가 있기 전부터 이미 오페라, 소가극, 연극 무대 위에서 자신들의 관객에게 커다란 영향을 미치며 '스타'로 떠오른 배우들과 가수들이 있었다. 그러나 영화는 20세기 초부터, 그리고 스포츠 경기는 19세기 말부터 관객 수가 가파르게 증가하며 '스타'라는 현상에 새로운 차원을 제공하고 대중에게 영향을 미치게 되었다. 1920년대에는 특히 최초의 할리우드 디바들(스타 여배우들), 그리고 스포츠에서는 막스 슈멜링 같은 선수들에게 관객이 집중적으로 열광했다. 새로운 커뮤니케이션 매체들도 중요한 역할을 했다. 전화와 새로운 모바일 장치들, 그리고 텍스트로 전달되는 뉴스들을 이용하여 스토커는 신속하고 합법적으로 다른 사람의 은밀한 영역에 침투할 수 있었다.

스토커 팬에 관한 눈에 띄는 사례로는 2016년에 사면을 받은 존 힝켈리가 있다. 힝켈리는 여배우 조디 포스터와 함께 예일 대학에 다녔다. 1980년대 초에 조디 포스터에게 연애편지와 시들을 보내면서 그녀를 위해 미국 대통령을 총으로 쏴서 죽이겠다는 메모를 전했다. 실제로 그는 당시 로널드 레이건 대통령에게 총격을 가해 상처를 입히고 대통령 경호원들을 여럿 쏴 죽였다. (이후 힝켈리는 정신병원으로 넘겨졌다. 그 때문에 미국 내에서 분노의 여론이 확산되자 이후 형법상 심신미약을 근거로 변호를 하는 것이 제한받게 되었다.) 여기서 우리는 한 사람 안에 팬과 스토커가 동시에 존재하는 것을 볼 수 있다. 더구나 그는 자신의 애정을 증명하기 위해 공개적으로 소란을 피웠고 재판에서도 그랬다. 여기서 관찰 행위는 팬이자 스토커인 그의 접근 수단일 뿐만 아니라 그 자체가 내용이기도 했다는 느낌이 강하게 든다.

그러므로 우리는 이런 식으로 관찰하는 환상에 초점을 맞춰보기로 하자. 그 스토커 팬은 외부로부터의 관찰이 내면의 인지로 바뀌는 흡사 마력적인 의식을 치르는 것으로 추측된다. 즉 관찰자는 관찰 대상의 위치에 자신을 놓는다. 그러나 그때 그는 다른 사람이 된다는 것이 어떤 건지 공감적으로 상상하거나 자신이 어떤 삶에 놓이는지를 상상하기보다는,[12] 오히려 관찰 대상이 된다는 것이 어떤 건지, 그리고 그럼으로써 (이것이야말로 결정적이다) 경탄의 대상이 되고 열광의 대상이 된다는 것이 어떤 건지에 대해 상상한다(파파라치들도 이런 식의 관찰을 하는 것 같다). 거기서 관찰자와 관찰 대상은 하나가 되어 더욱 고양된 느낌이 일어난다.

이런 설명은 동일시에 대한 전형적인 설명에 가깝다(좀 더 완화된 공감 형태로서의 동일시에 대해서는 제4장을 참조하라). 여기서 강조할 것은, 그 스토커 팬이 '다른 사람의 피부' 속으로 들어갈 뿐만 아니라 다른 사람이 된다는 상상 속에서 다른 사람이 관찰 대상이자 경탄의 대상이라는 것까지 함께 생각하고 있다는 점이다. 이렇게 자신을 다른 사람과 동일시할 때 그 행동은 다른 사람이 자세히 관찰될 만한 가치가 있어서 그 사람을 높여주는 것으로 나타난다고 할 수 있다.

그런 점에서 이런 현상은 '빛나는 피부' 현상이라고 부를 수 있을 것이다. 즉 스토커는 실제로 또는 자신의 상상 속에서 스포트라이트를 받고 있는 다른 사람의 피부 속으로 스며 들어간다. 상상적인 스포트라이트는 다름 아닌 스토커의 시선, 즉 스타나 쫓기는 자의 피부에 머물면서 그것을 빛나고 불타오르게 하는 스토커 자신의 시선이라고 할 수 있다.

그때 이것은 스토커 팬이 거두는 성과, 즉 관찰 대상을 드높이는 일이 되기도 한다. 그의 관찰과 동일시 덕분에 관찰 대상은 실제보다 더욱 대단한 영웅이 된다. 스토커 팬은 이렇게 관찰 대상을 드높이는 일에 한몫을 한다. 따라서 그는 이처럼 영웅을 드높여준 데 대한 보상으로 자신의 몫도 갖고 싶어 하는 것이다.

이 보상은 대개의 경우 다른 사람의 일에 참여하여 그가 겪는 순간들을 함께 체험하는 것이다. 그때의 보상은 자신의 체험을 확대하는 데만 있는 것이 아니라 관찰자의 위치에서 집중하는 데도 있고 '서문'에서 '미학적'이라고 부른 단순화 속에도 있다. 관찰자에게는 자신이 관찰하는 이런 정점頂點만이 가치가 있다. 다른 사람이 실제로 겪기 때문에 당연히 훨씬 복잡하고 갈라지고 분산된 체험은 관찰자가 다가갈 수 없는 것이다.

여기서부터 훨씬 더 부정적인 스토커의 경향이 드러난다. 그는 자신이 다른 사람에 대해 갖고 있는 이미지로 그 사람을 대체하려고 한다. 그렇게 다른 사람의 자리를 차지하고 거기서 자신을 다시 발견하고 싶어 하는 것이다. 그래서 지그문트 프로이트는 동일시를 야만적인 흡수와 제거에 가까운 것(토템과 터부)으로 보았다. 다른 사람이 있는 대단한 자리에 서고 싶어 할수록 실제 존재하는 다른 사람은 걸림돌이 된다. 이 역시 '빛나는 피부'의 순간에 관찰자에게서 나타날 가능성이 높은 증상이다.

자신을 다른 사람과 동일시하는 사람은 그 사람이 처한 그 순간에 자신도 함께 빛을 발하는 듯한 환상에 젖는다. 피부가 따끔거리면서 아마 닭살이 돋을 것이다. 사건이 아주 빠르게 진행되거나 원대한 느낌이 가득한 드라마틱한 영화나 사람의 마음을 사로잡는 스포츠 행사에서는 관찰자의 입장에서 이런 환상적인 현재가 만들어진다.[13] 실제로 존재하는 다른 사람, 이를테면 어떤 운동선수가 그저 순수한 현재를 체험하는 것이 아니라 어쩌면 실패에 대한 두려움을 겪고 있거나 냉정한 분석을 하고 있을지 모른다는 사실은 고려되지 않는다. 실제로 존재하는 다른 사람은 여기서 관심 대상이 아니다. 자신을 다른 사람과 동일시하는 관찰자는 거리를 두고 행동하기 때문에 다른 사람이 갖고 있는 분산된 생각들을 감안하지 않을 수 있는 것이다. (컴퓨터 게임 중에 느끼는 유혹적인 감정들도 비슷한 기능을 할 것이다. 거기서도 사람들은 '나'와 다른 사람의 차이를 설명하기 힘든 동일시 상태에 있다. 거기서도 다른 사람은 관심의 대상이 될 필요가 없다.) 강렬함과 현재, 그리고 단순화에 대한 동경이 동일시의 원동력이 되는 것이다. '빛나는 피부'와 함께하는 환상적인 현재가 그 보상이다. 적어도 이런 관점에서 보면 내가 처음에 설명한 당황스러운 무대공포증이 여기에 속한다. 당황스러운 무대공포증이 어지러울 정도로 높이 상승된 현재와 함께 나타나는 점에서 그렇다.

그러나 스토커이자 팬인 사람들에게는 이런 보상이 충분하지 않다. 그들은 그들이 쫓아다니는 대상에게서 인정받기를 바란다. 여기서 관찰자의 관계를 두 가지 방향의 커뮤니케이션으로 변화시키려는 다양한 태도들을 볼 수 있다. 팬들은 그들의 영웅들을 몸소 체험하는 동시에 그 영웅의 시선이 자기를 향하고 있는 것으로 알고 감동한다. 그러기 위해 스포츠에서 콘서트에 이르기까지 수많은 공개적인 무대들에서 상응하는 형태들을 찾아냈다. 거기서 어느 정도의 뻔뻔함은 허용되고 의례화된다. 스타와 함께 사진을 한 장 찍으면 그 스타가 받는 스포트라이트에 조금은 참여하게 되는 셈이다. 축구장에 난입한 팬과 진지하게 '셀카'를 찍어주는 호날두의 모습을 보고 웃음 짓지 않은 사람이 있을까? 그러나 어떤 팬들은 더 많은 것을 기대하고 스타가 자신을 개인적으로 알아봐주기를 바란다. 자신들이 스타를 드높이고 자신을 스타와 동일시한 것에 대해 스타에게서 직접 보상받고 싶어 한다. 이런 태도는 사랑이나 우정을 구하려는 '긍정적인' 결과로 이어지거나, 아니면 부정적인 위협으로 나타날 수도 있다. 스토커 팬이 그 대상의 개인 영역에까지 파고들 수 있고, 또한 그것을 두려워하지 않는다는 것을 보여줄 때는 후자의 경우에 해당된다.

그러나 스토킹 대상이 반응하지 않으면 동일시는 복수심으로 바뀐다. 스토커는 마치 스톡홀름 증후군의 반항하는 희생자처럼 행동한다. 물론 그는 진짜 스톡홀름 증후군의 경우처럼 스토커를 예속시키지 않았는데도 스토커는 마치 자기가 희생자인 것처럼 반응하고 자신은 보상받을 자격이 있다고 생각한다. 당연히 복수를 해도 된다고 생각할 수도 있다. 스토킹의 대상은 동일시된 허구의 관계에 대해 처벌을 받는 것이다.

흡혈귀 행위, 다른 사람의 삶을 강탈하다

이처럼 강박적인 공감(즉 동일시)의 동기로는 사랑뿐만이 아니라 다른 사람을 얻고 싶다는 바람도 있다. 이 경우에 강박적인 공감은 다른 사람과의 관계 속에서 지속된다. 친밀감, 우정, 대화, 인정도 강박적인 공감으로 표현될 수 있다.

그러나 앞서 언급한 경우들, 즉 헬리콥터 부모, 팬, 스테이지 맘, 파파라치, 스토커들의 경우에는 독자적인 인물로서의 다른 사람은 완전히는 아니지만 으레 사라지곤 한다.

공감을 느끼는 사람은 다른 사람에게서 뭔가를 찾으려고 하면서도 그 사람에게 제한적으로만 관심을 갖는다. 혹은 때때로 관심을 잃었다가 나중에 다시 관심을 갖고 싶어 한다(헬리콥터 부모는 다를 수 있다). 대신 그가 찾고 싶어 하는 것은 앞서 살펴보았듯이, 강렬함이나 완벽함, 현재 상태나 성공, 무대 위 관찰 대상의 '빛나는 피부'일 수도 있다. 이 후자의 공감 형태들에서 공통되는 것은 흡혈귀 행위다.

흡혈귀 행위에 대해 좀 더 자세히 파악해보면, 헬리콥터 부모들의 경우에는 공감적인 흡혈귀 행위가 다른 사람의 장기적인 안녕을 고려하지 않은 채 그의 생활을 함께 체험하면서 자기 소유로 하려는 형태로 나타난다고 이미 설명했다. 이런 정의 속에는 공감하는 사람의 동기에 대한 설명은 빠져 있다. 공감하는 사람이 흡혈귀 행위를 하도록 충동질하는 것은 과연 무엇일까?

스텐리 카벨은 영화 「가스등」에 관한 글에서 흡혈귀 행위를 분석했다.

[…] 지적인 남성들은 그들의 독창성을 자극하거나 보완하기 위해서든, 아니면 그 독창성에 대한 불신에서든 여성들의 생각을 조직적으로 표절하곤 한다. 여성들이 무엇을 아는지 알고 싶다는 바람 속에서 그들의 동기가 드러난다. 즉 거기에는 그들 자신이 알고 있던 것과 그들의 삶에서 지적으로 관철해나갔던 것의 가치에 대한 스스로의 의심이 투사되고 있는 것이다.[14]

카벨은 사람들이 흡혈귀 행위를 하는 근간에는 그들 자신의 독창성에 대한 의심이 있다고 추측한다. 흡혈귀는 자기에게 부족한 독창성을 보완하고 싶어 한다. 카벨이 강조하는 독창성이란 완벽함에 대한 추구 또는 흡혈귀에게는 없는 순수한 현재일 수 있다. 그렇다고 해서 다른 사람(즉 카벨의 분석에서는 '여성')이 독창성을 갖고 있다거나 순수한 현재성 속에서 완벽하다는 뜻은 아니다. 그러나 강박관념을 갖고 공감하는 사람의 시각에서 보면 그렇게 보인다. 더 자세히 말하면, 관찰하는 시각은 이런 독창성이나 현재성, 완벽성의 효과를 '빛나는 피부'의 효과로 산출해낸다. (앞에서 우리는 관찰 중에 그 대상이 실제로 느끼는 감정은 약화되어 사라지고 공감적인 관찰을 이상적으로 만들거나 드높이는 순간에 대해 살펴보았다.)

흡혈귀 행위의 경우 공감은 (사디즘적인 공감이나 공감을 위한 공감의 경우처럼) 그 자체가 목적이 되기보다는 자기 자신의 체험을 강렬하게 하거나 풍성하게 하려는 수단이 된다. 사디즘적인 공감과 비슷하게 다른 사람의 안녕은 중시되지 않는다. 그러나 사디즘적인 공감의 경우와는 달리 다른 사람의 감정을 제대로 예측하거나 그의 강한 정서적인 반응 혹은 고통을 예상하는 데서 기쁨을 얻지 않고, 오히려 다른 사람이 겪는 긍정적인 (관찰자가 그렇게 가정한) 체험을 자기 것으로 만드는 데서 기쁨을 얻는다.

거기서 흡혈귀 행위는 악순환이 된다. 다른 사람과 함께 체험하는 일은 그것을 대단히 예찬하는 결과로 이어질 수 있다. 다른 사람의 삶은 멀리서 인지하면 더 간단하고 더 현재적이며 더 나은 것처럼 보인다. 무대 위의 순간들이 이런 효과를 더욱 강화한다. 관찰을 강화한 상태에서는 관찰 대상의 체험이 관찰자의 삶보다 더 현재적이고 더 완벽하고 더 독창적이고 더 강렬한 것처럼 보인다. 그래서 이런 공감 형태에 대한 욕망이 생겨난다. 그때 순수한 현재성과 무대 위의 완벽함과 비교하면 관찰자 자신의 삶은 분명히 결핍과 의혹으로 점철된 것처럼 인지될 수 있다. 인지된 다른 사람의 삶만큼 자신의 삶도 강렬한 경우는 드물다. 이 같은 자기 공허함은 갈증을 불러온다. 관찰자는 완벽함을 사냥하면서 현재성에 대한 갈증 때문에 행동하는 강박적인 공감자가 된다. 이는 다시 자신의 체험은 그저 공허하고 의미 없는 것처럼 인지되는 모순적인 효과를 낸다(오스트리아의 여성 작가 엘프리데 옐리네크의 소설 『피아노 치는 여자』를 생각해보라). 그렇게 스토커 또는 강박적인 팬 혹은 스테이지 맘을 탄생시키는 정서적인 근간이 만들어진다.

이것 역시 니체가 분석한 것처럼 투사하는 행위 속에서 약화되는 객관적인 인간에 의해 강한 '나'가 투사되는 현상이다(제1장 참조). 하지만 관찰 대상들이 흡혈귀 행위 때문에 고통을 겪는지에 대해서는 언급되지 않는다. 많은 사람이 무대를 바라보는 것처럼 문화적으로 인정되는 정도의 거리를 두고 관찰하는 것과, 실제로 다른 사람들에게 영향을 끼치는 것 사이의 경계를 넘어서는 사람들도 분명히 있다. 교육하는 경우나 스토커들의 경우에는 그런 현상이 뚜렷하다. 다른 사람이 자신의 체험을 위한 단순한 매체가 될 수 있고 실제로도 그런 식으로 바뀌게 된다. 그런 식으로 교육받는 자녀들은 독자성을 배우지 못하고, 관찰 대상들은 독자적인 개인으로 여겨지지 않는다. 물론 우리의 문화 전체가 어쩌면 이런 흡혈귀 행위 쪽으로 옮겨가고 있는 것이 아닐까 하는 의문도 든다. 주목할 것은, 이런 흡혈귀 행위가 나르시시즘(제1장 참조)과도 잘 통한다는 사실이다. 자기 자신을 예찬하기 위해서는 무대가 필요하다. 그런 점에서 사람들이 자신을 예찬하기 위해 다른 사람의 무대를 빌리려고 하는 경우, 자기 예찬은 쉽게 흡혈귀 행위로 바뀌곤 한다.

공감, 반드시 해야 할까

공감은 좋은 것일까? 아니면 이런 질문을 하는 것 자체가 이미 잘못된 것일까? 우리는 지금까지 고찰해온 것을 끝내는 시점에서 공감 자체는 도덕적인 관점에서 보면 좋지도 나쁘지도 않은 거라고 신중히 말할 수 있을 것이다. 공감은 다양한 방식으로 부정적인 일들에 이용되곤 한다. 희생자에게 공감하면서 고문하는 사람을 상상해 보라. 물론 공감은 도덕적인 목적에 사용될 수도 있고, 그럴 경우에는 선한 행위들로 이어진다. 그러나 헬리콥터 부모들도 사실은 선한 것을 원한다(제5장 참조)! 그러나 많은 경우에 공감은 사람들이 공감해서가 아니라 공감 자체를 위해, 말하자면 다른 사람들을 이해하거나 그들과 동감하기 위해(그렇다고 해서 그들을 돕거나 지지하기 위해서는 아니다) 행동하도록 자극할 수도 있다(제4장 참조).

그리고 공감이 도덕성을 지니고 있다고 가정하는 것이 문제가 되는 또 다른 이유가 있다. 공감은 편들기를 통해 사안을 극단화하는 데 중요한 역할을 한다. 이때 공감은 도덕적으로 올바른 편에 서 있는 사람들에게 힘이 되어줄 수도 있지만, 또 도덕적으로 잘못된 측면을 희석시키거나 혹은 대안적인 도덕을 근거로 내세울 수도 있다(제2장 참조).

물론 누군가가 부당함이나 불행을 인지하거나, 다른 사람의 신체적·정신적 고통을 함께 느끼거나, 다른 사람의 상황에 감정이입을 함으로써 다른 사람을 위해 도덕적으로 개입하는 긍정적인 경우도 있다. 그러나 이런 경우가 근간이 되는 것으로 여기고 다른 경우들은 그 근간에서 벗어난 것으로 본다면 너무나 순진한 생각이다. 공감을 통해 나쁜 일을 하도록 유혹하는 경우도 너무나 많다. 공감은 (도덕적으로 정당화된) 처벌을 하는 데서 느끼는 기쁨을 공감의 보상으로 보는 기이한 논리와 연결된다. 처형당하는 대신 특별 사면을 받은 테러리스트에게 공감하거나, 공감을 일으키는 법을 잘 알고 공감의 유희를 잘 해내는 사람을 일방적으로 편드는 경우도 물론 문제가 된다.

공감은 반드시 도덕적으로 권장할 만한 것은 아니다. 다른 사람과 함께 체험하고 그를 이해한다고 해서 반드시 더욱 도덕적인 사람이 되는 것은 아니지만, 어쨌든 이제 우리는 다른 사람의 내적 체험을 무시할 수만은 없다. 그것은 우리의 생각 속에 심리적인 사실로서 들어 있다(그렇다고 해서 정확하고 꼼꼼하게 파악되고 있다는 뜻은 아니다). 우리는 다른 사람을 함께 고려할 수 있고, 또 그래야 한다. 그런 점에서 모든 형태의 공감에 근거하여 (그냥 투사되었거나 혹은 실제로 겪은) 다른 사람의 고통이 실제로 일어난 사건이 된다. 그의 정서, 느낌, 체험들도 마찬가지다. 그런 점에서 공감은 실제로 도덕과 윤리를 위한 핵심적인 의미를 지닌다.

그러나 공감은 좋은 목적을 위해 단순히 도구화하는 것과는 다르다. 또한 더 많은 공감이 더 나은 사람을 만들어낸다는 단순히 부연적인 논리도 맞지 않는다. 공감을 높이기 위한 약물도 역시 해결책이 아닐 것이다. 사람들은 늘 잘못된 것에 동감할 수 있다. 또한 다른 사람의 안녕과는 상관없이 자신의 체험을 늘리기 위해 공감을 키울 수도 있다. 단순한 동일시를 공감으로 오해할 수 있고, 그러면서 자기 자신을 상실할 수도 있다. 우리는 다른 사람의 접근에 격렬하게 반항할 수도 있다. 어쩌면 공감적인 사람은 니체가 공감적인 폭행자라고 비난했듯이 좌절자이고, 그래서 나쁜 사람일 수도 있다.

그러니 이제는 좀 더 어려운 문제로 넘어가보자. 과연 공감은 권장할 만한 것일까? 북아일랜드 학교에서 실시한 실험이 보여주듯이, 가장 선하고 훌륭한 교육적 시도들이 쉽사리 역효과를 내거나 기대했던 성과를 거두지 못할 수 있다(제2장 참조). 그 실험에서 학생들은 다른 시각을 이해할 수 있었다. 그러나 언제나 자신의 시각과 다른 사람의 시각이 있는 것처럼 둘로 나뉜 '다른' 시각을 배우도록 학생들에게 가르쳤을 가능성도 있다. 게다가 의심스러운 경우에 어떤 아이라도 자기가 어느 쪽에 서 있는지 안다. 양쪽에 대해 정서적으로 동감하는 사람이라도 자동적으로 그 시각들을 가져야 할 의무는 없다. 사람들은 고통을 함께 체험함으로써 권력이나 재미를 얻는 경우가 많다(제4장 참조). 혹은 한나 아렌트의 글에 나오는 힘러의 말처럼 공감을 자기 자신에게로 되돌릴 수도 있다.

"나의 끔찍한 의무를 이행하면서 얼마나 괴로워해야 하는가(제2장 참조)."

먼저 물어볼 것은, 어떤 이유에서 공감을 배워야 하는가다. 도덕성을 배우기 위해서일까? 이 경우에 공감을 너무 많은 희망과 연결하지 말아야 한다. 공감은 선행이나 배려에 대한 기대, 그에 상응하는 습관, 사람은 공동체의 일원이라는 이해와 복잡하게 연결될 때만 도덕적인 것으로 나타난다.

　이런 결속이 없는 공감은 함께 체험함으로써 세계에 대한 자신의 인지를 넓히는 개인적인 일이 된다. 함께 체험하는 것은 이기적인 태도다. 독서하는 사람은 다양한 체험의 세계 속으로 감정이입을 할 수 있다. 심지어 어떤 철학자들과 신학자들은 그것을 도덕적으로 몹시 비난했다. 그 안에서 도덕적으로 긍정적인 공감을 인식하려면 린 헌트가 주장하듯이,[1] 어쨌거나 많은 단계를 뛰어넘는다. 아돌프 히틀러와 사담 후세인은 대단한 독서가였고, 심지어 작가 또는 시인이었다. 린 헌트의 주장에서 출발해보면, 히틀러는 (1933년 1월 30일에 행한 연설에서) 유대인들이 세계를 떠돌아다니며 어느 나라의 국경에도 매이지 않은 반면에 독일인들은 그들의 영토에서 '사슬에 묶인 채' 유대인들의 금융자본에 착취당하고 있다면서 연민을 느끼고 감동의 눈물을 흘렸다니 놀라운 일이다.[2]

　이 책에서 주장한 것과 그에 대한 사례들을 반복하는 대신에 여기서는 왜 공감이 도덕 이론을 대체할 수 없는지, 또한 도덕적인 행위를 유도하는 최선의 동인動因이 될 수 없는지 간단히 요약해볼 것이다. 물론 공감은 대개의 경우 더 많은 도덕성과 결합되어 있다는 아주 타당성 있는 증거들도 있다.[3] 그러나 이것은 단순한 논리에 따른 것이 아니라 복잡한 문화적인 실천을 전제로 하지만, 실천된 것들이라고 해도 종종 그 반대로 바뀔 수 있다. 문화적인 실천으로서의 도덕은 '우리'라는 감정도 요구한다. 반면에 공감 자체에는 개인인 자기 자신의 체험이 훨씬 중요하기 때문에 그런 점에서 공감은 도덕적인 것이 아니다.

그럼에도 나는 공감은 반드시 습득하고 장려되어야 한다고 생각한다. 도덕적인 이유에서는 아니지만. 그러니 우리는 공감과 관련해서 평화롭고 즐거운 마음에서 벗어나야 한다. 내 생각에 지난 수십 년간 공감의 도덕적인 측면이 두 가지 서로 다른 차원, 즉 공감의 미학적 측면과 정서적 측면을 위해 지나치게 과장된 것으로 보인다.

간단히 설명하자면, 먼저 공감을 선호하는 것은 무엇보다도 확대된 인지에 있다. 공감을 수단 삼아 우리는 다른 사람들의 체험을 상상적으로 함께 체험할 수 있다. 즉 상상적으로 다른 사람들이 인지하는 것을 공유하고 그들을 움직이게 만드는 것을 몸소 느낌으로써 그들이 인지하는 것에 정서적·인지적으로 반응할 수 있다. 공감을 통해 우리는 하나가 아닌 여러 세계 속에서 살아간다. (화자와 마찬가지로) 수용자를 다른 세계 속으로 옮겨놓는 우리의 서술적인 능력도 여러 세계의 삶과 밀접하게 연결되어 있다. (이 경우 이미 언급했듯이 심리학적인 문헌에서는 종종 이월移越과 공감을 서로 구별한다. 서술적인 상황들은 사람들이 언제나 다른 사람의 피부 속으로 스며 들어간다고 전제하지 않고, 다만 '나'와 다른 사람이 얼마간 구별되는 상상적인 상황 속으로 들어가서 생각한다고 전제하기 때문이다).[4] 공감 덕택에 우리는 누구든 대화 상대자가 생각하고 느끼는 것을 함께 생각하고 동감할 수 있으므로 하나 이상의 실제적인 상황 속에서 살고 있다. 그리고 허구적인 상황들 속에서도 우리에게는 다양하게 느끼고 정서적으로 상상할 수 있는 문들이 열려 있다.

우리는 공감적으로 인지하는 가운데 이리저리 '뛰어다닌다'. 물론 우리가 공감적으로 함께 체험하는 것은 우리의 의식과 마찬가지로 한 시점에 한 시각으로 제한된다. 그러나 특정한 상황에서는 여러 사람이 여러 시각으로 보는 것과 똑같은 상황을 빠르게 이리저리 함께 체험할 수 있다. 미학적으로 특별히 관련된 수많은 상황이 여기에 속한다. 아리스토텔레스 이후 고전적인 희극 이론과 비극 이론에서는 캐릭터들이 서로를 알아봄으로써 놀랍게도 서로를 다시 인식하는 재인식anagnorisis의 순간이 강조되었다. 흥미롭게도 바로 그 때문에 재인식하는 드라마틱한 장면들이 특히 감동을 준다. 관객들은 숨겨진 그들의 정체를 이미 알고 있기 때문에 관객들을 움직이고 감동시키는 것은 재인식이 아니라 바로 시각들의 유희. 고대 그리스 신화에서 오디세우스가 아내의 구혼자들에게 남편인 자신의 정체를 밝히거나 오레스테스가 자기 누이인 이피게니아와 예기치 않게 다시 만나는 것은 캐릭터들 간의 공감적인 인지를 흔들리게 한다.[5]

이런 의미에서 재인식은 함께 체험하는 것을 인위적으로 극한으로까지 상승시키는 것이다. 그러나 공감적인 참여와 함께 체험 형태들이 이리저리 빠르게 요동하는 것은 사회적인 상호작용의 전형적인 특징이다. 인간적인 행위나 표현을 인지하는 일은 으레 수많은 시각을 받아들임으로써 상승 심화되고 복잡해진다. 우리는 사회적인 동물이다. 사회적인 동물인 우리에게 공감적인 인지 형태를 다양화하는 일은 사회성, 그것도 '빛나는 피부'의 사회성을 상승시키는 일임이 분명하다. 상호 인지는 모든 개인을 공감의 대상으로서 개성적으로 만들고 고양시키기 때문이다.

그런 점에서 우리가 공감에서 얻는 이익은 우선 복잡성을 높이는 일이다. 공감적으로 생각하고 함께 체험하는 사람은 어떤 인간적인 행위도 그저 하나의 행위가 아니고 어떤 감정도 단순히 하나의 감정이 아니라 여러 다른 방식으로 체험될 수 있다는 것을 각인한다. 그로써 공감은 인지를 강하게 집중시키는 수단, 즉 간단히 말해 미학이 된다.

미학이 인지를 집중시키는 최소한의 공식으로 적절하게 설명되었는지는[6] 여기서 설명할 사안이 아니다. 그러나 잠깐 언급하자면, 미학적인 인지를 집중시키는 이런 공식은 이미 '서문'에서 소개한 미학적인 명확성의 이념과 반드시 긴장 관계에 있지는 않다(바움가르텐 참조). 입장들이 분명할 때만 집중과 상승으로 이어질 수 있다. 이는 공감의 경우 뚜렷한 시각들은 서로 대립되지만, 관찰자는 이런 시각들 사이를 이리저리 옮겨 다닐 수 있다는 뜻이기도 하다. 물론 수많은 시각은 결과적으로 불분명한 것이 될 수 있다. 그러나 원래 미학적으로 고양되는 경우에는 많은 정서적·지적 시각들이 더 깊고 자세하게 바라보게 되는 효과가 있다. 서로 뒤죽박죽 섞여 있어서 모순되어 보이는 것들을 더 분명하게 보이게 하는 것이다. 이런 과정을 괴테는 미학과 현상학의 중심에서 설명하면서 '반복된 거울반사'라고 불렀다.

별로 공감하지 않는 사람들이라도 다른 사람들보다 반드시 덜 도덕적인 태도를 보이는 것은 아니다. 그러나 그들은 세계를 빈약하게 인지한다. 그러나 그들도 다른 방식으로는 더 잘 인지하고 더 자세히 들으면서 미학적인 다양성을 체험하고 자신들의 체험을 다른 방식으로 강화할 가능성이 있다.

공감에 의해 미학적으로 강화되는 것이 결국 다시 도덕성에 도움이 될 거라는 주장을 할 수도 있다. 그리고 이것이 옳을 수도 있다. 그러나 이 책에서는 더 많이, 더 집중적으로 체험하는 사람이 더 크게 동감한다는 단순한 공식에 대해 여러 가지 의혹을 제기했다. 물론 그런 사람은 더 많이 동감하지만, 그를 유인하는 다른 부정적인 감정과 정서도 더 많이 갖고 있다. 더 많이 함께 체험하는 사람은 이런 공동 체험을 적어도 소중히는 여길 거라고 달리 생각할 수도 있다. 그리고 이런 이유에서 그 사람은 다른 사람을 자신이 함께 체험하는 근간으로 이용하려는 관심을 갖는다.

물론 이것은 (다른 사람이 희생자 역할로 고정되는 것처럼) 부정적인 효과들을 낼 수도 있다(제2장 참조). 그러나 여기에는 적어도 다른 사람에게 유리한 경향이 있으니, 그것은 함께 체험하는 통로를 열어 놓기 위해 다른 사람이 파멸해서는 안 된다는 것이다. 그리고 이때 자기에게 초점을 맞춘 미학적인 공동 체험과 공감의 형태 속에는 실제로 도덕적으로 긍정적인 행동과 소망을 어느 정도 유리하게 하는 것이 있다. 그런 점에서 (미학적인) 공감을 권장하는 것은 공감의 도덕적·이타주의적 형태들에 간접적으로 도움이 되기도 한다.

공감의 미학적인 측면 외에 정서적인 느낌도 강조할 수 있다. 그리고 그것은 공감에 의한 도덕성에 간접적으로 도움이 되기도 한다. 공감과 정서는 기능적으로 밀접하게 결속되어 있다. 우리에게 정서가 있기 때문에 우리의 체험이 다른 사람들에 의해 정서적으로 함께 체험될 수 있다. 우리가 공감하기 때문에 다른 사람들이 정서적인 존재인 우리에게 접근할 수 있다. 심지어 우리가 갖고 있는 특정한 정서들은 오직 그것들과 소통하기 위해, 즉 공감과 동감을 일깨우려는 이유에서 존재하고 나타난다. 아무튼 자기 자신에게 동감하게 하는 사람은 분명한 이득이 있다.

공감이 새로운 혹은 알려지지 않은 감정들을 전달할 수 있는가라는 질문은 제쳐놓더라도 보통의 경우에 공감은 우리가 지속적으로 다른 사람들과 생물들의 정서, 감정, 열정과 접촉하게 한다. 공감(그리고 허구적인 세계들로 이전하는 것)은 일상적인 정서들의 깊이와 다양성을 현저하게 높여준다. 우리는 함께 체험한 정서들을 더 잘 이해하고 서로 다른 강렬함과 과정들의 형태를 인식하기 때문에 배워서 습득한다는 말이 자주 떠오른다. 그 말은 또 우리가 이런 감정을 가질 자세가 되어 있고, 비록 그것을 허용하기는 해도 단순히 그것들에 엄습되지는 않는다는 뜻이다. 그리고 그런 종류의 완화된 감정들은 개인에 의해 긍정적으로 받아들여지고 긍정적으로 수긍되어 적어도 감정의 근원인 다른 사람에 대해서도 어느 정도 호의를 갖게 한다. 그러나 우리가 스스로 품었던 느낌과 감정들을 다른 사람들 속에서 인식하더라도 자동적으로 그것들을 인정할 수 있다고 가정한다면, 이는 너무 순진한 생각일 것이다. 감정을 습득하는 데서부터 다른 사람에게 도덕적이고 긍정적인 견해를 갖게 되기까지 빠른 길은 없다.

그렇다면 우리는 무엇을 해야 할까?

도덕을 권장하려는 사람은 아마 두 가지 전략에 기대야 할 것이다. 첫 번째 전략은 우리라는 느낌을 강화하는 것이다. '우리'라는 느낌은 물론 그 경계가 유연해야 하며, 다른 사람들과 지나치게 경계를 두어서는 안 될 것이다. 일단 '우리'라는 범주 안에서 생각하는 사람은 다른 사람을 위해서도 뭔가를 좀 더 쉽게 할 것이다. 두 번째 전략은 내면의 목소리, 양심의 목소리를 권장하는 것이다. 거기서는 책임, 즉 자기 자신의 비난과 남들의 비난에 대꾸할 책임이 있다는 생각이 양심의 중요한 기반이 된다. 뭔가를 하는 사람은 자신의 행위를 정당화하고 언어로 회상해야 한다. 심지어 변명 속에서도 문답식 도덕성의 근간이 발견된다.[7]

미학적인 경험, 사회적인 장면들에 대한 정확한 관찰, 정서적 체험을 촉진하려는 사람은 실제로 공감에 열중해야 한다. 공감은 시각들을 다양화하고 거기에 정서적인 무게를 준다. 편들기와 도덕적인 판단에서 벗어나거나 이를 한동안 중단할 수 있는 사람은 함께 체험하는 것을 더 상승시키고 더 복잡하게 하는 보상을 받는다. 거기서는 단지 전제가 아니라 결과로 주의가 높아진다. 더 많이 느끼고 이해해야 하는 사람이 더 집중적으로 관찰하고 참여하기 때문이다.

따라서 이 중요한 토론을 우리의 핵심적인 질문과 관련시키기 위해서 실제로 공감을 배우고 촉진해야 한다. 그렇지만 여기서 도덕성을 빠르게 얻으려고 해서는 안 될 것이다. 오히려 평소에 공감을 하고 공감을 습득하는 것이 미학적인 인지를 강화하고 정서적인 체험을 하는 데 도움이 된다. 물론 모든 예술 애호가가 연극 때문에 로마를 불태워 없애지는 않는다 하더라도 미학적으로 섬세한 감정을 지닌 사람들이 도덕적인 것에 자동적으로 더 밝거나 더 이타적이지는 않다. 정서적인 사람들 역시 윤리적으로 더 낫지는 않다. 비록 그들이 흘리는 눈물이 모두 뭔가를 조작하려는 시도에서 나오는 것은 아니더라도 말이다. 그럼에도 우리가 미학적이고 정서적으로 다른 사람들을 인지하는 일은, 비록 그것이 우리 태도의 어두운 면을 해명하는 일에 지나지 않을지라도 권장되어야 할 것이다.

공감으로 선출된 대통령

이 책의 집필을 끝내고 얼마 지나지 않아 정치적으로 커다란 사건이 있었다. 놀랍게도 도널드 트럼프가 미국 대통령으로 선출된 것이다. 사실 나는 다른 선거 결과를 예언했던 사람들을 신뢰했다. 그러나 내심 오래전부터 직관적으로 트럼프에게 초점을 맞추고 있었다. 그는 내가 그의 시각을 받아들이게 했던 것이다. 나는 마치 좀나방이 불 주위를 맴돌듯이 정서적으로 트럼프라는 인물을 주목하며, 그의 주위를 맴돌고 있었다. 그래서 나는 정서적으로 그의 시각에서 보면서 '패배'까지 예상했다. 그런데 그는 선거 전야에 상황을 드라마틱하게 바꿔 그 패배를 뒤집어버렸다. (내가 지금까지 알려진 그의 입장은 물론 그의 습관과 그의 등장에도 전혀 동의하지 않았다는 것, 그리고 그런 것들이 나에게는 몹시 혐오스러웠다는 말을 굳이 강조할 필요는 없을 것이다.)

그런데 어떻게 이런 선거 결과가 나온 것일까? 트럼프를 선거전에 불러낸 것은 단지 사람들이 기존 정치에 짜증이 나서 과격한 일이 벌어지기를 원했기 때문일까? 달리 묻자면, 트럼프에 대해 내가 전적으로 곤혹스러워하면서도 직관적으로는 공감적인 반응을 보이는 것은 예외적인 것일까?

물론 트럼프가 사람을 비하하고 인종주의 성향을 보이며 성차별적·모욕적 화법을 쓰는 것에 직접적으로 동조하는 유권자도 적지 않았던 것은 분명하다. 그러나 트럼프의 이런 발언들을 용서하고 어쩔 수 없이 그에게 투표한 유권자가 더 많을 것이다. 이에 대해서는 제2장에서 미국의 예비선거를 두고 고찰했던 3인 관계 모델로 설명할 수 있을 것이다. 즉 대립각을 세우면서 등장하는 트럼프의 모습은 누구에게나 분명하게 지지하거나, 아니면 반대하도록 요구했던 것이다. 일단 그의 편에 선 사람은 결국 그의 모든 것을 변호하면서 자신의 공감을 강화할 수 있었다.

트럼프가 발휘한 공감적인 수완은 선거전이 진행되는 동안 점점 더 분명하게 드러났다. 그를 공감의 대가, 즉 다른 사람의 공감을 자신에게 향하게 할 줄 아는 사람이라고 찬사를 보내도 무방하다. 그가 나르시시즘적인 성격을 갖고 있다는 사실이 방해가 되지는 않는다. 사회적인 관점에서 보면 나르시시즘이 다른 사람의 공감을 자기에게로 향하게 하는 한, 공감과 나르시시즘은 서로 대립하지 않는다. 당시 나의 경우에도 일이 그렇게 되어간 것이다.

거기서 트럼프적인 공감은 두 가지 요소로 이루어진다. 한편으로는 싸울 준비를 갖춘 빈틈없는 트럼프의 모습이다. 그는 특히 대중매체에 등장할 때면 적극적으로 반응하면서 모든 비난에 대해 즉각적으로 방어했다. 예컨대 그의 공화당 경쟁 후보였던 테드 크루즈Ted Cruz는 트럼프가 도덕적으로 뉴욕 주에 적합하지 않은, 좋지 않은 뉴욕 식의 가치관을 갖고 있다고 비난했다. 그러자 트럼프는 즉각 '9·11사태'에 대해 이야기했다. 당시 뉴욕 시민이었던 트럼프 자신이 뉴욕이 겪은 고통을 얼마나 애국적이고 구체적으로 느꼈는지에 대해 설명했던 것이다(이 장면을 내게 알려준 페터 길겐에게 감사한다). 또 트럼프는 여성들을 성가시게 하면서도 자신의 명성 덕분에 요리조리 빠져나간다고 자랑한 적이 있다는 비난에 대해 처음에는 부정하다가 나중에는 사과했다. 그러면서 그런 말을 한 적이 있다고 고백하고는 그건 그저 '탈의실 같은 데서 나누는 수다'에 지나지 않았다고 항변했다. 즉 그런 일로 비난받을 남자는 아무도 없다는 뜻이었다.

반대로 보면 도널드 트럼프는 변명도 잘할 뿐더러 적들을 잔인하게 공격하고 비방하기도 한다. 자신의, 이른바 '탈의실 수다'를 폭로당한 것에 대한 대응으로 그는 빌 클린턴 전 대통령의 섹스 스캔들을 공격했다.

다른 한편으로 그런 무대에서 드라마틱하게 주고받는 공격을 마치 홀린 듯이 찾아보는 관객이 있다. 지난 대통령 선거전에서는 진실된 주장과 사실보다는 공격 자체가 중요했다. 스튜디오 안의 조명들이 트럼프의 피부 위로 환하게 내리비치는 가운데, 그는 계속해서 앞으로 밀고 나가야 한다는 압박을 받는다. 그리고 그가 무슨 말을 하고 무슨 행동을 할지는 아무도 모른다. 그리고 '서문'에서 '끔찍했던 무대공포증'이라고 불렀던 일이 또다시 벌어진다(내가 이런 수식어를 선택한 것은 크리스토프 파렛과 나눈 대화 덕분이다). 도널드 트럼프의 상황에 자신을 옮겨놓거나 또는 자신이 옮겨진 것을 발견한 사람은 갑자기 반응해야만 한다는 압박감에 눌리게 된다. 다른 어떤 순간보다도 죄가 있다고 고발당하는 바로 그 순간에 하나의 시각을 받아들이는 결과에 이른다. 그러나 고발당한 자의 상황에 처할 경우 사람들은 무슨 말을 하는 가? 공격의 압박에 대처할 능력이 있는 사람이 누가 있을까? 대개의 시청자들은 트럼프처럼 손가락질당하고 스포트라이트를 받고 주목 받으면 모습을 보면 무너지고 말 것이다. 하지만 도널드 트럼프는 그런 불리한 상황에서도 사람들을 곤혹스럽게 만들 만큼 강력한 반응을 보이는 동시에 반격을 개시했다.

트럼프는 인간으로서가 아니라 공격을 받아치는 자로서 공감을 얻었다. 공격이 강하면 강할수록 그의 상황은 '나아졌다'. 공격이 정당하다는 것이 역설적으로 그에게 유리하게 작용한 것이다. 바로 그의 결점들, 그리고 그의 공격 가능성이 선거전에서 그를 다른 사람들의 모델로 만들었다. 그의 시각을 받아들이는 사람은 꼭 트럼프를 좋아할 필요는 없지만 그가 트럼프에게 투표할 가능성은 늘어났다.

대통령 선거전에서 도널드 트럼프와 힐러리 클린턴 진영은 서로 다른 공감 홍보를 펼쳤다. 민주당원들의 슬로건은 "나는 그녀와 함께 있다 I'm with her"였다. 누군가와 함께 있다는 것은 가까운 관계라는 의미이지만, 공감적으로 동일한 관계에 있다거나 서로 이해하는 관계에 있다는 의미는 아니다. 반면에 트럼프 진영은 "그는 우리와 같다 He is like us"라는 문장을 반복적으로 내세웠다. 바로 그의 결점들이 그를 상당수 국민의 모델로 만든 것이다. 그리고 이 대다수 국민들과 달리 그는 자신의 결점들에 대해 그냥 사과하는 것만으로 그치지 않고, 오히려 그것을 모든 사람을 대표하는 것으로 만들었다.

위축되었던 시간이 지나고 나자 이제는 관객으로 변한 유권자들이 유치한 공감을 보여주면서 의기양양해하는 문화가 뒤를 잇고 있다. 사람들은 그런 정치적 상황에서 '다른 사람들', 즉 공감의 어두운 면에서 으레 홀대받는 사람들 중 한 명이 되고 싶지 않은 것이다.

　　그러나 나 역시 내게서 관찰한 것이 하나 있다. 트럼프가 대통령으로 선출된 뒤로 나는 더 이상 그의 시각을 받아들이지 않는다는 것이다. 그가 나를 끌어당긴 매력은 바로 선거전에서의 난타전이었다. 이제 나는 그것으로부터 벗어났다.

우리는 일반적으로 '공감'에 대하여 좋은 인식을 갖고 있다.

자기중심적이기 쉬운 우리 인간이 다른 사람의 '좋은' 생각이나 행동을 대체로 이해하며 호의적인 생각을 품고, 그 사람에 대해 너그러워지며 필요할 때는 그를 돕는 상황으로까지 나아갈 수 있는 긍정적인 속성으로 간주되기 때문이다. 어쩌면 오늘날처럼 많은 것이 물질주의적·이기주의적으로 변하고 진실한 사랑이나 우정마저 믿기 어렵도록 한껏 각박해진 세상에서, 우리가 그나마 다른 사람들에 대해 가질 수 있는 마지막 '인간성'의 보루가 될지도 모르기 때문이다.

그러나 이 책의 저자는 우리가 일반적으로 품고 있는 그런 긍정적인 '공감'의 이미지를 전반적으로 깨고 있다. 그는 공감이 오히려 다른 사람들에게 해가 되는 '매우 심각한 일련의 인간적인 행동들'에 속할 수 있다고 경고한다. 다른 사람을 괴롭히고 착취하는 것은 물론 스토킹, 흡혈귀 행위, 심지어 테러까지도 사실은 다른 사람에 대한 증오가 아니라 '공감'에서 나올 수 있다는 것이다. 저자는 그러한 위험들이 발생하는 이유와 그 요인이 되는 여러 종류의 복잡한 공감의 속성이나 본질을 설명하는 데 이 책의 대부분을 할애하고 있다.

그리고 이러한 부정적인 요인을 품고 있는 공감의 사례를 설명하기 위해 일반적으로 잘 알려진 최근의 국제 현안들을 예로 들기도 한다. 가령 다른 유럽 국가들의 저항에도 불구하고 유럽으로 유입되는 난민들을 받아들이는 데 적극적인 역할을 했던 독일 메르켈 총리의 심리 상태를 '잘못된 공감'의 시각에서 해석하고 있다. 또 미국의 트럼프 대통령이 여러 결격 요건에도 불구하고 의외로 대통령에 당선된 배경이, 다수 미국인들의 '공감을 자신에게 향하게' 할 줄 아는 '공감의 수완자'였기 때문이라고 보고 그러한 그에게 미국인들이 보여준 공감의 실체를 밝히고 있다.

그 외에도 근래에 부모들이 자기 자녀가 남보다 잘되기를 바라는 마음에서 끊임없이 자녀를 관찰하고 그 주위를 맴돌며 간섭하는 이른바 '헬리콥터 부모' 현상을 소개하면서, 부모는 자식을 사랑해서 그런다고 생각할지 몰라도 그것은 다름 아닌 왜곡된 '공감'에서 나오는 것으로, 때로는 매우 부정적인 결과를 낳을 수 있다고 주장한다. 최근 국내 TV에서 방영되어 화제가 되었던 「스카이 캐슬」이라는 드라마에서도 그런 부류의 '공감'이 결국 얼마나 끔찍한 결과를 낳는지를 적나라하게 보여주었다. 이 밖에도 저자는 다른 공감의 예를 상당수 들고 있다. 그리고 공감에 대해 연구해온 많은 연구자의 이름, 저서, 이론들도 함께 소개하고 있으며, 결국 '잘못된 공감은 강력한 마약'이라고 주장하고 있다.

물론 이 책을 읽는 독자분들께서는 저자가 열거하는 많은 종류의 '공감' 이론에 대해서 모두 수긍하지 않을 수도 있다. 그러나 이 책은 최소한 우리가 그동안 단순하게 긍정적으로 생각해왔던 '공감'의 밝은 얼굴 뒤에 숨어 있는 다른 부정적인 모습들을 보여줌으로써 그러한 공감들이 사실은 우리 인간의 복잡한 내면의 감정에서 나타나는 속성임을 밝히고 있다. 결국 공감이 일으키는 현상, 그 진행과 결과에 대한 책임은 공감하는 우리의 내면에 있는 것이다.

이 책을 읽음으로써 독자분들께서는 아마 자신이 그동안 어떤 종류의 '공감'에 익숙해져 있었는지, 그리고 혹시 그런 공감에서 잘못되거나 반성해야 할 점은 없었는지 진지하게 돌이켜보는 계기로 삼을 수 있을 것이다.

2019년 봄에
두행숙

| 주 |

서문

1 영어 원문은 다음과 같다. "There was this quote made by 'Bedelia', a doctor and psychologist character from the tv series Hannibal. 'Extreme acts of cruelty require a high level of empathy.' I believe this to be true. Whenever I look at someone and I start imagining sadistic thoughts, I am able to understand and feel what the person would go through and the kind of pain and fear the person would experience, and that's what actually turns me on. The stronger and more intense the pain and suffering I imagine to inflict on the person, the higher the gratification I derive." (https://www.reddit.com/r/serialkillers/comments/3qoey8/do_sexually_sadistic_serial_killers_really_lack/Do%20Sexually%20Sadistic%20Serial%20Killers%20Really%20Lack%20Empathy?), 마지막 검색일 2016년 1월 16일.

2 스테파니 프레스턴과 프란스 드 발은 나와 다른 사람의 구별이 공감의 필수적인 전제라고 했다. 왜냐하면 그런 구별은 지나친 공감이 계속되는 것(예컨대 공감이 전염되는 것)을 막아주기 때문이다. Stephanie D. Preston & Frans de Waal, "Empathy: Its Ultimate and Proximate Bases(공감 : 그 궁극적이고 가장 인접한 근거들)", in: *Behavioral Brain Science*(행동 뇌과학) 25(1)(2002), 1-20쪽. 그 차이에 대해서는 다음을 참조하라. Jean Decety, C. Daniel Batson: "Empathy and Morality: Integrating Social and Neuroscience Approaches(공감과 도덕성 : 통합 사회적·신경과학적 접근)", in: Jan Verplaetse et al.(ed.), *The Moral Brain: Essays on the Evolutionary and Neuroscientific Aspects of Morality*(도덕적인 뇌 : 도덕에 대한 진화적·신경과학적 접근), Heidelberg, London, New York: Springer, 2009, 109-127쪽.

3 Paul Bloom: *Against Empathy*(공감에 반하여), New York: Harper Collins, 2016년 12월 발행 예정. Jesse Prinz: "Against Empathy"(공감에 반하여), in: *The*

Southern Journal of Philosophy(남부 철학 저널) 49(1)(2011), 214-233쪽. 블룸의 책은 아직 출간되지 않았지만, 몇 차례의 예고와 인터뷰에 비춰볼 때 그 역시 프린츠와 마찬가지로 공감이 윤리적 결정을 내리는 데는 별로 기여하지 못한다고 주장하는 듯하다. 그러나 이런 기대를 하지 않으면 이의는 사라진다. 예컨대 공감 자체는 윤리적 결정의 근거가 아니라 오히려 도덕적으로 중요한 상황을 제대로 측정하고 공동체 내의 정서를 인정하는 수단이라고 좀 더 신중하게 주장한다면, 공감은 도덕에 전적으로 중요한 요소가 된다. 그러므로 내가 이 책에서 밝히는 이의는 이미 '서문'에서 시사했듯이 그 목표가 다르다. 그렇지만 프린츠와 블룸, 그리고 저자의 생각은 (아마도) 갈등이 극단화되는 여러 양상에서 서로 만나게 된다(이 책의 제2장 참조).

4   우리가 전망을 받아들일 때 수많은 잘못된 결론을 이끌어내곤 한다는 것이다. 특히 우리는 단순히 'X가 되는 것을 상상하는 것'과 다른 사람의 시각을 공감적으로 받아들이는 것을 종종 구별하지 못하기 때문에 더욱 그렇다. 그러나 공감에 대한 이 같은 비난은 다른 사람에게 접근하는 것에만 그치지 않고 그를 정확히 이해하려고 기대하는 사람들에게는 물론 맞는 말이다. Peter Goldie: "Anti-Empathy(반反공감)", in: Amy Coplan & Peter Goldie(ed.): *Empathy. Philosophical and Psychological Perspectives*(공감, 철학적, 그리고 심리학적인 전망), Oxford: Oxford UP, 2011, 302-317쪽.

5   Toni M. Massaro: "Empathy, Legal Storytelling, and the Rule of Law: New Words, old Wounds?(공감, 법적인 스토리텔링과 법의 규정 : 새로운 단어인가, 오래된 상처인가?)", in: *Michigan Law Review*(미시간 주 법률 리뷰) 87(8)(1989), 2099-2127쪽.

6   다음 책에서 이미 그런 것을 볼 수 있다. Wilhelm Worringer: *Abstraktion und Einfühlung. Ein Beitrag zur Stilpsychologie*(추상과 감정이입 양식의 심리학에 관한 기여)(1907), Helga Grebing(ed.), München: Wilhelm Fink, 2007. 이 책과 그에 상응하는 토론에 대해서는 제2장에서 다시 다룰 것이다.

7   내 학창 시절 선생님 가운데는 라틴어와 그리스어 숙어를 혼합해서 쓰지 못하게 하신 분이 있다. 그분이 이 구절을 못 보고 넘어가시기를 바란다.

8   Hartmut Rosa: *Resonanz*(반향), Berlin: Suhrkamp, 2016.

9   Steven Pinker: *The Better Angels of Our Nature: The Decline of Violence in History and its Causes*(우리 본성의 선한 천사 : 인간은 폭력성과 어떻게 싸워왔는가), London: Penguin, 2011.

10 Sara H. Konrath, Edward H. O'Brien & Courtney Hsing: "Changes in Dispositional Empathy in American College Students over Time: A Meta-Analysis(시간의 흐름에 따라 미국 대학생들이 보이는 공감의 변화, 메타 분석)", in: *Personality and Social Psychology Review*(인격과 사회심리학 리뷰)(2010), 180-198쪽. 나중에 이런 실상들에 대해 다룰 것이다.

11 Martha C. Nussbaum: *Politische Emotionen*(정치적인 정서들), Frankfurt/M.: Suhrkamp, 2014.

12 Daniel C. Batson: "The Empathy-Altruism Hypothesis: Issues and Implications(공감-이타주의 가설 : 쟁점과 함의)", in: Jean Decety(ed.): *Empathy: From Bench to Bedside*(공감 : 벤치에서 곁으로), Cambridge, Mass.: MIT Press, 2012, 41–54쪽.

13 Michael Tomasello: *Die kulturelle Entwicklung des menschlichen Denkens: Zur Evolution der Kognition*(인간적 사고의 문화적인 발전 : 인지의 진화에 대하여), Frankfurt/M.: Suhrkamp, 2006. 언어의 경우에도 그와 비슷하다. 만약 우리에게 언어가 없다면 우리는 어떻게 생각하고 느끼게 될까라는 질문과 관련하여 종종 사고실험이 실시된다. 그것은 확실히 흥미로운 일이며, 어쩌면 비인간적인 동물들은 어떻게 사고할까라는 질문에 단서를 제공해줄 것이다. 그러나 인간에 대해서는 별로 알려주는 것이 없을 것이다. 그렇게 되면 '우리'는 더 이상 '우리'가 아니게 된다. 그 이유는 우리가 언어 없이 어떻게 생각하고 행동하게 될지에 대해 상상할 수가 없기 때문이다.

14 이에 대해서는 제3장을 참조하라.

15 자폐증은 이 책의 핵심적인 고찰 대상이 아니다. 그러나 자폐증 환자들이 공감 능력과 자아 인지 능력이 부족한 것은 사실이다. Michael V. Lombardo et al.: "Self-Referential Cognition and Empathy in Autism(자폐증 내의 자기 지시적 인지)", in: *PLoS One* 2(9)(2007), e883. 다만 여기서는 자폐증 환자들이 전적으로 '운반' 능력을 갖고 있다는 것, 즉 어떤 허구적 또는 사실적 상황에서 한 인물의 운명을 설명한 내용을 옮길 수 있음을 암시하고자 한다. 또한 '마음 이론'도 자폐증 환자들에 의해 규명될 수 있는데 자폐증 환자들은 운반 능력을 다른 사람들과는 다르게 습득한다(제1장 참조). 자폐증 환자들의 생각과 느낌은 외로울 것이라고 자주 설명되지만, 그렇다고 해서 그들이 전적으로 공감 능력이 없어 보이지는 않는다. 그리고 설령 그들에게 공감 능력이 없더라도 그들에 대한 연구를 통해 공감 능력이 없는 사람이란 어떤 사람인지 배우게 될 것이다. 왜냐하면 자폐증 환자들은 동시에 또 다른 특성들을 보여주기 때문이다.

16 Nina Strohminger & Shaun Nichols: "The Essential Moral Self(본질적인 도덕적 자아)", in: *Cognition*(인지) 131(2014), 159-171쪽.

17 허구는 실제로 공감의 문제에 있어 하나의 중요한 출발점이 될 수 있다. 따라서 이 책에서는 이야기의 서술과 허구의 양상에 대해 반복적으로 다룰 것이다. 수잰 킨에 의하면, 허구는 우리가 다른 사람에게 이용당하지 않고 우리의 공감을 시험해볼 수 있는 확실한 분야라고 한다. Suzanne Keen: *Empathy and the Novel*(공감과 소설), Oxford, New York: Oxford UP, 2007, 서문.
우리는 매일 대략 네 시간 정도 서술에 둘러싸여 있다. 이는 서술적인 사고가 우리에게 전적으로 영향을 미칠 수 있다는 분명한 암시다. Jonathan Gottschall: *The Storytelling Animal: How Stories Make Us Human*(스토리텔링애니멀 : 인간은 왜 그토록 이야기에 빠져드는가), Boston, New York: Houghton Mifflin Harcourt, 2012. Brian Boyd: *On the Origin of Stories*(스토리의 기원에 대하여), Cambridge,

Mass.: Harvard University Press, 2009.

18   Jerome Bruner: *Making Stories: Law, Literature, Life*(스토리 메이킹 : 법률, 문학, 삶), Cambridge, Mass.: Harvard University Press, 2003.

19   Philip J. Mazzocco, Melanie C. Green, Jo A. Sasota, Norman W. Jones: "This Story is not for everyone: Transportability and Narrative Persuasion(이 스토리는 모두를 위한 것이 아니다 : 이동 가능성과 서술적인 설득)", in: *Social Psychological and Personality Science*(사회심리 및 성격과학지)(2010), 361-368쪽. Blakey Vermeule: *Why Do We Care about Literary Characters?*(왜 우리는 문학작품 속의 등장인물에 관심을 가지는가?), Baltimore: Johns Hopkins UP, 2011.

20   과격하고 극적인 상황들을 통해 유사함을 시뮬레이션하는 것은 독일의 극작가 고트홀트 에프라임 레싱이 동정(mitleiden)에 대하여 내린 최소한의 정의와 일치한다. *Hamburgische Dramaturgie*(함부르크 연극론), Bremen, 1767.

21   인지적인 것에는 물론 정서도 포함된다. 따라서 여기서 '정서적이고 인지적인 반응'에 대해 이야기하는 것은 불필요하다. 그러나 학문적인 설명에서는 늘 구분하여 '인지적'인 것을 단순히 냉정하고 합리적인 과정처럼 보기 때문에 여기서, 그리고 뒤에서 명확성을 위해 둘을 나누어 거론한다.

22   영어의 'self-interest(사리 추구)'는 독일어의 'eigennutz(사리)'와는 반대로 가치중립적이다. 그러므로 여기서는 독일어의 'selbst-interesse(사리 추구, 자기에 대한 관심)'의 개념이 강조되어야 한다. Kelly Rogers(ed.): *Self-Interest: An Anthology of Philosophical Perspectives from Antiquity to the Present*(사리 추구, 고대에서 현대까지 이어져온 철학적 시각들의 선집), London: Routledge, 2014.

23   Ezequiel Gleichgerrcht, Jean Decety: "Empathy in Clinical Practice: How Individual Dispositions, Gender, and Experience Moderate Empathic Concern, Burnout, and Emotional Distress in Physicians(임상 실습에서의 공감 : 개인적 기질, 성, 그리고 경험은 어떻게 의사들에게서 정서적인 염려, 피로, 그리고 정서적인 고충을 완화시키는가)", in: *PLoS One* 8. 4(2013).

24   Robin Dunbar: "Neocortex Size as a Constraint on Group Size in Primates(영장류에게 있어서 집단의 크기에 대한 제약으로서의 신피질의 크기)", in: *Journal of Human Evolution*(인간 진화 저널) 22(1992), 469-93쪽. Robin Dunbar: *Grooming, Gossip and the Evolution of Language*(몸단장, 수다, 그리고 언어의 진화), Cambridge, Mass.: Harvard UP, 1997.

25   Daniel C. Batson: *The Empathy-Altruism Hypothesis: Issues and Implications*(공감-이타주의 가설 : 쟁점과 함의).

26   여기서 순수한 이타주의가 있는지, 그것이 생물학적으로 의미가 있는지는 다루지 않을 것이다. 그 대신 우리는 돕는 행위에만 주목하기로 한다. 우리의 질문은 공감이 과연 정서적인 기분이나 돕는 행위에 대한 확신으로 이어지는가라는 간단한 것이다.

27   꼬리감는원숭이는 그런 행동을 하는 것으로 알려져 있다. Jennifer L. Barnes,Tyler Hill, Melanie Langer, Margaret Martinez & Laurie R. Santos: "Helping

Behaviour and Regard for Others in Capuchin Monkeys(Cebus apella)(꼬리 감는원숭이들의 도움 행위와 다른 개체들에 대한 배려)", in: *Biology Letters*(생물학 서한) 4, Nr. 6(2008), 638-640쪽.

28   Colin Allen & Marc Bekoff: *Species of Mind: The Philosophy and Biology of Cognitive Ethology*(마음의 종류 : 인지적 행동학의 철학과 생물학), Cambridge, Mass: MIT Press, 1999.

29   Michael Tomasello: *Die Ursprünge der menschliche Kommunikation*(인간적 의 사소통의 기원), Frankfurt/M.: Suhrkamp, 2009.

30   Frans de Waal: "Empathy in Primates and other Mammals(영장류와 다른 포유동물에 있어서의 공감)", in: Jean Decety(ed.): *Empathy. From Bench to Bedside*(공감 : 벤치에서 곁으로), Cambridge, Mass.: MIT Press, 2012, 87-106쪽.

31   David G. Premack & Guy Woodruff: "Does the Chimpanzee have a Theory of Mind?(침팬지는 마음 이론을 지니고 있는가?)", in: *Behavioral and Brain Sciences*(행동과 뇌과학) 1, Nr. 4(1978), 515-526쪽.

32   A. Gopnik, J. W. Aslington: "Children's Understanding of Representational Change and its Relation to the Understanding of False Belief and the Appearance-Reality Distinction(재현적 변화에 대한 아동의 이해와, 잘못된 믿음 및 외견상 실제 구별의 이해에 대한 그것의 관계)", in: *Child Development*(아동 발 달) 59(1988), 26-37쪽.

33   언어와 관련되지 않은 실험들에서는 마음 이론을 획득하는 시기가 훨씬 앞당겨졌 다. Agnes Melinda Kovacs, Ernő Teglas & Ansgar Denis Endress: "The Social Sense: Susceptibility to Others' Beliefs in Human Infants and Adults(사회 적인 감각 : 인간 아동과 성인이 보여주는, 다른 사람의 믿음에 대한 민감성)", in: *Science*(과학) 330(2010), 1830-1834쪽. Andrew Meltzoff: "Understanding the Intentions of Others: Re-Enactment of Intended Acts by 18-Month-Old Children(타인의 의도에 대한 이해 : 18개월 된 아동에 의한 의도된 행위의 재발)", in: *Developmental Psychology*(발달심리학) 31(1995), 838-850쪽.

34   Josep Call & Michael Tomasello: "Does the Chimpanzee have a Theory of Mind? 30 Years later(침팬지는 마음 이론을 지니고 있는가? 30년 이후)", in: *Trends in Cognitive Sciences*(인지과학의 경향) 12, Nr. 5(2008), 187-192쪽.

35   Peter Carruthers: "Simulation and Self-Knowledge: A Defence of Theory-Theory(시뮬레이션과 자아에 대한 지식 : 이론 방어의 이론)", in: Peter Carruthers & P. K. Smith(ed.): *Theories of Theories of Mind*(마음 이론에 관한 이론들), Cambridge: Cambridge University Press, 1996, 22-38쪽.

36   Simon Baron-Cohen, Alan M. Leslie & Uta Frith: "Does the Autistic Child have a 'Theory of Mind'?(자폐증 아동은 마음 이론을 지니고 있는가?)", in: *Cognition*(인지) 21, Nr. 1(1985), 37-46쪽.

37   '깨진 거울 이론'은 다음 문헌의 요약문을 참조하라. Vilayanur Ramachandran &

Lindsay M. Oberman: "Broken Mirrors: A Theory of Autism(깨진 거울)", in: *Scientific American*(사이언티픽 아메리칸) 295, Nr. 5(2006), 62-69쪽. 그러나 이 이론에 대해서는 분명한 비판이 있었다. Ilan Dinstein, Cibu Thomas, Kate Humphreys, Nancy Minshew, Marlene Behrmann & David J. Heege: "Movement Selectivity in Autism(자폐증에 있어서 동작의 선택성)", in: *Neuron*(뉴런) 66, Nr. 3(2010), 461-469쪽.

38 예컨대 이에 대한 전제들은 다음 문헌에서 찾을 수 있다. Michele Tine & Joan Lucariello: "Unique Theory of Mind Differentiation in Children with Autism and Asperger Syndrome(자폐증 아동에게 나타나는 독특한 마음 이론의 차이와 아스퍼거 증후군)", in: *Autism Research and Treatment*(자폐증 연구와 치료)(2012), 1-11쪽.

39 David Comer Kidd & Emanuele Castano: "Reading Literary Fiction Improves Theory of Mind(문학적인 픽션을 읽는 것이 마음 이론을 개선한다)", in: *Science*(사이언스) 342, Nr. 6156(2013), 377-380쪽. 서술적인 텍스트를 읽음으로써 공감의 다른 면모들 역시 긍정적인 영향을 받는다. Matthijs Bal & Martijn Veltkamp: "How does Fiction Reading Influence Empathy? An Experimental Investigation on the Role of Emotional Transportation(픽션을 읽는 것이 어떻게 공감에 영향을 주는가? 정서적 이전의 역할에 대한 실험적 연구)", in: *PloS One* 8.1(2013).

40 그러나 제4장에서는 다른 사람의 정서를 올바르게 예측하는 일에서 즐거움을 얻는 것은 아닌지를 자세히 다룰 것이다. 정서적인 사디스트들은 아마도 다른 사람의 고통과 정서를 제대로 예측하는 데서 그런 즐거움을 체험할 수 있을 것이다.

41 Wendell Wallach & Colin Allen: *Moral Machine. Teaching Robots Right from Wrong*(도덕적인 기계. 틀린 것을 옳게 가르치는 로봇), Oxford & New York: Oxford UP, 2008.

42 Jean Decety & Claus Lamm: "The Role of the Right Temporoparietal Junction in Social Interaction: How Low-Level Computational Processes Contribute to Meta-Cognition(사회적 상호작용에서 올바른 측두정 접합의 역할 : 저수준의 컴퓨터 처리 과정이 어떻게 메타 인식에 기여하는가)", in: *The Neuroscientist*(뉴로사이언티스트)(2007), 580-93쪽.

43 이에 대해 간략히 고찰하려면 다음을 참조하라. Jean Decety: "Human Empathy(인간의 공감)", in: *Japanese Journal of Neuropsychology*(일본 신경심리학 저널) 22(2006), 11-33쪽.

44 Wolfgang Prinz: "Modes of Linkage between Perception and Action(자각과 행위 사이의 연결 양식)", in: Wolfgang Prinz(ed.): *Cognition and Motor Processes*(인지와 발동 과정), Berlin, Heidelberg: Springer, 1984, 185-193쪽. Wolfgang Prinz: *Selbst im Spiegel. Die soziale Konstruktion von Subjektivität*(거울 속의 자아. 주관성의 사회적 구조), Berlin: Suhrkamp, 2016.

45 Jean Decety: "Human Empathy(인간의 공감)."

46 Gregory Hickok: *The Myth of Mirror Neurons: The Real Neuroscience of Communication and Cognition*(거울신경의 신화 : 의사소통과 인지의 실제적인 신경과학), New York: W.W. Norton, 2014.

47 Tania Singer, Ben Seymour, John P. O'Doherty, Klaas E. Stephan, Raymond J. Dolan & Chris D. Frith: "Empathic Neural Responses are Modulated by the Perceived Fairness of Others(공감적인 신경 반응은 다른 사람들이 감지한 공정성에 의해 조율된다)", in: *Nature*(네이처) 439, Nr. 7075(2006), 466-469쪽.

48 장 드세티와 티에리 세미네이드는 이를 다음과 같이 정의하고 있다. "동감은 종종 고통을 받거나 도움이 필요한 사람에 대한 공감과 염려하는 감정에서 나오는 정서적인 대응이다. 반면에 다른 사람이 느끼는 것과 같은 감정을 느끼는 것은 공감에 가깝다." Jean Decety & Thierry Chaminade: "Neural Correlates of Feeling Sympathy(느끼는 동감의 신경 연관성)", in: *Neuropsychologia*(신경심리학) 41. 2(2003), 127-138쪽, 127쪽.

49 Simone G. Shamay-Tsoory, Judith Aharon-Peretz & Daniella Perry: "Two Systems for Empathy: A Double Dissociation between Emotional and Cognitive Empathy in Inferior Frontal Gyrus versus Ventromedial Prefrontal Lesions(공감에 있어서의 두 가지 시스템 : 전두회 대 전전두엽 병변 내의 정서적 공감과 인지적 공감 사이의 이중 분리)", in: *Brain*(브레인) 132. 3(2009), 617-627쪽.

50 M. F. Glasser, Timothy Coalson, Emma Robinson, Carl Hacker, John Harwell, Essa Yacoub, Kamil Ugurbil et al.: "A Multi-Modal Parcellation of Human Cerebral Cortex(인간의 대뇌피질의 다중모드 구획화)", in: *Nature*(네이처), 18933(2016), 171-178쪽.

51 David Comer Kidd & Emanuele Castano: "Reading Literary Fiction Improves Theory of Mind(문학적 픽션을 읽는 것이 마음 이론을 개선한다)." Vera Nunning: "Cognitive Science and the Value of Literature for Life(인지과학과 삶을 위한 문학의 가치)", in: Hanna Meretoja, Saija Isomaa, Pirjo Lyytikainen & Kristina Malmio(ed.): *Values of Literature*(문학의 가치), Leiden: Brill, 2015, 93-116쪽.

52 그런 점에서 여성들이 남성들보다 더 공감적이라는 가정은 반박되지 않았다. Sarah Hrdy Bluffer: *Mothers and Others*(어머니와 다른 사람들), Cambridge, Mass.: Harvard University Press, 2011.

53 Daniel C. Batson: "The Empathy-Altruism Hypothesis: Issues and Implications(공감-이타주의 가설 : 쟁점과 함의)", 2012.

54 우리가 오늘날 공감 연구라고 부르는 것의 역사는 우리가 다른 사람들의 운명에 어떻게 관여하는가에 대해 시인들과 철학자들이 논쟁을 벌인 데서 시작된다. 아리스토텔레스의 『시학(Poetik)』에서 18세기 미학에 대한 (예컨대 흄, 루소, 스미스, 레싱, 헤르더의) 집중적인 논쟁들에 이르기까지 동정에 관해 해명하는 일이 시문학의 중심적인 관심사였다. 19세기와 20세기 초에 비로소 미학(테오도어 립스)과 철학(쇼펜하우어,

에디트 슈타인)적인 질문이 현대적인 의미의 경험심리학 쪽으로 옮겨갔다.

55 공감의 현상학적인 연구에 대해서는 저자의 책 외에도 다음 책을 참조하라. Dan Zahavi
    & Søren Overgaard: "Empathy without Isomorphism: A Phenomenological
    Account(동형화가 없는 공감 : 현상학적인 평가)", in: Jean Decety(ed.): *Empathy.
    From Bench to Bedside*(공감 : 벤치에서 곁으로), Cambridge, Mass.: MIT Press,
    2012, 3-20쪽. 현상학적 공감 연구에 관한 훌륭한 고전으로는 막스 셸러(Max
    Scheler)와 에디트 슈타인(Edith Stein)의 텍스트들이 있다.

56 독일어의 '감정이입(einfühlung)'을 영어의 '공감(empathy)'으로 번역하는 것에 대
    해서는 이 책의 제2장을 참조할 것.

57 Frans de Waal: "Empathy in Primates and other Mammals(영장류와 다른 포유
    동물에 있어서의 공감)", 86-87쪽.

58 Abigail A. Marsh: "Empathy and Compassion: A Cognitive Neuroscience
    Perspective(공감과 연민 : 인지적 신경과학의 시각)", in: Jean Decety(ed.):
    Empathy. From Bench to Bedside(공감 : 벤치에서 곁으로), Cambridge, Mass.:
    MIT Press, 2012, 191-205쪽.

59 Gordon G. Gallup & Steven M. Platek: "Cognitive Empathy Presupposes Self-
    Awareness: Evidence from Phylogeny, Ontogeny, Neuropsychology, and
    Mental Illness(인지적 공감은 자기 인지를 미리 가정한다 : 계통발생, 개체발생, 신
    경심리학, 그리고 심리적인 병)", in: *Behavioral and Brain Sciences*(행동과학과 뇌
    과학) 25. 01(2002), 36-37쪽.

60 낸시 아이젠버그 같은 연구자들은 공감과 자기통제 사이에 연관성이 있다는 주장
    을 내놓았다. 예를 들어 노마 레쉬비흐는 "정서적인 부모들의 자녀는 자기를 더 많
    이 통제하는 경향이 있다"고 확인했다. Norma D. Feshbach: "Parental Empathy
    and Child Adjustment/Maladjustment(부모의 공감과 자녀의 적응/부적응)", in:
    Nancy Eisenberg & Janet Strayer(ed.): *Empathy and Its Development*(공감과
    그 발전), Cambridge: Cambridge UP, 1987, 271-291쪽, 286쪽. June P. Tangney,
    Roy F. Baumeister & Angie Luzio Boone: "High Self-Control Predicts Good
    Adjustment, less Pathology, Better Grades, and Interpersonal Success(고도
    의 자기통제에는 좋은 적응, 적은 병리현상, 더 나은 성적, 그리고 대인관계의 성공
    이 예상된다)", in: *Journal of Personality*(저널 오브 퍼스널리티) 72. 2(2004), 271-
    324쪽. Nancy Eisenberg, Richard A. Fabes, Stephanie A. Shepard, Bridget
    C. Murphy, Ivanna K. Guthrie, Sarah Jones, Jo Friedman, Rick Poulin &
    Pat Maszk: "Contemporaneous and Longitudinal Prediction of Children's
    Social Functioning from Regulation and Emotionality(규제와 정서적인 면에
    서 나오는 아동의 사회적 기능화에 대한 동시적이고 장기적인 예측)", in: *Child
    Development*(아동 발달) 68, Nr. 4(1997), 642-664쪽. Jean Decety: "Dissecting
    the Neural Mechanisms Mediating Empathy(신경 메커니즘의 명상적 공감에 대
    한 해부)", in: *Emotion Review*(이모션 리뷰) January 3(2011), 92-108쪽.

어떤 저자들은 여기서 조속하게 자기통제는 공감과 직접 연결되며, 아마도 그것이 전제가 된다는 인과성을 결론지었다. 그러나 그보다 훨씬 더 느슨한 관계도 생각해볼 수 있다. 자기통제를 더 잘하는 아이들은 긴장이 덜하며 내면의 시스템을 길들이는 데도 그리 많은 에너지가 필요하지 않다. 그것은 그들에게 공감처럼 정신적으로 힘이 드는 다른 일에 몰두할 심적인 에너지를 제공한다.

그러나 최근의 연구들은 자기통제와 공감 간의 긍정적인 관계에 대해 어느 정도 회의적이고, 오히려 자기통제가 높아질수록 공감이 약해지는 것을 발견했다. 두 가지 실험에서 실험 참가자들은 다른 사람들에게서 자기통제가 어떻게 이루어지는지 관찰했다. 다른 사람들의 시각을 (정서적으로) 채택한 실험 참가자들은 시각의 변화 없이 단순히 관찰한 참가자들보다 실험 후에도 자기통제가 되지 않았다. Joshua M Ackerman, Noah J. Goldstein, Jenessa R. Shapiro & John A. Bargh: "You Wear Me Out: The Vicarious Depletion of Self-Control(너는 나를 지치게 한다 : 자기통제의 간접적인 소모)", in: *Psychological Science*(심리과학) 20, Nr. 3(2009), 326-332쪽. 이런 논제들이 어느 정도 일치될 수 있는지는 분명하지 않다. 아마 마지막 실험은 자기통제 이후에 (공감이 아닌) 긴장 완화가 필요한 소모 효과를 보여주는 듯하다. 소모 과정이 하나의 역할을 한다면 이것 역시 자기통제와 공감은 상호 부정적으로 관련되어 있음을 암시할 수 있다.

61 Leiberg & Silke Anders: "The Multiple Facets of Empathy: A Survey of Theory and Evidence(공감의 다양한 측면들)", in: *Progress in Brain Research*(뇌 연구의 진행 과정) 156(2006), 419-440쪽.

제1장 자아 상실

1 Arthur Schopenhauer: *Zur Ethik*(윤리학에 대하여), 211항.

2 206항의 목적은 본질적으로 '동정'과 공감에 대해 다루는 것이고, 또 모든 진술이 공감과 관련될 수 있다는 또 다른 주장에 대해서는 다음 글들을 읽으면 알 수 있다. 객관적인 인간이 관찰하는 것으로는 존재, 인간, 인간적인 행위가 있다. 니체는 나중에 저서 『이 사람을 보라(Ecce Homo)』에서 『선악의 저편』의 논제를 몇 마디로 요약하면서 207항의 "예를 들면 그 유명한 '객관성'"과 "고통을 겪는 모든 것에 대한 동감"을 좀 더 분명히 설명하고 있다. Friedrich Nietzsche: *Sämtliche Werke: kritische Studienausgabe*(전집, 비판적 연구판. 약칭 : KSA), Giorgio Colli & Mazzino Montinari(ed.): München: Deutscher Taschenbuch Verlag, 1988, Bd. 6, 351쪽.

3 Friedrich Nietzsche, KSA 5, 134-137쪽.

4 니체가 여기서 설명하는 것처럼 객관적인 인간의 전형은 19세기의 "과학적인 자아"의 유형에 접근하고 있다. 이런 유형을 로렌 대스턴과 피터 갤리슨은 "그의 강한 의지가 자아를 수동적으로 각인하는 기계로 축소하기 위해 자신의 내면을 향해 지칠 줄 모르고 작업을 하는 자"라고 특징짓고 있다. Lorraine Daston & Peter Galison:

Objektivität(객관성), Frankfurt/M.: Suhrkamp, 2007, 47쪽.

5   하인츠 슐라퍼는 니체가 '나'를 병리학적으로 평가절상한 것에 대해 다음 저서에서
자세히 설명하고 있다. Heinz Schlaffer: *Das entfesselte Wort. Nietzsches Stil und
seine Folgen*(족쇄가 풀린 언어, 니체의 문체와 그 결과들), Munchen: Carl Hanser,
2007, 122-140쪽.

6   프리드리히 키틀러는 니체에게 기술적인 장치가 얼마나 중요한지를 주장했다.
Friedrich A. Kittler: *Aufschreibesysteme 1800/1900*(기록 시스템 1800/1900),
Munchen: Fink, 1985.

7   당시에 사진 같은 기술 장치들을 사용해서 유령이나 정령들을 추적해보려는 시도도
있었다. Bernd Stiegler: *Spuren, Elfen und andere Erscheinungen. Conan Doyle
und die Photographie*(흔적, 정령과 다른 현상들. 코넌 도일과 사진), Frankfurt/M.:
Fischer, 2014.

8   이런 인물의 경우에는 이른바 '적극적인 청취'의 기술에 대해서만 생각할 수 있
다. 즉 그 기술은 청취하는 권위적 인물이 상대방을 방해되는 외부의 영향으로부
터 배제함으로써 그를 자유롭게 할 '거울 표면'으로 자신을 변화시키는 전략이
다. 거기서는 상대방의 말과 행위의 배후를 추측하는 사람의 정서가 더 이상의 판
단 없이 상대방에게 '반사된다'. 이때 상대방은 오직 자기 자신과만 직면해야 한
다. 수사학의 역사에서 적극적인 청취는 자신의 영향력을 키우기 위해서가 아니라
그것을 배제하기 위해서만 사용되어야 하는 순간에 강조된다. Christoph Paret:
"Aktives Zuhören oder Reden, um nicht füreinander da zu sein-Thomas
Gordon und die Verwandlung von Autoritätspersonen in gesprächige
Projektionsflächen(서로를 위해 있지 않기 위한 적극적 청취나 연설-토머스 고든
과, 대화적인 투사 표면 속에서의 권위적 인물들의 변화)", 출간되지 않은 원고. 니체
가 암시하는 좀 더 공격적인 해방의 기술에 대해서는 다음을 참조하라. Christoph
Paret: "Habe die Wut, dich deines eigenen Verstandes zu bedienen!' Über
Empörung als emanzipative Psychotechnik!('너 자신의 오성을 사용하기 위해
분노하라!' 해방적인 심리 기술로서의 분노에 대하여)", in: Alexandra Schwell &
Katharina Eisch-Angus(ed.): *Der Alltag der (Un)Sicherheit. Ethnographisch-
kulturwissenschaftliche Perspektiven auf die Sicherheitsgesellschaft*(안전과 불안
의 일상. 안전 사회에 대한 인종학적·문화적 시각), Berlin: Panama, 2017.

9   폴 드 맹은 니체에 관한 강의에서 니체가 먼저 자신을 인식하고 그런 다음에는 바
로 오류를 저지른 것처럼 단순히 '모른다'는 것을 선언적인 무지 또는 다른 형태
의 확실성으로 증명하려 해서는 안 된다고 지적했다. Paul de Man: "Rhetorik der
Persuasion(Nietzsche)(설득의 수사학, 니체)", in: Paul de Man: *Allegorien des
Lesens*(읽기의 우의), Frankfurt/M.: Suhrkamp, 1988, 164-178쪽.

10 Peter Carruthers: "How We Know Our Own Minds: The Relationship
between Mindreading and Metacognition(우리는 어떻게 우리 자신의 마음을
아는가 : 마음 읽기와 상위 인지의 관계)", in: *Behavioral and Brain Sciences*(행

동과학과 뇌과학), 32. 02(2009), 121-138쪽. Gordon G. Gallup & Steven M. Platek: "Cognitive Empathy Presupposes Self-Awareness: Evidence from Phylogeny, Ontogeny, Neuropsychology, and Mental Illness(인지적 공감은 자아 인식을 예상한다 : 계통발생론, 개체발생론, 신경심리학, 그리고 정신병에서 나온 증거)", in: *Behavioral and Brain Sciences*(행동과학과 뇌과학), 25. 01(2002), 36-37쪽.

11 Peter J. Burgard(ed.): *Nietzsche and the Feminine*(니체와 여성적인 것), Charlottesville: University of Virginia Press, 1994.

12 Friedrich Nietzsche, KSA 6, 275쪽.

13 니체는 '연민'이 자체적으로 유용한 목적에 이용된다고 주장한다. 우리는 동정심이 있는 인간으로서 스스로를 우월하다고 여기고 우리가 다른 사람들을 도와주므로 선하다고 느끼기 때문이다. 우리의 연민은 다른 사람의 고통과는 다른 고통을 불러온다. 이에 따라 니체는 또 다른 저서 『아침놀』에서 연민을 좋은 것으로 보고 이기주의를 나쁜 것으로 여기는 잘못된 가치의 선례先例를 수정하기 시작한다.

니체가 다루는 몇몇 긍정적인 연민 중에 하나는 예외적인 특성을 보여준다. 즉 "우리의 연민은 더 고차적이고 멀리 보는 연민이다. 우리는 인간이 어떻게 자신을 축소시키고 어떻게 너희들이 그를 축소시키는지 본다!"라고 설명하고 있다(『선악의 저편』 225항, KSA 5, 160쪽). 여기서의 연민은 선하다. 왜냐하면 그것은 연민에 의해 드러난 인간에 대한 성찰을 불러오기 때문이다. 그런 점에서 그것은 부차적인 연민이다. 니체는 다음과 같이 설명하고 있다. "그대들의 동정이란 '인간 안에 있는 피조물'에 해당되며, 형성되고 부서지고 단련되고 찢기고 불태워지고 달구어지고 정련되어야만 하는 사람에게 해당되는 것이다. […] 그리고 우리의 동정은 […] 모든 유약함과 허약함 가운데 최악의 것인 그대들의 동정에 지향할 때, 우리의 이 동정이 누구에게 적용되는지 그대들은 이해하지 못하는가?"(『선악의 저편』 225항; KSA 5, 161쪽).

14 Friedrich Nietzsche: KSA 5, 270쪽 이하.

15 "잘 태어난 사람들은 바로 자신들을 '행복한 사람들'로 느꼈다. 즉 그들은 적들을 바라봄으로써 그들의 행복을 인위적으로 만들어낸 것이 아니다."(Friedrich Nietzsche, KSA 5, 272쪽).

16 Friedrich Nietzsche: KSA 5, 274쪽.

17 니체는 닭이 먼저인가 달걀이 먼저인가라는 문제를 스스로 제기했다. 이에 대해서는 222항을 참조하라. "오늘날 동정에 대해 설교하고 있는 곳에서 […], 심리학자는 […] 자신에 대한 경멸을 듣게 된다." (KSA 6, 156쪽).

18 Rainer Nagele: *Reading after Freud: Essays on Goethe, Hölderlin, Habermas, Nietzsche, Brecht, Celan, and Freud*(프로이트 식으로 읽기 : 괴테, 횔덜린, 하버마스, 니체, 브레히트, 첼란, 그리고 프로이트에 관한 에세이), New York, Columbia University Press, 1987.

19 Brief an Louis Bourget vom 3. Januar 1714(1714년 1월 3일에 루이 부르제에게 보낸 서한), in: *Gottfried Wilhelm Leibniz: Sämtliche Schriften und Briefe*(고

트프리트 빌헬름 라이프니츠 : 저서와 서한 전집) (Akademie-Ausgabe), Berlin: Akademie-Verlag, 2011, Abt. III, Bd. 7, 10쪽.

20 Fritz Breithaupt: *Kulturen der Empathie*(공감의 문화), Frankfurt/M: Suhrkamp, 2009.

21 Peter Carruthers: "How We Know Our Own Minds(우리는 어떻게 우리 자신의 마음을 아는가)."

22 *Personality and Social Psychology Review*(인격과 사회심리학 리뷰), 2010, 180-198쪽.

23 더구나 이런 결과들은 지난 수년간 미국의 젊은이들과 나눈 수많은 인터뷰 결과에 의해 뒷받침되고 있다. 인터뷰 결과, 많은 젊은이가 도덕적인 문제를 도덕적인 문제로 인식하지 못했다. 예를 들면 인격적이고 도덕적인 질문을 받은 젊은이들은 단순히 자신이 하숙비를 내야 하는지 아닌지와 같은 경제적인 답변을 내놓았다. Christian Smith, Kari Christoffersen, Hilary Davidson & Patricia Snell Herzog: *Lost in Transition: The Dark Side of Emerging Adulthood*(전환에서의 상실 : 성인화 과정의 어두운 면), Columbus, Ohio: Ohio UP, 2011.

24 Mark H. Davis: "A Multidimensional Approach to Individual Differences in Empathy(공감에 있어서 개인적 차이에 대한 다차원적 접근)", 1980, 85-101쪽. Mark H. Davis: "Measuring Individual Differences in Empathy: Evidence for a Multidimensional Approach(공감에서 개인적 차이에 대한 측정 : 다차원적 접근에 대한 증거)", in: *Journal of Personality and Social Psychology*(인격과 사회심리학 저널) 44, Nr. 1(1983), 113-126쪽.

25 Konrath et al: "Changes inDispositional Empathy in American College Students over Time: A Meta-Analysis(시간의 흐름에 따른 미국 대학생들 내 특성적 공감의 변화)", 180쪽.

26 같은 책, 181쪽 참조.

27 Singer et. al.: "Empathic Neural Responses are Modulated by the Perceived Fairness of Others(공감적인 신경 반응은 다른 사람들이 감지한 공정성에 의해 조율된다)."

28 Mark H. Davis: "A Multidimensional Approach to Individual Differences in Empathy(공감에서 개인적 차이에 대한 다차원적 접근)." 또 다음에서 인용했다. Konrath et al: "Changes in Dispositional Empathy in American College Students over Time: A Meta-Analysi…(시간의 흐름에 따라 미국 대학생들이 보이는 공감의 변화, 메타 분석)", 187쪽.

29 같은 책, 184쪽.

30 Konrath et al: "Changes in Dispositional Empathy in American College Students over Time: A Meta-Analysis(시간의 흐름에 따라 미국 대학생들이 보이는 공감의 변화, 메타 분석)", 183쪽.

31 Lynn Avery Hunt: *Inventing Human Rights: A History*(인간의 권리를 고안해내

다 : 그 역사), New York: WW Norton & Company, 2007. 18세기의 많은 지식인들
은 소설이 젊은이들을 나르시시즘으로 이끌지 않을까 두려워했다. 괴테의 소설『젊은
베르테르의 슬픔』을 생각해보라. 독일 작가 칼 필립 모리츠는 자전적 소설『안톤 라이
저』에서 자신이 어떻게 은밀히 독서의 해독에 빠지는지를 자세히 묘사했다.

32 공감과 자기 관여는, 예컨대 대인관계 반응 척도가 가정하는 것처럼 단순히 기능상
의 대립이 아니라, 어느 정도 상호 조건이 된다. 이미 '서문'에서 암시했듯이 실제로
일련의 연구는 자기통제와 공감 사이에 관련이 있다는 것을 확인했다. Norma D.
Feshbach: "Parental Empathy and Child Adjustment/Maladjustment(부모의 공
감과 자녀의 적응/부적응)."

33 Joseph M. Carver: "Love and Stockholm Syndrome: The Mystery of Loving
an Abuser(사랑과 스톡홀름 증후군 : 인질에 대한 사랑의 미스터리)", 2007. http://
drjoecarver.makeswebsites.com/clients/49355/File/love_and_stockholm_
syndrome.html, 마지막 검색일 2016년 6월 15일.

34 일반적인 결혼과 가족의 역사에 대해서는 다음을 참조하라. Philippe Aries,
Michelle Perrot & Georges Duby: *Geschichte des privaten Lebens*(개인 생활의
역사), Frankfurt/Main: Fischer, 1989-1993.

35 Ernst Kantorowicz: *The King's Two Bodies. A Study in Mediaeval Political
Theology*(왕의 두 개의 몸, 중세의 정치적 신학 연구), Princeton: Princeton UP,
1957.

36 Alain Badiou: *Paulus: Die Begrundung des Universalismus*(바울, 보편주의의 설
립), Berlin, Diaphanes Verlag, 2002.

37 여기서의 분명한 주장은 니클라스 루만이 전에 따라잡을 수 없는 거리두기로서의
관찰에 대해 이야기한 것을 상기시킨다. Niklas Luhmann: "Sthenographie und
Euryalistik(스테노와 유리아 이론)"*, in: Hans Ulrich Gumbrecht & Ludwig
Pfeiffer(발행): *Paradoxien, Dissonanzen, Zusammenbrüche: Situationen
offener Epistemologie*(역설, 불협화음, 붕괴 : 열린 인식론의 상황들), Frankfurt/M.:
Suhrkamp, 1991, 58-82쪽.

38 Melissa Ann Birkett: "Self-Compassion and Empathy across Cultures:
Comparison of Young Adults in China and the United States(문화를 가로지
른 자기 연민과 공감 : 중국과 미국의 젊은 성인들에 대한 비교)", in: *International
Journal of Research Studies in Psychology*(국제 심리학 연구 저널) 3. 1(2013),
25-34쪽.

39 형제자매들이 공감에 긍정적으로 영향을 미친다는 점에 대해서는 다음을 참조하
라. Corinna Jenkins Tucker, Kimberly A. Updegraff, Susan M. McHale & Ann
C. Crouter: "Older Siblings as Socializers of Younger Siblings' Empathy(어

---

* 위의 논문 제목에 나오는 '스테노'와 '유리아'는 둘 다 그리스 신화에 등장하는, 머리카락이 뱀인 세 자매
괴물(고르곤) 중 두 명이다. 둘 다 정상적으로 사물을 바라보지 못하게 하는 기능을 한다 - 옮긴이

린 형제자매들을 사회화하는 나이가 더 많은 형제자매들)", in: *The Journal of Early Adolescence*(이른 청소년기에 대한 저널) 19, no. 2(1999), 176-198쪽.

40 경제적인 복지는 사라 콘라트에 의해 공감에 부정적인 것으로 확인되기도 했다. Konrath et al: "Changes in Dispositional Empathy in American College Students over Time: A Meta-Analysis(시간의 흐름에 따른 미국 대학생들 내 특성적 공감의 변화)."

41 스티븐 F. 마일러(Stephen F. Myler)는 1인 자녀 정책과 인구과잉이 가져오는 효과를 상기시킨다. "Chinese Cultural Lack of Empathy in Development(중국 문화 발전에 있어서의 공감 부족)", http://www.academia.edu/3620724/Chinese_Lack_of_Empathy_in_Development, 마지막 검색일 2015년 1월 15일.

42 N. Enz, N. Zoll: "Cultural Differences in Empathy between China, Germany and the UK(중국, 독일, 그리고 영국 간 드러나는 공감에서의 문화적 차이들)", www.nicve.salford.ac.uk/elvis/resources/empathy, 마지막 검색일 2006년 11월 23일.

제2장 공감, 이원론적 세계관의 기초가 되다

1 Hannah Arendt: *Eichmann in Jerusalem. Ein Bericht von der Banalität des Bösen*(예루살렘의 아이히만. 악의 평범성에 대한 보고), München, Zürich: Piper, 2011, 195쪽.

2 Gustav Ahoda: "Theodor Lipps and the Shift from 'Sympathy' to 'Empathy'(테오도어 립스와 '동감'으로부터 '공감'으로의 전환)", in: *Journal of the History of the Behavioral Sciences*(행동과학의 역사 저널) 41(2005), 151-163쪽.

3 Malika Maskarinec: *Balancing Acts: The Acrobatics of Form and Force from 1900 to 1930*(균형을 잡는 행위들 : 1900~1930년까지의 형태와 힘의 곡예들), 미발표 박사학위논문.

4 Wilhelm Worringer: *Abstraktion und Einfühlung. Ein Beitrag zur Stilpsychologie*(감정이입과 추상 : 양식의 심리학에 관한 기여), 1907, Helga Grebing(발행인), München: Fink, 2007, 72쪽.

5 David Freedberg & Vittorio Gallese: "Motion, Emotion and Empathy in Esthetic Experience(미학적 체험에 있어서의 동작, 정서, 그리고 공감)", in: *Trends in Cognitive Sciences*(인지과학의 경향들) 11, Nr. 5(2007), 197-203쪽.

6 Christiane Voss: "Einfühlung als epistemische und asthetische Kategorie bei Hume und Lipps(흄과 립스에게 있어 인식론적 미학적 범주로서의 감정이입)", in: Robin Curtis & Gertrud Koch(발행), *Einfühlung. Zu Geschichte und Gegenwart eines asthetischen Konzepts*(감정이입. 미학적 구상의 역사와 현재에 대하여), München: Fink, 2009, 31-47쪽: 43쪽.

7   Daniel C. Batson: "These Things Called Empathy(공감이라 불리는 이런 일들)."

8   Stephanie D. Preston & Frans de Waal: "Empathy: Its Ultimate and Proximate Bases(공감 : 그 궁극적이고 가장 가까운 근거들)."

9   Mazzocco et al.: "This Story is not for everyone(이 이야기는 모두를 위한 것은 아니다)."

10   Elizabeth A. Shirtcliff, Michael J. Vitacco, Alexander R. Graf, Andrew J. Gostisha, Jenna L. Merz & Carolyn Zahn-Waxler: "Neurobiology of Empathy and Callousness: Implications for the Development of Antisocial Behavior(공감과 냉담함의 신경생물학 : 반사회적 행동의 발전에 대한 암시)", in: *Behavioral Sciences & the Law*(행동과학과 법) 27, Nr. 2(2009), 137-171쪽.

11   Marco Iacoboni: "Imitation, Empathy, and Mirror Neurons(모방, 공감, 그리고 거울신경세포)", in: *Annual Review of Psychology*(심리학 연감) 60(2009), 653-670쪽.

12   Vittorio Gallese: "The 'Shared Manifold' Hypothesis. From Mirror Neurons to Empathy('공유된 다기관' 가설. 거울신경세포에서 공감에 이르기까지)", in: *Journal of Consciousness Studies*(의식 연구 저널) 8.5-6(2001), 33-50쪽. Vittorio Gallese: "Die mannigfaltige Natur zwischenmenschlicher Beziehungen. Die Suche nach einem gemeinsamen Mechanismus(인간들 사이의 관계의 다양한 성질. 공통된 메커니즘을 찾아서)", in: Claudia Breger, Fritz Breithaupt(발행): *Empathie und Erzählung*(공감과 이야기), Freiburg: Rombach, 2010, 21-52쪽.

13   히콕(Hickok)은 거울신경세포에 대한 과도한 기대에 반대하고 있다. *The Myth of Mirror Neurons*(거울신경세포의 신화).

14   Jody Lynee Madeira: "Lashing Reason to the Mast: Understanding Judicial Constraints on Emotion in Personal Injury Litigation(돛대를 억제하는 이유 : 신체적 상해 소송에 있어 정서에 대한 사법적인 제약의 이해)", in: *UC Davis Law Review*(UC 데이비스 법률 리뷰) 40, Nr. 137(2006).

15   Ezequiel Gleichgerrcht & Jean Decety: "Empathy in Clinical Practice: How Individual Dispositions, Gender, and Experience moderate Empathic Concern, Burnout, and Emotional Distress in Physicians(임상 실습에서의 공감 : 의사들에게 있어 개인적 성향, 성별, 그리고 경험이 공감적인 배려와 극도의 피로 그리고 정서적 고통을 절제하는 방법)", in: *PLoS One* 8.4(2013).

16   이에 대한 또 다른 주장이나 단초에 대해서는 다음을 참조하라. Aleida Assmann & Ines Detmers(발행): *Empathy and its Limits*(공감과 그 한계), New York: Palgrave, 2016.

17   몇몇 연구가 성별에 따른 현저한 차이를 확인해주었다. 그중 타냐 싱거의 연구에 따르면 남성들은 범법자가 처벌받는 것을 보고도 공감을 훨씬 적게 했다(기능적 자기공명영상으로 뇌의 활동을 측정한 결과다). 그에 반해 여성들은 범법자가 신체적으로 처벌받는 것을 보고 공감을 보였지만, 죄 없이 처벌받는 사람을 대할 때보다

는 공감의 집중도가 떨어졌다. Singer et al.: "Empathic Neural Responses are Modulated by the Perceived Fairness of Others(공감적인 신경의 반응은 다른 사람들의 공정성에 대한 감지에 의해 조율된다)."

18 Jonathan Haidt: *The Righteous Mind: Why Good People are Divided by Politics and Religion*(올바른 마음 : 왜 좋은 사람들은 정치와 종교에 의해 나뉘는가), New York: Vintage, 2012.

19 이에 관한 언어의 역할에 대해서는 다음 연구를 참조하라. Arbeiten von Eva-Maria Engelen: "Innenleben und Dialog(내면 생활과 대화)", in: *Paragrana* 24, Nr. 2(2015), 177-190쪽.

20 예컨대 안토니오 다마시오의 의미대로 설명되는 의식意識 이전의 과정들에 대해서는 다음을 참조하라. Antoine Bechara, Hanna Damasio, Daniel Tranel & Antonio R. Damasio: "Deciding Advantageously before Knowing the Advantageous Strategy(유리한 책략을 알기 이전에 유리하게 결정하기)", in: *Science*(사이언스) 275, Nr. 5304(1997), 1293-1295쪽.

21 Guo, Xiuyan, Li Zheng, Wei Zhang, Lei Zhu, Jianqi Li, Qianfeng Wang, Zoltan Dienes & Zhiliang Yang: "Empathic Neural Responses to Others' Pain Depend on Monetary Reward(다른 사람의 고통에 대한 공감적 신경세포의 반응은 금전적인 보상에 좌우된다)", in: *Social Cognitive and Affective Neuroscience*(사회인지적, 그리고 정서적 신경과학)(2011).

22 Dennis Krebs: "Empathy and Altruism(공감과 이타주의)", in: *Journal of Personality and Social Psychology*(인격과 사회심리학 저널) 32. 6(1975), 1134쪽. Claus Lamm, Andrew N. Meltzoff & Jean Decety: "How do We Empathize with Someone who is not like Us? A Functional Magnetic Resonance Imaging Study(우리와 같지 않은 누군가에 대해 우리는 어떻게 공감하는가? 자기공명영상연구)", in: *Journal of Cognitive Neuroscience*(인지적 신경과학 저널) 22. 2(2010), 362-376쪽.

23 M. A. Preis & B. Kroener-Herwig: "Empathy for Pain: The Effects of Prior Experience and Sex(고통에 대한 공감 : 예전의 체험과 섹스의 효과)", in: *European Journal of Pain*(유럽 고통 저널) 16. 9(2012). Michael E Robinson & Emily A. Wise: "Prior Pain Experience: Influence on the Observation of Experimental Pain in Men and Women(예전의 고통 체험 : 남성과 여성에 있어 실험적 고통의 체험에 미치는 영향)", in: *The Journal of Pain*(고통 저널) 5. 5(2004), 264-269쪽. Y Cheng et al.: "Expertise Modulates the Perception of Pain in others(전문 지식은 다른 사람들의 고통에 대한 감지를 조절한다)", in: *Current Biololgy*(현재의 생물학)17 (2007), 1708-1713쪽. Jakob Eklund, Teresi Andersson-Straberg & Eric M. Hansen: "I've also experienced Loss and Fear: Effects of Prior Similar Experience on Empathy(나도 역시 상실과 공포를 체험했다 : 예전의 유사한 경험이 공감이 미치는 효과)", in: *Scandinavian*

Journal of Psychology(스칸디나비아 심리학 저널) 50, Nr. 1(2009), 65-69쪽. Lisbet Goubert et al.: "Facing others in Pain: The Effects of Empathy(고통을 겪는 다른 사람들 바라보기)", in: *Pain*(고통) 118, Nr. 3(2005), 285-288쪽.

24 이런 생각을 뒷받침해줄, 유경험 또는 무경험 관찰자들의 차이에 대해서는 다음을 참조하라. Mira A. Preis, Carsten Schmidt-Samoa, Peter Dechent & Birgit Kroener-Herwig: "The Effects of Prior Pain Experience on Neural Correlates of Empathy for Pain: An fMRI study(예전의 고통 체험이 고통에 대한 공감의 신경적인 연관성에 미치는 영향 : 기능적 자기공명영상 연구)", in: *Pain*(고통) 154, Nr. 3(2013), 411-418쪽.

25 Stephanie Preston & Frans de Waal: "Empathy(공감)."

26 Elaine Hatfield, John T. Cacioppo & Richard L. Rapson: *Emotional Contagion*(정서적인 감염), Cambridge: Cambridge UP, 1994.

27 Vittorio Gallese: "The 'Shared Manifold' Hypothesis. From Mirror Neurons to Empathy('공유된 다기관' 가설. 거울신경세포에서 공감에 이르기까지)."

28 Hatfield, Cacioppo & Rapson: *Emotional Contagion*(정서적인 감염), 5쪽. 정서적 감염의 구상에 대한 더 많은 확대 설명에 대해서는 다음을 참조하라. Hillary Anger Elfenbein: "The Many Faces of Emotional Contagion. An Affective Process Theory of Affective Linkage(정서적 감염의 수많은 얼굴. 정서적 연결에 관한 정서적 과정 이론)", in: *Organizational Psychology Review*(유기적 심리학 리뷰), 2014, 177-190쪽.

29 급성 통증과 만성 통증의 관찰에 대해서는 다음을 참조하라. Miiamaaria V. Saarela, Yevhen Hlushchuk, Amanda C. de C. Williams, Martin Schurmann, Eija Kalso & Riitta Hari: "The Compassionate Brain: Humans Detect Intensity of Pain from another's Face(동정하는 뇌 : 다른 사람의 얼굴에서 고통을 발견하는 인간의 집중력)", in: *Cerebral Cortex*(대뇌피질)17, Nr. 1(2007), 230-237쪽.

30 이런 식으로 자기 상실이 시간적으로 정해져서 일어난다. 자아로의 귀환은 픽션과 그것을 수용하는 사람 사이에서 이루어지는 계약의 일부다. Breithaupt: *Kulturen der Empathie*(공감의 문화들). Keen: *Empathy and the Novel*(공감과 소설).

31 Fritz Breithaupt: "Three-Person Model of Empathy(공감의 3인 관계 모델)", in: *Emotion Review*(정서 리뷰) 4. 1(2012), 84-91쪽. 이에 앞서 다음을 참조하라. Breithaupt: *Kulturen der Empathie*(공감의 문화들).

32 Alicia P. Melis, Felix Warneken & Brian Hare: "Collaboration and Helping in Chimpanzees(침팬지에게 있어 협력과 도움)", in: Elizabeth V. Lonsdorf et al.(발행). *The Mind of the Chimpanzee: Ecological and Experimental Perspectives*(침팬지의 마음 : 생태계적 관점들과 실험적 관점들), Chicago: Chicago UP, 2010, 278-393쪽. Frans de Waal: *Chimpanzee Politics*(침팬지 정책), Baltimore: Johns Hopkins University UP, 1998.

33 이런 생각은 도덕에 있어서, 그리고 조너선 하이트(Jonathan Haidt)가 설명한 대여

섯 가지의 도덕적인 직관에 있어서 중심적인 역할을 한다. 하이트가 연구한 실상은 도덕적 판단들이 합리적이라기보다는 오히려 '직관적'이라는 점을 시사한다. 그러나 편들기와 공감의 관계는 이 연구들에서는 지금까지 잘 밝혀지지 않았다. 어쨌든 "권위에 속하는 것"과 "충성심"에 대한 도덕적인 직관은 사회적인 집단의 역학이 이런 직관들의 근원 가운데 하나일 수도 있다는 것을 시사한다.

34 Daniel C. Batson, Tricia R. Klein, Lori Highberger & Laura L. Shaw: "Immorality from Empathy-Induced Altruism: When Compassion and Justice Conflict(공감에서 유발된 이타주의의 비도덕성 : 동정과 정의가 갈등을 빚을 때)", in: *Journal of Personality and Social Psychology*(인격과 사회심리학 저널) 68, Nr. 6(1995), 1042-54쪽. 이런 효과는 예컨대 다른 집단들에 대한 편견 극복에 다시 이용될 수 있다. 일단 다른 관점을 취한 사람은 다른 사람들을 자신의 집단에 동화시키는 가운데 긍정적인 생각을 펼칠 수 있다. Adam D. Galinsky & Gillian Ku: "The Effects of Perspective-Taking on Prejudice: The Moderating Role of Self-evaluation(관점을 취하는 일이 편견에 작용하는 효과 : 자기 평가의 조정 기능)", in: *Personality and Social Psychology Bulletin*(인격과 사회심리학 회보) 30, Nr. 5(2004), 594-604쪽. 그러나 이 같은 긍정적인 효과도 한계가 있다. 그에 대해서는 북아일랜드 학교에서 실시한 실험을 통해서 보게 될 것이다.

35 Alexander Todorov, Manish Pakrashi & Nikolaas N. Oosterhof: "Evaluating Faces on Trustworthiness after Minimal Time Exposure(단시간 노출 후에 신뢰할 만한 얼굴 평가하기", in: *Social Cognition*(사회적 인지) 27.6(2009), 813-833쪽.

36 Stephen Porter, Leanne ten Brinke & Chantal Gustaw: "Dangerous Decisions: The Impact of First Impressions of Trustworthiness on the Evaluation of Legal Evidence and Defendant Culpability(위험한 결정들 : 신뢰가능성에 대한 첫 인상이 법적 증거와 피고의 과실에 대한 평가에 미치는 영향)", in: *Psychology, Crime & Law*(심리학, 범죄와 법률) 16. 6(2010), 477-491쪽.

37 여기 나오는 '경향'이라는 개념은 정신을 지닌 존재의 모든 행위가 외부인에 의해 여러 가지 방식으로 설명될 수 있다는 앤스콤(G. E. M. Anscombe)의 주장에 토대를 두었다. G. E. M. Anscombe: *Intention*(의도), Cambridge, MA: Harvard UP, 1957.

38 Fritz Breithaupt: "The Three-Person Model of Empathy(공감의 3인 관계 모델)."

39 이런 구별들 중 몇 가지에 대해서는 '서문'과 다음을 참조하라. Daniel Batson: "These Things Called Empathy(공감이라 불리는 이 일들)." Susanne Leiberg & Silke Anders: "The Multiple Facets of Empathy(공감의 다양한 측면들)."

40 또는 안토니오 데마시오가 주장하듯이 이는 적어도 우리가 배운 태도와 직관들에는 일치한다. Antonio R. Damasio: *Descartes' Irrtum: Fühlen, Denken und das menschliche Gehirn*(데카르트의 오류 : 느끼기, 생각하기, 그리고 인간의 뇌), Berlin: Ullstein, 2014.

41 Gerd Gigerenzer & Peter M. Todd: *Simple Heuristics that Make Us Smart*(우리

를 멋지게 만드는 단순한 발견 방식들), Oxford: Oxford University Press, 1999.

42 Robert Kurzban, Peter DeScioli & Erin O'Brien: "Audience Effects on Moralistic Punishment(도덕적 처벌에 미치는 청중의 영향)", in: *Evolution and Human Behavior*(진화와 인간의 행동) 28. 2(2007) 75-84쪽.

43 유사할 수 있는 것의 범위에 대해서는 다음을 참조하라. Vittorio Gallese: "The Shared Manifold Hypothesis(공유하는 다양한 가정들)." Tania Singer: "Understanding others: Brain Mechanisms of Theory of Mind and Empathy(다른 사람들을 이해하기 : 마음 이론과 공감의 뇌 메커니즘)", in: *Neuroeconomics: Decision Making and the Brain*(신경경제학 : 결정하기와 두뇌), 2009, 251-268쪽. Breithaupt: *Kulturen der Empathie*(공감의 문화들), 22-25쪽.

44 Claus Lamm, Andrew N. Meltzoff & Jean Decety: "How do We Empathize with someone who is not like Us? A Functional Magnetic Resonance Imaging Study(우리는 우리와 같지 않은 누군가에 대해 어떻게 공감을 하는가? 기능적 자기 공명영상 연구)", in: *Journal of Cognitive Neuroscience*(인지적 신경과학 저널) 22. 2(2010), 362-376쪽.

45 Robert Kurzban, Peter DeScioli & Erin O'Brien: "Audience Effects on Moralistic Punishment(도덕적 처벌에 미치는 청중의 영향)", in: *Evolution and Human Behavior*(진화와 인간의 행동) 28. 2(2007), 75-84쪽.

46 Tania Singer: "Understanding others(다른 사람들을 이해하기)", 261-62쪽.

47 Philip L. Jackson, Eric Brunet, Andrew N. Meltzoff & Jean Decety: "Empathy Examined through the Neural Mechanisms Involved in Imagining how I feel versus how You Feel Pain(네가 고통을 어떻게 느끼는가와 비교해 나는 어떻게 느끼는가에 대해 영상에 포함된 신경 메커니즘을 통해 실험된 공감)", in: *Neuropsychologia*(신경심리학) 44, Nr. 5(2006), 752-761쪽.

48 Breithaupt: *Kulturen der Empathie*(공감의 문화들), 159-60쪽.

49 연구자들은 다음과 같이 설명한다. "1년 후에 학생들은 그들의 '지도자들'을 포함해 폭넓은 역사적 주제들을 (성채들의 역사 같은) 지방사의 관점이나 일반적인 소요의 역사와 동일시했다. […] 3년이 지난 뒤에는 이렇게 동일시하는 것의 범위가 매우 좁아졌다. 즉 대다수 학생은 이제 자신들을 민족사와 동일시했다. 그리고 자신을 지방사와 동일시하는 학생들의 수는 훨씬 적어졌다." Keith C. Barton & Alan W. McCully: "Trying to 'See Things Differently': Northern Ireland Students' Struggle to Understand Alternative Historical Perspectives('사물을 다르게 보려고' 시도하기 : 대안적인 역사의 시각을 이해하려는 북아일랜드 학생들의 노력)", in: *Theory & Research in Social Education*(사회적 교육의 이론과 조사) 40:4(2012), 371-408쪽, 377쪽.

50 Keith C. Barton & Alan W. McCully: "Trying to 'See Things Differently': Northern Ireland Students' Struggle to Understand Alternative Historical Perspectives('사물을 다르게 보려고' 시도하기)", 379쪽.

51 이것 역시 바턴과 매컬리가 다룬 것이다. Keith C. Barton & Alan W. McCully: "You Can Form Your Own Point of View: Internally Persuasive Discourse in Northern Ireland Students' Encounters with History(당신은 당신 자신의 관점을 세울 수 있다 : 북아일랜드 학생들이 역사와 만남에 있어 내적으로 권유하는 담화)", in: *Teachers College Record*(교사의 대학 기록) 12:1(2010), 142-181쪽.

52 '진실과 화해 위원회'에 대한 비판적인 재구성에 관해서는 다음을 참조하라. Richard A. Wilson: *The Politics of Truth and Reconciliation in South Africa: Legitimizing the Post-Apartheid State*(남아프리카의 진실과 화해 위원회의 정책들 : 인종 차별정책 상태 이후의 합법화), New York, NY: Cambridge University Press, 2001. 수많은 인터뷰에 근거해서 윌슨은 그 위원회의 업무는 다분히 만족스럽지 못하고 일관성이 없으며 결국에는 복수의 감정을 제거하지 못했다고 주장했다.

53 Jonathan Gottschall: *The Storytelling Animal*(스토리텔링애니멀).

54 William Flesch: *Comeuppance: Costly Signaling, Altruistic Punishment, and Other Biological Components of Fiction*(마땅한 벌 : 대가가 큰 신호, 이타적인 처벌, 그리고 픽션의 또 다른 생물학적 요소들), Cambridge und London: Harvard UP, 2007.

55 제4장에서 이에 대해 다시 고찰하면서 플레시와는 다르게 남의 불행을 기뻐하는 모습에 담긴 처벌과 공감에 대해 함께 생각해볼 것이다.

56 도덕은 캐릭터들과 그의 동료 인간들에 대한 관찰을 강화하는 중요한 효과를 낳는다. 플레시는 그 전제로서 '트래킹(tracking)', 즉 특정 개인의 미래 태도에 대한 귀납적 추리를 가능하게 하는 그의 과거 행위들에 대한 기억을 강조하고 있다.

57 진화론적인 장점을 약속하는 서술과 픽션이 인간적인 것을 강조하는 것에 대해 전혀 다른 설명들이 있다. 거기에는 도덕적인 가르침 외에도 집단적인 조율, 집단적 정체성의 생성, 종교적인 고양, 사회적인 응집, 집단적인 기억의 생성, 전반적인 감시, 긴장을 완화시키는 오락, 수많은 상황에 대한 예상이 포함된다. 또 대안적인 태도 전략이나 숙고에 대한 숙달 같은 것도 생각할 수 있다. 이런 모든 가능성에 대해서는 다음을 참조하라. Fritz Breithaupt: *Kultur der Ausrede*(평계의 문화), Berlin: Suhrkamp, 2012, 60-109쪽. 그러나 이런 설명들의 목적은 선악을 분명하게 구별하려는 것이 아니므로 이와 관련해서는 그냥 넘어갈 수 있다.

58 예컨대 블라디미르 프로프는 러시아의 마법 동화에 대한 간단한 연구에서 처음에는 영웅(주인공)처럼 보이다가 나중에는 가짜 친구나 적으로 폭로되는 캐릭터를 강조했다. Vladimir Propp: *Die historischen Wurzeln des Zaubermärchens*(마법 동화의 역사적인 뿌리), München: Hanser, 1987.

59 로버트 커즈번과 그의 동료들은 이런 효과를 진화론적으로 집단의 분열을 막기 위한 도덕의 핵심 사안이라고까지 설명했다. Robert Kurzban, Peter DeScioli & Erin O'Brien: "Audience Effects on Moralistic Punishment(도덕적 처벌에 미치는 청중의 효과)", in: *Evolution and Human Behavior*(진화와 인간 행동) 28.2(2007), 75-84쪽. Peter DeScioli & Robert Kurzban: "Mysteries of Morality(도덕성의 불

가사의)", in: *Cognition*(인지) 112,2(2009), 281-299쪽.

60   Steven Pinker: *The Better Angels of Our Nature*(우리 본성의 선한 천사), 2011.

61   민족주의도 이런 식으로 고려되는 것 중의 하나다. 여기서도 마찬가지로 당파들이 조성되고 결정을 내리도록 조정되기 때문이다. Benedict Anderson: *Die Erfindung der Nation: Zur Karriere eines folgenreichen Konzepts*(민족의 날조 : 효과가 큰 구상의 이력에 대하여), Campus Verlag, 2005.

62   서술적인 사고는 여러 버전으로 표현될 수 있다. 즉 모든 것은 다른 모습으로도 발생할 수 있는 것이다. Fritz Breithaupt: *Kultur der Ausrede*(핑계의 문화).

63   Max Scheler: *Das Ressentiment im Aufbau der Moralen*(도덕의 구축에 있어서의 복수심).

64   물론 여기서 투표하는 학생들이 그들의 점수를 똑같이 균형 있게 분배하기 위해 패배자에게 위로의 대가로 공감과 관련된 상을 주었다는 것에 이의를 제기할 수도 있다. 어쩌면 그게 사실일 수도 있다. 그러나 이것 역시 흥미로운 일일 것이다. 이런 유희는 실제의 실험과는 거리가 멀고, 여기서도 단지 우리가 토론을 시작하는 데만 필요할 뿐, 증거로서는 별로 쓸모가 없다.

제3장 잘못된 공감 대 여과된 공감

1   이 제목을 붙인 것은, 예컨대 어떤 현명한 사람이 '흑인이 된다는 것은 어떤 것일까' 라고 잠시 상상하고 거기서 결론을 이끌어낼 때 법률적인 맥락에서 '잘못된 공감' 에 대해 다루기 위해서다. Richard Delgado: "Rodrigo's Eleventh Chronicle: Empathy and False Empathy(로드리고의 11번째 연대기 : 공감과 잘못된 공감)", in: *California Law Review*(캘리포니아 법 리뷰) 84, Nr. 1(1996), 61-100쪽, 70쪽. 그러나 이 장에서는 (도움이 필요한 사람에 대한) 공감과 (도움을 주는 사람과의) 동일성에 대한 혼동이 일어나고 있다. 그것을 구별하는 것이 이 장의 주제다.

2   이 내용은 세계 연구협력 센터(Centre for Global Research Cooperation)에서 했던 강연을 토대로 했다. 그 강연은 세계 연구협력 센터에서 논문 시리즈인 '세계적인 대화들(Global Dialogues)'의 초고 형태로 출간되었다. 여기서 중요한 부분들은 프랑크 아들로프(Frank Adloff), 폴커 하인스(Volker Heins), 그리고 크리스티네 운라우(Christine Unrau)의 조언을 받았다.

3   여기서는 인도주의가 단지 서구에만 있다는 주장은 하지 말아야 한다. 여기서 서구의 전통을 강조하는 것은 다만 18세기의 계몽주의에서 유래하는 문화들에만 국한된다.

4   린 헌트는 소설이라는 새로운 매체는 공감을 요구했다고 주장한다. 그 후 공감에서 인권으로 나아가는 길은 빨라졌다. Lynn Avery Hunt: *Inventing Human Rights: A History*(인간의 권리를 고안해내기 : 그 역사), New York: W.W. Norton, 2007, 38쪽.

5   Thomas W. Laqueur: "Mourning, Pity, and the Work of Narrative in the Making of 'Humanity'('인간성' 만들기에 있어서의 애도, 연민, 그리고 서술 작업)",

in: Richard Ashby Wilson & Richard D. Brown(발행): *Humanitarianism and Suffering: The Mobilization of Empathy*(인도주의와 고통 겪기 : 공감의 동원), Cambridge: Cambridge UP, 2009, 31-57쪽, 38쪽. 또 다음을 참조하라. Martha C. Nussbaum: *From Disgust to Humanity: Sexual Orientation and Constitutional Law*(혐오감에서 인도주의로 : 성적인 성향과 헌법), Oxford New York: Oxford University Press, 2010.

6 Daniel C. Batson: "The Empathy-Altruism Hypothesis: Issues and Implications(공감-이타주의 가설 : 쟁점과 함의)."

7 문학적인 공감 유발자의 목록에 관해서는 다음을 참조하라. Suzanne Keen: *Empathy and the Novel*(공감과 소설).

8 Andrew Hamilton & Fritz Breithaupt: "These Things Called Event: Toward a Unified Narrative Theory of Events(사건이라 불리는 이런 일들 : 사건의 통합된 서술 이론을 향하여)", in: *Sprache und Datenverarbeitung*(SDV)(언어와 정보처리) 37(2013), 65-87쪽.

9 Jerome Bruner, Making Stories: *Law, Literature, Life*(법, 문학, 생활), Cambridge, Mass.: Harvard University Press, 2003.

10 Blakey Vermeule: *Why do We Care about Literary Characters?*(왜 우리는 문학적인 캐릭터에 관여하는가?).

11 서술하고 이야기하는 일은 공감에만 적당한 것이 아니라 심리적인 동일성의 창출과도 가깝다. Bruner: *Making Stories*(이야기 만들기), 63-87쪽.

12 철학적인 영감을 받은 독자라면 상황이 긍정적으로 변할 희망이 없더라도, 그리고 공감을 느꼈음을 인정받지 못하더라도 다른 사람의 고통에 감정이입을 할 수 있다고 이의를 제기할 수 있다. 맞는 말이다. 당연히 이때도 사람들은 공감적일 수 있고 또 그래야 할 것이다(나는 공감이 희생자의 부담을 얼마간 덜어줄 거라는 희망뿐일지라도 그 최소한의 희망이 어느 정도는 함께 공명을 일으키지 않을까라는 의문이 생긴다). 그러나 사람들이 그렇게 할 수 있다고 해서 항상 그 일이 일어나는 것은 아니다.

13 이른바 "홀로코스트 파크(나치 시대에 희생된 유대인들을 기념하는 기념비들이 있는 독일 베를린의 공원)"로서의 그 영화에 대한 비평은 우의적이다. 이에 대한 또 다른 비판적 입장에 대해서는 다음을 참조하라. Yosefa Loshitzky(발행): *Spielberg's Holocaust. Critical Perspectives on Schindler's List*(스필버그의 홀로코스트. 「쉰들러 리스트」에 대한 비판적 시각들), Bloomington: Indiana UP, 1997.

14 대니얼 뱃슨의 도식에 의하면 여기서 다뤄지는 것은 고전적인 동감이다(공감 구상 4). Batson: "These Things Called Empathy(공감이라 불리는 이 일들)".

15 이런 장면은 이미 세계 종교들의 기록물 속에서 기본 형태가 발견된다. 특히 불교의 카루나(Karuna)와 기독교 신약성서의 자비로운 사마리아인에게서('누가복음' 10장, 25~37절) 찾아볼 수 있다. 이는 이웃 사랑이라는 유대인들의 규율과 관련되어 있다(모세5경 중 3경인 '레위기' 19장). 비록 이슬람교에는 그와 일치하는 개념이나 그런 종류의 서사적 장면은 없지만, 거기에도 모든 신도가 세계를 포괄하는 공동체(우마

umma)에 속하며, 그 속에서 모두 서로를 형제자매처럼 대해야 한다는 관념이 있다.

16   Konrath et al.: "Changes in Dispositional Empathy in American College
      Students over Time: A Meta-Analysis(시간의 흐름에 따라 미국 대학생들에게서
      성향을 보이는 공감의 변화, 메타 분석)."

17   Martha Nussbaum: *Politische Emotionen*(정치적인 정서).

18   또 다른 변수는 요셉 보글이 주장한 것으로, 정치적 힘이 점점 덜 보이는 시대에 동감
      과 공감의 확대를 정치적 지배의 효과로 설명하고 있다. Joseph Vogl: *Kalkul und
      Leidenschaft. Poetik des okonomischen Menschen*(계산과 열정. 경제적 인간의 시
      학), Munchen: Diaphanes, 2002.

19   Niklas Luhmann: *Gesellschaftsstruktur und Semanttik*(사회구조와 의미론),
      Frankfurt/M.: Suhrkamp, 1993.

20   Reinhart Koselleck: *Vergangene Zukunft*(과거의 미래), Frankfurt/M.:
      Suhrkamp, 1979.

21   Dror Wahrman: *The Making of the Modern Self: Identity and Culture in
      Eighteenth-Century England*(현재적인 자아 만들기 : 18세기 영국의 정체성과 문
      화), New Haven: Yale University Press, 2006.

22   Fritz Breithaupt: *Der Ich-Effekt des Geldes. Zur Geschichte einer
      Legitimationsfigur*(돈이 지닌 '나'의 효과. 합법화된 인물의 역사에 대하여),
      Frankfurt/M.: Fischer, 2008.

23   Simon Burke, Katerina Mihayalova(발행): *Gewissen: Interdisziplinäre
      Perspektiven auf das 18. Jahrhundert*(양심 : 18세기에 대한 여러 전문 영역
      에 걸친 시각들), Wurzburg: K&N, 2015. Fritz Breithaupt: "Das romantische
      Gewissen(낭만주의적인 양심)", in: Klaus Vieweg & Michael Forster(발행): *Die
      Aktualität der Romantik*(낭만주의의 시사성), Frankfurt/M., New York, 2012.

24   "Was Merkel und das Madchen wirklich besprochen haben(메르켈과 소녀가
      실제로 나눈 이야기)", in: *Die Welt*(벨트 지), 2015년 7월 16일자.

25   "Was Merkel und das Madchen wirklich besprochen haben(메르켈과 소녀가
      실제로 나눈 이야기)", in: *Die Welt*(벨트 지), 2015년 7월 16일자.

26   마지막 문장은 2015년 9월 11일부터 특히 2015년 10월 21일까지 메르켈의 연설에서
      여러 차례 반복되었다. http://www.faz.net/aktuell/politik/merkelbekraeftigt-
      wir-schaffen-das-13869117.html

27   Alexander Marguier: "Die Sprücheklopferin: Angela Merkels 'Wir schaffen
      das'(허풍쟁이 : 앙겔라 메르켈의 '우리는 그것을 해낼 수 있다')", *Cicero*(키케로)
      2015년 9월 16일자, http://www.cicero.de/berliner-republik/angela-merkels-
      wir-schaffen-das-die-spruecheklopferin/59847. Tilman Borsche: "Auf wen
      bezieht sich das Wort 'wir' in Merkels Satz 'Wir schaffen das'?(메르켈이 말한
      '우리는 그것을 해낼 수 있다'는 문장에서 '우리'라는 말은 누구와 관련되는가?)", in:
      Philosophie Magazin(철학 잡지) 2(2016), 55쪽.

1 영어 원문을 보려면 '서문'의 주를 참조하라. Just_a_random_guy: "Do Sexually Sadistic Serial Killers Really Lack Empathy?(성적으로 사디즘적인 연쇄살인범에게는 정말 공감이 결핍된 것일까?)"

2 Batson: "These Things Called Empathy(공감이라 불리는 이 일들)."

3 이에 대한 영어 원문은 다음과 같다. "I am convinced we have a degree of delight, and not a small one, in the real misfortunes and pains of others [⋯]. If this passion would be simply painful, we would shun with the greatest care all persons and places that could excite such a passion [⋯]. And as our Creator has designed we should be united by the bond of sympathy [⋯]. [⋯] it is absolutely necessary my life should be out of any immanent hazard before I can take a delight in the sufferings of others, real or imaginary [⋯]." Edmund Burke: *A Philosophical Enquiry into the Origins of our Ideas of the Sublime and Beautiful*(숭고함과 미적인 것에 대한 우리의 관념의 기원에 관한 철학적 질문), 1757, (발행인) J. Boulton, Notre Dame & London: University of Notre Dame Press, 1958, 45-48쪽.

4 *Lettre a M. d'Alembert sur les Spectacles*(장관에 대한 달랑베르의 서한), 1758.

5 Julian Hanich, Valentin Wagner, Mira Shah, Thomas Jacobsen & Winfried Menninghaus: "Why We Like to Watch Sad Films. The Pleasure of being Moved in Aesthetic Experiences(왜 우리는 슬픈 영화를 보기 좋아하는가. 미학적 경험에 의해 감동이 생기는 즐거움)", in: *Psychology of Aesthetics, Creativity, and the Arts*(미학, 창조성, 그리고 예술의 심리학) 8(2014), 130-143쪽.

6 Keen: *Empathy and the Novel*(공감과 소설).

7 이 주장의 첫 부분은 내 저서『공감의 문화』(2009/2011)에서 시도한 주장을 요약한 것이며, 두 번째 부분은 그것을 넘어서고 있다.

8 Fritz Breithaupt: *Kultur der Ausrede*(핑계의 문화).

9 '실패한' 비극들은 성공한 비극들과 마찬가지로 시사하는 바가 많다. 독일어권의 가장 유명한 사례들 가운데 하나는 하인리히 빌헬름 본 게르스텐베르크(Heinrich Wilhelm von Gerstenberg)가 쓴 희곡「우골리노(Ugolino)」(1768)다. 거기서는 최고조의 불행이 완전히 절망적인 상태와 더불어 나타난다. 그리고 당대의 많은 비평가들이 말했듯이 이는 미학적인 감정이입이나 연민을 오히려 광범위하게 방해하는 결과를 낳았다.

10 공감적인 잔인성이란 다른 사람의 고통을 관찰하며 느끼는 기쁨으로 이해된다. Allan Young: "Empathic Cruelty and the Origins of the Social Brain(공감적인 잔인성과 사회적인 뇌의 기원)", in: *Critical Neuroscience. A Handbook of the Social and Cultural Context of Neuroscience*(비판적 신경과학. 신경과학의 사회적 문화적 맥락의 편람), 2012, 159-176쪽. '공감적인 사디즘'과 '공감적인 잔인성'의 차이는 이해

하는 것과 그 근저에 있는 문화적 과정에 대해 서로 다르게 분석한 데 있다. 공감적인 잔인성에서는 관찰된 고통이 재미로 인지될 때 정서가 신경 단위로 가치 전환되는 것에 중점을 둔다(예컨대 주체는 전체적으로 정서를 덜 각인하므로). 반면에 공감적인 사디즘에서는 부정적인 정서를 거쳐 다른 사람을 (합리적 또는 정서적으로 함께) 이해하는 시뮬레이션이 일어난다. 그러나 우리는 많은 데서 그 경계가 사라지는 것을 보게 될 것이다.

11 Liane Leedom: "Sadism and warped Empathy in Sociopaths(반사회적 인격장애자에게 있는 사디즘과 비뚤어진 공감)." 2008년 11월 13일자, http://www.lovefraud.com/2008/11/13/sadism-and-warped-empathy-in-sociopaths/, 마지막 검색일 2015년 3월 15일.

12 계모가 신데렐라에게 벌을 주는 이유 중에는 아마 그녀의 미모도 한몫할 것이다.

13 Elke Reinhardt-Becker: *Seelenbund oder Partnerschaft? Liebessemantiken in der Literatur der Romantik und der Neuen Sachlichkeit*(영혼의 동맹 또는 파트너 관계? 낭만주의와 신즉물주의 문학에서의 사랑의 의미론), Frankfurt/M.: Campus Verlag, 2005.

14 그 목록은 매우 길다. Jane K. Brown: *Goethe's Allegories of Identity*(괴테에게 있어 정체성의 알레고리), Philadelphia: University of Pennsylvania Press, 2014.

15 Fritz Breithaupt: *Culturas de la Empatia*(공감의 문화들), Buenes Aires, Madrid: Katz Editores, 2011.

16 Breithaupt: *Kulturen der Empathie*(공감의 문화들), 175-84쪽.

17 칼 플란팅가의 주장에 의하면 관객은 '버팔로 빌'을 포함해 모두에게 공감을 느낄 수 있다고 한다. Carl Plantinga: "Facing others. Close-ups of Faces in Narrative Films and in Silence of the Lambs(다른 사람들을 바라보기. 서술적 영화와 「양들의 침묵」에서의 얼굴 클로즈업)", in: Lisa Zunshine(발행): *The Oxford Handbook of Cognitive Literary Studies*(옥스퍼드 인지적 문학 연구 편람), Oxford: Oxford University Press, 2015, 291-311쪽.

18 Dominique J. F. De Quervain, Urs Fischbacher, Valerie Treyer & Melanie Schellhammer: "The Neural Basis of Altruistic Punishment(이타적인 처벌에 있어 신경의 기저)", in: *Science*(사이언스) 305, Nr. 5688(2004), 1254-1259쪽.

19 Singer et. al.: "Empathic Neural Responses are Modulated by the Perceived Fairness of others(공감적인 신경의 반응은 다른 사람들이 받은 공정함에 의해 조정된다)." 여기서 싱거와 그의 동료들은 특정한 시나리오에서 처벌을 관찰할 때 여성적인 반응은 처벌받는 사람과 관찰자의 비슷한 뇌 흐름에서 나오는 공감의 정의에 근거해 공감적인 경향을 보이는 반면 남성 관찰자는 그 과정을 재미로 보고 있어서 공감을 느끼지 않는 경향이 있음을 알아냈다. 여기서 드는 의문은, 이런 재미의 감정이 비록 동조하는 감정은 아니더라도 어느 정도는 공감의 현상으로 판단되어야 하지 않을까 하는 것이다.

20 William Flesch: *Comeuppance*(마땅한 벌).

21 Flesch: *Comeuppance*(마땅한 벌). Young: "Empathic Cruelty and the Origins of the Social Brain(공감적인 잔인성과 사회적인 뇌의 기원)."

22 거짓말은 한편으로 일반에게 해가 되는 기본 구조를 갖고 있다. 왜냐하면 말의 진실성에 공동체의 모든 제도가 근거하고 있기 때문이다(철학자 칸트의 입장도 그렇다). 그러나 거짓말이 어느 정도 공동체에 해가 되는지는 법적으로 정리된 몇몇 사례들을 제외하고는 증명하기 어렵다.

23 그런 점에서 이런 종류의 연극적 장면들은 제2장에서 설명한 강한 흑백 회화의 경직되고 엄격한 역학에서 나올 수 있다.

24 Jody Lynee Madeira: *Killing McVeigh: The Death Penalty and the Myth of Closure*(사형과 근접의 신화), New York, NYU Press, 2012.

25 미셸 푸코는 그의 결정적인 연구에서 1880년대 중반 처형 문화의 변화에 대해 조사했다. 거기서 그는 체형體刑을 수치스럽게 여기고 공개하지 않는 현대의 감옥 문화를 과거의 공개적 체형 문화와 대비시켰다. 처벌에 대한 현대의 태도가 1800년 이후로는 양면적이고 복잡해졌으며 아마도 소심해졌다고 말하는 푸코의 주장은 확실히 옳다. 그러나 거기서 주목할 것은 이런 변화 역시 결코 완전히 이루어지지는 않았으며, 비공식적으로 정신적 처벌에도 공식적인 의례와 담락락 뒤의 처벌 장소에서 일어나는 것에 대한 환상들이 동행한다는 것이다. 처벌을 보지 않을 때 처벌에 대한 정서적인 환상은 더욱 부추겨진다. 나는 비록 푸코의 명저에 대단히 감탄하기는 하지만 그는 처벌 과정에서 공감의 역할을 대체로 경시한 것으로 보인다(진기한 물건들이 진열된 실내에서 관찰자의 입장만이 유일한 공감의 형태는 아니다). Michel Foucault: *Uberwachen und Strafen*(감시와 처벌), Frankfurt/M.: Suhrkamp, 1994.

26 Madeira: *Killing McVeigh*(맥베이 죽이기), 229쪽.

27 영어 원문은 다음과 같다. "I am glad that I saw him that close up and everything 'cause that way I knew from his eyes and his expression what he was feeling." Madeira: *Killing McVeigh*(맥베이 죽이기), 232쪽.

28 영어 원문은 다음과 같다. "We didn't get anything from his face." Madeira: *Killing McVeigh*(맥베이 죽이기), 237쪽.

29 영어 원문은 다음과 같다. "[…] all of [sic] sudden he came to me […]. I started to think of him as Timothy McVeigh, the soul, and not Timothy McVeigh, the man, and I started praying for him that this is his last chance, this is his last breath, and I prayed for him and it just like overtook me […]." Madeira: *Killing McVeigh*(맥베이 죽이기), 237쪽.

30 영어 원문은 다음과 같다. "I wanted him to do a little sufferin'." 또는 "I wanted something severe." 또는 "I don't think it was gruesome enough. It should have been more painful." "I wanted him to be hurt." "To me it was a letdown because it didn't last long enough. I wanted him to suffer. I wanted him to hurt, you know." Madeira: *Killing McVeigh*(맥베이 죽이기), 254-255쪽.

31 Allan Young: "Empathic Cruelty and the Origins of the Social Brain(공감적인

잔인성과 사회적인 뇌의 기원)."

32 Jean Decety et al.: "Atypical Empathic Responses in Adolescents with Aggressive Conduct Disorder: A Functional MRI Investigation(공격적인 행동 장애를 지닌 청소년들에게 있는 비유형적인 공감의 반응 : 기능적인 자기공명영상 조사)", in: *Biological psychology*(생물학적 심리학) 80,2(2009), 203-211쪽.

33 영어 원문은 다음과 같다. "One way to interpret these results would be in terms of a sadistic [⋯] psychopathic model of violence in which inflicting pain or distress upon another is arousing and reinforcing(pleasurable). Such a model would assume that acts inflicting pain are more intentional than impulsive and that empathic skills promote arousal and sadistic reinforcement(pleasure) by enhancing the psychopath's awareness of the pain and distress being experienced by the victim." Alfred B. Heilbrun: "Cognitive Models of Criminal Violence Based upon Intelligence and Psychopathy Levels(지성과 정신병질 수준에 근거한 범죄성 폭력의 인지적 모델들)", in: *Journal of Consulting and Clinical Psychology*(상담과 임상심리학 저널), Nr. 4(1982), 546-557쪽.

34 Carolyn Zahn-Waxler et al.: "Psychophysiological Correlates of Empathy and Prosocial Behaviors in Preschool Children with Behavior Problems(행동 문제가 있는 취학 전 아동들에게 있는 공감과 친사회적 행동 간의 정신생리학적인 연관성)", in: *Development and Psychopathology*(발달과 정신생리학) 7,01(1995), 27-48쪽. James R. Blair: "Responding to the Emotions of others: Dissociating Forms of Empathy through the Study of Typical and Psychiatric Populations(유형적인, 그리고 정신의학적인 주민들에 대한 연구를 통한 공감의 분리적인 형태들)", in: *Consciousness and cognition*(의식과 컨디션), 14,4(2005), 698-718쪽. S. Holt, J. R. Meloy & S. Strack: "Sadism and Psychopathy in Violent and Sexually Violent Offenders(폭력적인, 그리고 섹스 폭력적인 범죄자 안에 있는 사디즘과 정신병질)", in: *Journal of the American Academy of Psychiatry and the Law*(미국 정신병질과 법 학술회 저널), 27(1999), 23-32쪽. K. A. Kiehl & M. B. Hoffman: "The Criminal Psychopath: History, Neuroscience, Treatment, and Economics(범죄적인 정신질환자 : 역사, 신경과학, 치료, 그리고 경제)", in: *Jurimetrics: The Journal of Law, Science & Technology*(계량법학 : 법, 과학 & 기술 저널) 51(4), 2011, 355-97쪽.

35 Philip L Jackson, Pierre Rainville & Jean Decety: "To what Extent Do We Share the Pain of others? Insight from the Neural Bases of Pain Empathy(우리는 어느 정도로 다른 사람들의 고통을 공유하는가?)", in: *Pain*(고통) 125,1-2(2006), 5-9쪽.

36 Jean Decety et al.: "Atypical Empathic Responses in Adolescents. with Aggressive Conduct Disorder(공격적인 행동장애를 지닌 청소년들에게 있는 비

유형적인 공감의 반응)."

37 Allan Young: "Empathic Cruelty and the Origins of the Social Brain(공감적인 잔인성과 사회적인 뇌의 기원)."

38 여러 형태의 '오프라인상 대리 경험'의 차이들은 종종 경시되곤 한다. F. de Vignemont & P. Jacob: "What is it Like to Feel another's Pain(다른 사람의 고통을 느끼는 것은 어떤 것일까?)", in: *Philosophy of Science*(과학철학), 79, 2012, 295-316쪽.

39 C. L. Harenski, K. A. Harenski, M. S. Shane & K. A. Kiehl: "Aberrant Neural Processing or Moral Violations in Criminal Psychopaths(범죄적 정신질환자에게 있는 비정상적인 신경의 과정 또는 도덕적인 침해)", in: *Journal of Abnormal Psychology*(이상 심리학 저널) 21(2010), 1-12쪽.

40 18세기에는 정서를 신체적으로 분명히 표현하는 것이 인간적인 공통성과 의사소통을 나타내는 매체로 파악되었다. Albrecht Koschorke: *Körperströme und Schriftverkehr: Mediologie des 18. Jahrhunderts*(신체의 흐름과 서신 교류 : 18세기의 매개론), München: Fink, 2003.

41 Lisa Zunshine: *Getting Inside Your Head: What Cognitive Science can Tell Us about Popular Culture*(당신의 머릿속으로 들어가기 : 인지과학은 대중문화에 대해 우리에게 무엇을 말해줄 수 있는가), Baltimore: Johns Hopkins UP, 2012, 45-53쪽.

42 Fritz Breithaupt: "Empathic Sadism. How Readers Get Implicated(공감적인 사디즘. 독자들은 어떻게 연루되는가)", in: Lisa Zunshine(발행): *Oxford Handbook for Cognitive Literary Studies*(인지적인 문학 연구를 위한 옥스퍼드 편람), Oxford: Oxford UP, 2015, 440-462쪽.

43 독자로서 자신이 연루된 것에 대한 판단과 관련해서는 다음을 참조하라. William Flesch: "Reading and Bargaining(독서와 흥정)", in: Lisa Zunshine(발행): *Oxford Handbook for Cognitive Literary Studies*(인지적인 문학 연구를 위한 옥스퍼드 편람), Oxford: Oxford UP, 2015, 369-386쪽.

44 이에 대해 비판적으로 고찰하기 위해서는 다음을 참조하라. Kimberly A. Lonsway & Louise F. Fitzgerald: "Rape Myths in Review(강간 신화 리뷰)", in: *Psychology of Women Quarterly*(여성 심리학 계간지) 18.2(1994), 133-164쪽.

45 William D. Pithers: "Empathy Definition, Enhancement, and Relevance to the Treatment of Sexual Abusers(성범죄자 치료에 있어서의 공감의 정의, 향상, 그리고 타당성)", in: *Journal of Interpersonal Violence*(대인관계에서의 폭력 저널) 14.3(1999), 257-284쪽.

46 Yolanda M. Fernandez & W. L. Marshall: "Victim Empathy, Social Self-Esteem, and Psychopathy in Rapists(희생자 공감, 사회적 자부심, 그리고 강간범 안에 있는 정신질환)", in: *Sexual Abuse: A Journal of Research and Treatment*(성범죄 : 연구와 치료 저널) 15.1(2003), 11-26쪽.

47 Marnie E. Rice: "Empathy for the Victim and Sexual Arousal among Rapists

and Nonrapists(강간범들과 비강간범들 가운데 있는 희생자에 대한 공감과 성적인 흥분)", in: *Journal of Interpersonal Violence*(대인관계에서의 폭력 저널) 9.4(1994), 435-449쪽. David Lisak & Carol Ivan: "Deficits in Intimacy and Empathy in Sexually Aggressive Men(성적인 공격성을 띤 남성들에게서 보이는 친밀함과 공감의 결핍)", in: *Journal of Interpersonal Violence*(대인관계에서의 폭력 저널) 14.3(1999), 10.3(1995), 296-308쪽. W. L. Marshall & Heather Moulden: "Hostility toward Women and Victim Empathy in Rapists(강간범들에게 있는 여성에 대한 적개심과 희생자에 대한 공감)", in: *Sexual Abuse: A Journal of Research and Treatment*(성범죄 : 연구와 치료 저널) 13.4(2001), 249-255쪽.

48 Lynn A. Higgins & Brenda R. Silver: *Rape and Representation*(강간과 대변), New York: Columbia UP, 1991.

49 서술 텍스트들에 흠뻑 빠진 독자들이 폭력적인 묘사를 적극적으로 즐기다가 긍정적인 순간을 인식하려고 하는 현상도 아마 비슷할 것이다. Emy M. Koopman, Michelle Hilscher & Gerald C. Cupchik: "Reader Responses to Literary Depictions of Rape(강간에 관한 문학적 서술에 대한 독자들의 반응)", in: *Psychology of Aesthetics, Creativity, and the Arts*(미학, 창조력, 그리고 예술에 관한 심리학) 6.1(2012), 66쪽.

50 Fritz Breithaupt: "Empathy for Empathy's Sake: Aesthetics and Empathic Sadism(공감을 위한 공감 : 미학과 공감적인 사디즘)", in: Aleida Assmann & Ines Detmers(발행): *Empathy and its Limits*(공감과 그 한계), New York: Palgrave, 2016, 151-165쪽.

제5장 일상 속의 흡혈귀

1 물론 스톡홀름 증후군에서나 공감에 의한 고정된 편들기처럼 계속 영향을 미치는 효과들이 있다. 그러나 이런 장기적인 효과들은 처음에 느꼈던 공감을 계속 발전시키지는 않고 단지 그것이 계속 영향을 미치는 것만 보여준다.

2 Foster Cline & Jim Fay: *Parenting with Love and Logic: Teaching Children Responsibility*(사랑과 논리에 의한 육아 : 자녀에게 책임을 가르치기), Carol Stream, Ill.: Tyndale House, 2014 [1990].

3 Holly H. Schiffrin et al: "Helping or Hovering? The Effects of Helicopter Parenting on College Students' Well-being(돕기 아니면 맴돌기? 대학생들의 안녕에 대한 헬리콥터 부모식 교육의 효과)", in: *Journal of Child and Family Studies*(자녀와 가족 연구 저널) 23.3(2014), 548-557쪽.

4 Josef Kraus: *Helikopter-Eltern. Schluss mit Förderwahn und Verwöhnung*(헬리콥터 부모. 광적인 후원과 나쁜 버릇 키우는 것 멈추기), Reinbek: Rowohlt, 2013.

5 예컨대 이 경우 자녀들이 정서적으로 해야 할 작업을 부모들이 다 빼앗아가기 때문에

자녀들 스스로는 실패에 대해 더 이상 집중적으로 느끼지 않는 것이 이해된다. 그러나 동시에 실패에 대한 그들의 두려움은 증가할 수 있다.

6   공감을 보이는 다른 경우들에도 목적을 갖고 비교하고 투사하는 일이 상당한 역할을 한다. 다른 사람을 관찰하는 자는 그가 어떤 상황에 처해 있는지, 그리고 (정서적인 반응과 행동 관련) 반응이 어떤 긴장 상태에 있는지, 그리고 그것이 자신이 상상하는 목적에 맞는지를 분명하게 각인한다.

7   의례화된 무대에 대해서는 제4장의 주들을 참조하라.

8   E. D. (Adie) Nelson: "The Things that Dreams are Made on: Dreamwork and the Socialization of 'Stage Mothers'(꿈을 만드는 일들 : 꿈 작업과 '스테이지 맘'의 사회화)", in: *Qualitative Sociology*(본질적인 사회학) 24.4(2001), 439-458쪽, 440쪽.

9   친밀감을 얻으려는 의도나 복수심 같은 여러 가지 동기에서 행동하는 여러 종류의 '스토커'들이 있다. Paul E. Mullen, Michele Pathe & Rosemary Purcell: *Stalkers and their Victims*(스토커들과 그들의 희생자들), Cambridge: Cambridge UP, 2000. Troy E. McEwan, Paul E. Mullen & Rachel MacKenzie: "A Study of the Predictors of Persistence in Stalking Situations(스토킹 상황의 지속에 대한 예측변수 연구)", in: *Law and Human Behavior*(법과 인간의 행동) 33.2(2009), 149-158쪽.

10 Beth Bjerregaard: "An Empirical Study of Stalking Victimization(스토킹에 의한 희생의 경험적인 연구)", in: *Violence and Victims*(폭력과 희생자) 15.4(2000), 389-406쪽.

11 Beth Bjerregaard: "An Empirical Study of Stalking Victimization(스토킹에 의한 희생의 경험적인 연구)", in: *Violence and Victims*(폭력과 희생자).

12 뱃슨의 구별에 따르면 여기서는 공감 형태 3과 5에 해당한다. 이에 대해서는 다음을 참조하라. Daniel C. Batson: "These Things Called Empathy(공감이라 불리는 이 일들)."

13 Hans-Ulrich Gumbrecht: *In Praise of Athletic Beauty*(육상의 아름다움에 대한 예찬), Cambridge, Mass.: Harvard UP, 2006.

14 Stanley Cavell: *Cities of Words. Pedagogical Letters on a Register of Moral Life*(말의 도시들. 도덕적인 삶의 기록에 대한 교육학적인 서한들), Cambridge, MA.: Belknap Press, 2004, 111쪽.

전망 | 공감, 반드시 해야 할까

1   Lynn Avery Hunt: *Inventing Human Rights: A History*(인간의 권리를 고안해내기 : 그 역사).

2   거기서 히틀러는 이렇게 말하고 있다. "그들은 어디든 고향이 되고 또 어디도 고향으

로 사지 않는 인간들(즉 유대인 금융자본가들)이고, 그들이 자란 어디에도 정착하지 않는 인간들이다. 그들은 오늘은 베를린에서 살고 있지만 내일은 브뤼셀에서, 모레는 파리에서, 그 후에는 다시 프라하나 빈이나 런던에서 살면서 어디든 고향처럼 느낄 인간들이다. 그들이야말로 진짜 국제적인 요소를 띠고 있는 유일한 인간들이다. 왜냐하면 그들은 어디서나 사업을 할 수 있기 때문이다. 그러나 국민은 그들의 뒤를 좇을 수 없다. 국민은 자신의 고향에 묶여 있다. 사실 자기 국가와 민족의 삶의 가능성들에 묶여 있는 것이다."

3 Daniel C. Batson: "The Empathy-Altruism Hypothesis: Issues and Implications(공감-이타주의 가설 : 쟁점과 함의)."

4 Melanie Green: "Transportation into Narrative Worlds: The Role of Prior Knowledge and Perceived Realism(서술 세계로의 이월 : 앞서의 지식과 인지된 현실의 역할)", in: *Discourse Processes*(담론 과정들) 38, Nr. 2(2004), 247-266쪽.

5 Fritz Breithaupt: "Empathie als Parteinahme: Anagnorisis bei Goethe und Stifter(편들기로서의 공감 : 괴테와 슈티프터에게 아나그노리시스)", in: Claudia Breger and Fritz Breithaupt(발행): *Empathie und Erzählung*(공감과 이야기), Freiburg: Rombach, 2010, 187-204쪽.

6 바움가르텐이 감각적인 인지를 설명하기 위해 미학의 개념을 도입한 이후 이런 식의 정의가 거의 지배적이다. John Dewey: *Art as Experience*(체험으로서의 예술), New York: Putnam, 1934. 미학에서 일반적으로 인지가 중요하고 특별한 경우에만 미에 대한 것이 중시되는 한, 미학적으로 향유하는 것은 일반적인 미학의 획득이 아니라 오히려 미학적인 다양성이다.

7 Fritz Breithaupt: *Kultur der Ausrede*(핑계의 문화).

| 참고문헌 |

Ackerman, Joshua M., Noah J. Goldstein, Jenessa R. Shapiro und John A. Bargh, "You Wear Me out the Vicarious Depletion of Self-Control", in: *Psychological Science* 20, Nr. 3 (2009), S. 326-332.

Ahoda, Gustav, "Theodor Lipps and the Shift from 'Sympathy' to 'Empathy'", in: *Journal of the History of the Behavioral Sciences* 41.1. (2005), S. 151-163.

Allen, Colin und Marc Bekoff, *Species of Mind: The Philosophy and Biology of Cognitive Ethology*, Cambridge, Mass: MIT Press, 1999.

Anderson, Benedict, *Die Erfindung der Nation: Zur Karriere eines folgenreichen Konzepts*, Frankfurt/M.: Campus Verlag, 2005. Anscombe, G. E. M., Intention, Cambridge, MA: Harvard UP, 1957.

Arendt, Hannah, *Eichmann in Jerusalem. Ein Bericht von der Banalität des Bösen*, München, Zürich: Piper, 2011.

Ariès, Philippe, Michelle Perrot und Georges Duby, *Geschichte des privaten Lebens*, Frankfurt/M.: Fischer, 1989-93.

Assmann, Aleida und Ines Detmers (Hg.), *Empathy and its Limits*, New York: Palgrave, 2016.

——

Badiou, Alain, *Paulus: Die Begründung des Universalismus*, Berlin: Diaphanes, 2002.

Bal, Matthijs und Martijn Veltkamp, "How does Fiction Reading influence Empathy? An Experimental Investigation on the Role of Emotional Transportation", in: *PloS One* 8,1 (2013), e55341.

Barnes, Jennifer L., Tyler Hill, Melanie Langer, Margaret Martinez und Laurie R. Santos, "Helping Behaviour and Regard for others in Capuchin Monkeys (Cebus apella)", in: *Biology Letters 4*, Nr. 6 (2008), S. 638-640.

Baron-Cohen, Simon, Alan M. Leslie und Uta Frith, "Does the Autistic Child have a

'Theory of Mind'?", in: *Cognition* 21, Nr. 1 (1985), S. 37-46.

Barton, Keith C. und Alan W. McCully, "You Can Form Your Own Point of View: Internally Persuasive Discourse in Northern Ireland Students' Encounters With History", in: *Teachers College Record* 112, Nr. 1 (2010), S. 142-181.

Barton, Keith C. und Alan W. McCully, "History, Identity, and the School Curriculum in Northern Ireland: An Empirical Study of Secondary Students' Ideas and Perspectives", in: *Journal of Curriculum Studies* 37.1 (2005), S. 85-116.

Batson, Daniel C., "The Empathy-Altruism Hypothesis: Issues and Implications", in: Jean Decety (Hg.), *Empathy: From Bench to Bedside*, Cambridge, Mass.: MIT Press, 2012, S. 41-54.

Batson, Daniel C., "These Things called Empathy: Eight Related but Distinct Phenomena", in: Jean Decety (Hg.), *The Social Neuroscience of Empathy*, Cambridge, Mass.: MIT Press, 2009, S. 3-15.

Bechara, Antoine, Hanna Damasio, Daniel Tranel und Antonio R. Damasio, "Deciding advantageously before knowing the Advantageous Strategy", in: *Science* 275, Nr. 5304 (1997), S. 1293-1295.

Birkett, Melissa Ann, "Self-Compassion and Empathy across Cultures: Comparison of Young Adults in China and the United States", in: *International Journal of Research Studies in Psychology* 3.1 (2013).

Bjerregaard, Beth, "An Empirical Study of Stalking Victimization", in: *Violence and Victims* 15.4 (2000), S. 389-406.

Blair, James R., "Responding to the Emotions of others: Dissociating Forms of Empathy through the Study of Typical and Psychiatric Populations", in: *Consciousness and Cognition* 14.4 (2005), S. 698-718.

Bloom, Paul, *Against Empathy, Bodley Head Limited*, 2017 (im Erscheinen).

Bluffer Hrdy, Sarah, *Mothers and Others*, Cambridge, Mass.: Harvard University Press, 2011.

Borsche, Tilman, "Auf wen bezieht sich das Wort 'wir' in Merkels Satz 'Wir schaffen das'?", in: *Philosophie Magazin* 2 (2016), S. 55.

Boyd, Brian, *On the Origin of Stories*, Cambridge, Mass., Harvard University Press, 2009.

Breithaupt, Fritz, "Empathy for Empathy's Sake: Aesthetics and Empathic Sadism", in: Aleida Assmann und Ines Detmers (Hg.), *Empathy and its Limits*, New York: Palgrave, 2016, S. 151-165.

Breithaupt, Fritz, "Empathic Sadism. How Readers Get Implicated", in: Lisa Zunshine (Hg.), *Oxford Handbook for Cognitive Literary Studies*, Oxford: Oxford UP, 2015, S. 440-462.

Breithaupt, Fritz, "A Three-Person Model of Empathy", in: *Emotion Review* 4.1 (2012), S. 84–91.

Breithaupt, Fritz, *Kultur der Ausrede*, Berlin: Suhrkamp, 2012.

Breithaupt, Fritz, *Culturas de la Empatía*, Buenes Aires, Madrid: Katz Editores, 2011.

Breithaupt, Fritz, "Empathie als Parteinahme: Anagnorisis bei Goethe und Stifter", in: Claudia Breger und Fritz Breithaupt (Hg.), *Empathie und Erzählung*, Freiburg: Rombach, 2010, S. 187–204.

Breithaupt, Fritz, *Kulturen der Empathie*, Frankfurt/M.: Suhrkamp 2009.

Brown, Jane K., *Goethe's Allegories of Identity*, Philadelphia: University of Pennsylvania Press, 2014.

Bruner, Jerome, *Making Stories: Law, Literature, Life*, Cambridge, Mass.: Harvard University Press, 2003.

Burgard, Peter J. (Hg.), *Nietzsche and the Feminine*, Charlottesville: University of Virginia Press, 1994.

Bunke, Simon, Katerina Mihaylova (Hg.), *Gewissen: Interdisziplinäre Perspektiven auf das 18. Jahrhundert*, Würzburg: K&N, 2015.

Burke, Edmund, *A Philosophical Enquiry into the Origins of our Ideas of the Sublime and Beautiful*, hrsg. von J. Boulton, Notre Dame und London: University of Notre Dame Press, 1958 [1757].

———

Call, Josep, und Michael Tomasello, "Does the Chimpanzee have a Theory of Mind? 30 Years Later", in: *Trends in Cognitive Sciences* 12, Nr. 5 (2008), S. 187–192.

Carruthers, Peter, "How We Know our own Minds: The Relationship between Mindreading and Metacognition", in: *Behavioral and Brain Sciences* 32.02 (2009), S. 121–138.

Carruthers, Peter, "Simulation and Self-Knowledge: A Defence of TheoryTheory", in: P. Carruthers und P. K. Smith, Hgs., *Theories of Theories of Mind*. Cambridge: Cambridge University Press, 1996, S. 22–38.

Carver, Joseph M., "Love and Stockholm Syndrome: The Mystery of Loving an Abuser", (2007), http://drjoecarver.makeswebsites.com/ clients/49 355/File/ love_and_stockholm_syndrome.html, letzter Zugriff am 15. 6. 2016.

Cavell, Stanley, *Cities of Words, Pedagogical Letters on a Register of Moral Life*, Cambridge, MA.: Belknap Press, 2004.

Cheng, Y. et al., "Expertise Modulates the Perception of Pain in others", in: *Current Biology* 17 (2007), S. 1708–1713.

Cline, Foster, und Jim Fay, *Parenting with Love and Logic: Teaching Children Responsibility*, Carol Streams, Ill.: Tyndale House, 2014 [1990].

_____

Damasio, Antonio R., *Descartes' Irrtum: Fühlen, Denken und das menschliche Gehirn*, Berlin: Ullstein, 2014.

Daston, Lorraine, Peter Galison, *Objektivität*, Frankfurt/M.: Suhrkamp 2007.

Davis, Mark H., "Measuring Individual Differences in Empathy: Evidence for a Multidimensional Approach", in: *Journal of Personality and Social Psychology* 44, Nr. 1 (1983), S. 113-126.

Davis, Mark H., "A Multidimensional Approach to Individual Differences in Empathy", in: *JSAS Catalog of Selected Documents in Psychology* (1980), S. 85-101.

Decety, Jean, "Dissecting the Neural Mechanisms Mediating Empathy", in: *Emotion Review* (January 2011), S. 92-108.

Decety, Jean et al., "Atypical Empathic Responses in Adolescents with Aggressive Conduct Disorder: A Functional MRI Investigation", in: *Biological Psychology* 80.2 (2009), S. 203-211.

Decety, Jean und Claus Lamm, "The Role of the Right Temporoparietal Junction in Social Interaction: How Low-Level Computational Processes Contribute to Meta-Cognition", in: *The Neuroscientist* (2007), S. 580-593.

Decety, Jean, "Human Empathy", in: *Japanese Journal of Neuropsychology* 22 (2006), S. 11-33.

Decety, Jean und Thierry Chaminade, "Neural Correlates of Feeling Sympathy", in: *Neuropsychologia* 41.2 (2003), S. 127-138.

Delgado, Richard, "Rodrigo's Eleventh Chronicle: Empathy and False Empathy", in: *California Law Review* 84, Nr. 1 (1996), S. 61-100.

DeScioli, Peter und Robert Kurzban, "Mysteries of Morality", in: *Cognition* 112.2 (2009), S. 281-299.

Dinstein, Ilan, Cibu Thomas, Kate Humphreys, Nancy Minshew, Marlene Behrmann und David J. Heeger. "Normal Movement Selectivity in Autism", in: *Neuron* 66, Nr. 3 (2010), S. 461-469.

Dunbar, Robin, *Grooming, Gossip and the Evolution of Language*, Cambridge, MA: Harvard UP, 1997.

Dunbar, Robin, "Neocortex Size as a Constraint on Group Size in Primates", in: *Journal of Human Evolution* 22 (1992), S. 469-93.

Eisenberg, Nancy, Richard A. Fabes, Stephanie A. Shepard, Bridget C. Murphy, Ivanna K. Guthrie, Sarah Jones, Jo Friedman, Rick Poulin und Pat Maszk, "Contemporaneous and Longitudinal Prediction of Children's Social Functioning from Regulation and Emotionality", in: *Child Development* 68, Nr. 4 (1997), S. 642–664.

Eklund, Jakob, Teresi Andersson-Straberg und Eric M. Hansen, "I've also Experienced Loss and Fear: Effects of Prior Similar Experience on Empathy", in: *Scandinavian Journal of Psychology* 50, Nr. 1 (2009), S. 65–69.

Elfenbein, Hillary Anger, "The Many Faces of Emotional Contagion: An Affective Process Theory of Affective Linkage", in: *Organizational Psychology Review* (2014).

Engelen, Eva-Maria, "Innenleben und Dialog", in: *Paragrana* 24, Nr. 2 (2015), S. 177–190.

—

Fernandez, Yolanda M. und W. L. Marshall, "Victim Empathy, Social Self-Esteem, and Psychopathy in Rapists", in: *Sexual Abuse: A Journal of Research and Treatment* 15.1 (2003), S. 11–26.

Feshbach, Norma D., "Parental Empathy and Child Adjustment/Maladjustment", in: Nancy Eisenberg und Janet Strayer (Hg.), *Empathy and Its Development*, Cambridge, Cambridge UP, 1987, S. 271–291.

Flesch, William, "Reading and Bargaining", in: Lisa Zunshine (Hg.), *The Oxford Handbook of Cognitive Literary Studies*, Oxford: Oxford UP 2015, S. 369–386

Flesch, William, *Comeuppance: Costly Signaling, Altruistic Punishment, and Other Biological Components of Fiction*, Cambridge, Mass.: Harvard University Press, 2007.

Foucaul, Michel, *Überwachen und Strafen*, Frankfurt/M.: Suhrkamp, 1994.

Freedberg, David, und Vittorio Gallese, "Motion, Emotion and Empathy in Esthetic Experience", in: *Trends in Cognitive Sciences* 11, Nr. 5 (2007), S. 197–203.

—

Gallese, Vittorio, "Die mannigfaltige Natur zwischenmenschlicher Beziehungen. Die Suche nach einem gemeinsamen Mechanismus", in: Claudia Breger und Fritz Breithaupt (Hg.), *Empathie und Erzählung*, Freiburg: Rombach, 2010, S. 21–52.

Gallese, Vittorio, "The Shared Manifold Hypothesis. From Mirror Neurons to Empathy", in: *Journal of Consciousness Studies* 8.5-6 (2001), S. 33–50.

Gallup, Gordon G. und Steven M. Platek, "Cognitive Empathy Presupposes Self-Awareness: Evidence from Phylogeny, Ontogeny, Neuropsychology, and Mental Illness", in: *Behavioral and Brain Sciences* 25,01 (2002): S. 36-37.

Gigerenzer, Gerd und Peter M. Todd, *Simple Heuristics that Make Us Smart*, Oxford: Oxford University Press, 1999.

Gleichgerrcht, Ezequiel und Jean Decety, "Empathy in Clinical Practice: How Individual Dispositions, Gender, and Experience moderate Empathic Concern, Burnout, and Emotional Distress in Physicians", in: *PLoS One* 8,4 (2013), e61 526.

Goldie, Peter, "Anti-Empathy", in: Amy Coplan und Peter Goldie (Hg.), *Empathy. Philosophical and Psychological Perspectives*, Oxford: Oxford UP 2011, S. 302-317.

Gopnik, A. und J.W. Aslington, "Children's Understanding of Representational Change and its Relation to the Understanding of False Belief and the Appearance-Reality Distinction", in: *Child Development* 59,1 (1988), S. 26-37.

Gottschall, Jonathan, *The Storytelling Animal: How Stories Make Us Human*, Boston, New York: Houghton Mifflin Harcourt, 2012.

Green, Melanie, "Transportation into Narrative Worlds: The Role of Prior Knowledge and Perceived Realism", in: *Discourse Processes* 38, Nr. 2 (2004), S. 247-266.

Gu, Xiuyan, Li Zheng, Wei Zhang, Lei Zhu, Jianqi Li, Qianfeng Wang, Zoltan Dienes und Zhiliang Yang, "Empathic Neural Responses to others' pain depend on Monetary Reward", in: *Social Cognitive and Affective Neuroscience* (2011), nsr034.

Gumbrecht, Hans-Ulrich, *In Praise of Athletic Beauty*, Cambridge, Mass.: Harvard UP, 2006.

———

Haidt, Jonathan, *The Righteous Mind: Why Good People are Divided by Politics and Religion*, New York: Vintage, 2012.

Hamilton, Andrew und Fritz Breithaupt, "These Things called Event: Toward a Unified Narrative Theory of Events", in: *Sprache und Datenverarbeitung* (SDV) 37 (2013), S. 65-87.

Hanich, Julian, Valentin Wagner, Mira Shah, Thomas Jacobsen und Winfried Menninghaus, "Why We Like to Watch Sad Films. The Pleasure of being Moved in Aesthetic Experiences", in: *Psychology of Aesthetics, Creativity, and the Arts* 8 (2014), S. 130-143.

Harenski, C. L., K. A. Harenski, M. S. Shane und K. A. Kiehl, "Aberrant Neural

Processing or Moral Violations in Criminal Psychopaths", in: *Journal of Abnormal Psychology*, 21 (2010), S. 1–12.

Hatfield, Elaine, John T. Cacioppo und Richard L. Rapson, *Emotional Contagion*, Cambridge: Cambridge UP, 1994.

Heilbrun, Alfred B., "Cognitive Models of Criminal Violence Based upon Intelligence and Psychopathy Levels", in: *Journal of Consulting and Clinical Psychology* 50, 4 (1982), S. 546–557.

Hickok, Gregory, *The Myth of Mirror Neurons: The Real Neuroscience of Communication and Cognition*, New York: W.W. Norton 2014.

Higgins, Lynn A., und Brenda R. Silver, *Rape and Representation*, New York: Columbia UP, 1991.

Holt, S., J. R. Meloy und S. Strack, "Sadism and Psychopathy in Violent and Sexually Violent Offenders", in: *Journal of the American Academy of Psychiatry and the Law* 27 (1999), S. 23–32.

Hunt, Lynn Avery, *Inventing Human Rights: A History,* New York: WW Norton & Company, 2007.

——

Iacoboni, Marco, "Imitation, Empathy, and Mirror Neurons", in: *Annual Review of Psychology* 60 (2009), S. 653–670.

——

Jackson, Philip L., Eric Brunet, Andrew N. Meltzoff und Jean Decety, "Empathy examined through the Neural Mechanisms Involved in Imagin ing how I Feel versus how You Feel Pain", in: *Neuropsychologia* 44, Nr. 5 (2006), S. 752–761.

Jackson, Philip L., Pierre Rainville und Jean Decety, "To what Extent Do We Share the Pain of others? Insight from the Neural Bases of Pain Empathy", in: *Pain* 125.1–2 (2006), S. 5–9.

Just_a_random_guy, "Do Sexually Sadistic Serial Killers Really Lack Empathy?", https://www.reddit.com/r/serialkillers/comments/3qoey8/do_se xually_ sadistic_serial_killers_really_lack/, letzter Zugriff am 15. 3. 2016.

——

Kantorowicz, Ernst, *The King's Two Bodies. A Study in Mediaeval Political Theology*, Princeton: Princeton UP, 1957.

Keen, Suzanne, *Empathy and the Novel*, Oxford and New York: Oxford UP, 2007

Kidd, David Comer und Emanuele Castano, "Reading Literary Fiction Improves Theory of Mind", in: *Science* 342.6156 (2013), S. 377–380.

Kiel, Kent A., *The Psychopath Whisperer: The Science of Those Without Conscience*, Crown, 2014.

Kiehl, Kent A. and M. B. Hoffman, "The Criminal Psychopath: History, Neuroscience, Treatment, and Economics", in: *Jurimetrics: The Journal of Law, Science & Technology*, 51.4 (2011), S. 355–397.

Kittler, Friedrich A., *Aufschreibesysteme 1800/1900*, München: Fink, 1985

Konrath, Sara H., Edward H. O'Brien und Courtney Hsing, "Changes in Dispositional Empathy in American College Students over Time: A Meta-Analysis", in: *Personality and Social Psychology Review* (2010), S. 180–198.

Koopman, Emy M., Michelle Hilscher und Gerald C. Cupchik, "Reader Responses to Literary Depictions of Rape", in: *Psychology of Aesthetics, Creativity, and the Arts* 6.1 (2012), S. 66–78.

Koschorke, Albrecht, *Körperströme und Schriftverkehr: Mediologie des 18. Jahrhunderts*, München: Fink, 2003.

Koselleck, Reinhart, *Vergangene Zukunft*, Frankfurt/M.: Suhrkamp, 1979.

Kovács, Ágnes Melinda, Ernő Téglás und Ansgar Denis Endress, "The So cial Sense: Susceptibility to others' Beliefs in Human Infants and Adults", in: *Science* 330.6012 (2010), S. 1830–1834.

Kraus, Josef, *Helikopter-Eltern. Schluss mit Förderwahn und Verwöhnung*, Reinbek: Rowohlt, 2013.

Krebs, Dennis, "Empathy and Altruism", in: *Journal of Personality and Social Psychology* 32.6 (1975). S. 1134–42.

Kurzban, Robert, Peter DeScioli und Erin O'Brien, "Audience Effects on Moralistic Punishment", in: *Evolution and Human Behavior* 28.2 (2007), S. 75–84.

——

Lamm, Claus, Andrew N. Meltzoff und Jean Decety, "How Do We Empathize with someone who is not like Us? A Functional Magnetic Resonance Imaging Study", in: *Journal of Cognitive Neuroscience* 22.2 (2010), S. 362–376.

Laqueur, Thomas W., "Mourning, Pity, and the Work of Narrative in the Making of 'Humanity'", in: Richard Ashby Wilson und Richard D. Brown, *Humanitarianism and Suffering: The Mobilization of Empathy*, Cambridge: Cambridge UP, 2009, S. 31–57.

Leiberg, Susanne und Silke Anders, "The Multiple Facets of Empathy: A Survey of Theory and Evidence", in: *Progress in Brain Research* 156 (2006), S. 419–440.

Leedom, Liane, "Sadism and Warped Empathy in Sociopaths", 13. 11. 2008, http://www.lovefraud.com 008/11/13/sadism-and-warped-empathy-insociopaths/, letzter Zugriff am 15. 3. 2015.

Leibniz, Gottfried Wilhelm, *Sämtliche Schriften und Briefe* (AkademieAusgabe), Berlin: Akademie-Verlag, 2011, Abt. III, Bd. 7.

Lisak, David und Carol Ivan, "Deficits in Intimacy and Empathy in Sexually Aggressive Men", in: *Journal of Interpersonal Violence* 10.3 (1995), S. 296-308.

Lombardo, Michael V. et al., "Self-referential Cognition and Empathy in Autism", in: *PLoS One* 2.9 (2007): e883.

Lonsway, Kimberly A. und Louise F. Fitzgerald, "Rape Myths in Review", in: *Psychology of Women Quarterly* 18.2 (1994), S. 133-164.

Loshitzky, Yosefa, Hg., *Spielberg's Holocaust. Critical Perspectives on Schindler's List*, Bloomington: Indiana UP, 1997.

Luhmann, Niklas, *Gesellschaftsstruktur und Semantik*, Frankfurt/M.: Suhrkamp, 1993.

Luhmann, Niklas, "Sthenographie und Euryalistik", in: Hans-Ulrich Gumbrecht & Ludwig Pfeiffer (Hg.), *Paradoxien, Dissonanzen, Zusammenbrüche: Situationen offener Epistemologie*, Frankfurt/M.: Suhrkamp, 1991, S. 58-82.

———

Madeira, Jody Lyneé, *Killing McVeigh: The Death Penalty and the Myth of Closure*, New York, NYU Press, 2012.

Madeira, Jody Lynee, "Lashing Reason to the Mast: Understanding Judicial Constraints on Emotion in Personal Injury Litigation", in: *UC Davis Law Review* 40, Nr. 137 (2006).

de Man, Paul, "Rhetorik der Persuasion (Nietzsche)", in: ders., *Allegorien des Lesens*, Frankfurt/M.: Suhrkamp, 1988, S. 164-178.

Marguier, Alexander, "Die Sprücheklopferin: Angela Merkels 'Wir schaffen das'" in: *Cicero* 16. 9. 2015, http://www.cicero.de/berliner-republik/ angela-merkels-wir-schaffen-das-die-spruecheklopferin/59847.

Maskarinec, Malika, *Balancing Acts: The Acrobatics of Form and Force from 1900 to 1930*, unveröffentlichte Dissertation.

Marsh, Abigail A., "Empathy and Compassion: A Cognitive Neuroscience Perspective", in: Jean Decety (Hg.), *Empathy: From Bench to Bedside*, Cambridge, Mass.: MIT Press, 2012, S. 191-205.

Marshall, W. L. und Heather Moulden, "Hostility toward Women and Victim Empathy in Rapists", in: *Sexual Abuse: A Journal of Research and Treatment* 13.4 (2001), S. 249-255.

Massaro, Toni M., "Empathy, Legal Storytelling, and the Rule of Law: New Words, Old Wounds?", in: *Michigan Law Review* 87, Nr. 8 (1989), S. 2099-2127.

McEwan, Troy E., Paul E. Mullen und Rachel MacKenzie, "A Study of the Predictors of Persistence in Stalking Situations", in: *Law and Human Behavior* 33.2 (2009), S. 149–158.

Mazzocco, Philip J., Melanie C. Green, Jo A. Sasota und Norman W. Jones, "This Story is not for everyone: Transportability and Narrative Persuasion", in: *Social Psychological and Personality Science* (2010), S. 361–368.

Melis, Alicia P., Felix Warneken und Brian Hare, "Collaboration and Helping in Chimpanzees", in: Elizabeth V. Lonsdorf et al. (Hg.), *The Mind of the Chimpanzee: Ecological and Experimental Perspectives*, Chicago: Chicago UP, 2010, S. 278–393.

Meltzoff, Andrew, "Understanding the Intentions of others: Re-enactment of Intended Acts by 18-month-old Children", in: *Developmental Psychology* 31, Nr. 5 (1995), S. 838–850.

Merz, Jenna L. und Carolyn Zahn-Waxler, "Neurobiology of Empathy and Callousness: Implications for the Development of Antisocial Behavior", in: *Behavioral Sciences & the Law* 27, Nr. 2 (2009), S. 137–171.

Mullen, Paul E., Michele Pathé und Rosemary Purcell, *Stalkers and their Victims*, Cambridge: Cambridge University Press, 2000.

Myler, Stephen F., "Chinese Cultural Lack of Empathy in Development", http://www.academia.edu/3620724/Chinese_Lack_of_Empathy_in_ Development, letzter Zugriff am 15. Julie 2015.

———

Nägele, Rainer, *Reading after Freud: Essays on Goethe, Hölderlin, Habermas, Nietzsche, Brecht, Celan, and Freud*, New York, Columbia University Press, 1987.

Nelson, E.D. (Adie), "The Things that Dreams are Made on: Dreamwork and the Socialization of 'Stage Mothers'", in: *Qualitative Sociology* 24.4 (2001), S. 439–458.

Nietzsche, Friedrich, *Sämtliche Werke: kritische Studienausgabe* (kurz: KSA), hg. von Giorgio Colli und Mazzino Montinari, München: Deutscher Taschenbuch Verlag, 1988.

Nünning, Vera, "Cognitive Science and the Value of Literature for Life", in: Hanna Meretoja, Saija Isomaa, Pirjo Lyytikäinen und Kristina Malmio (Hg.), *Values of Literature*, Leiden: Brill, 2015. S. 93–116.

Nussbaum, Martha C., *Politische Emotionen*, Berlin: Suhrkamp, 2014.

Nussbaum, Martha C., *From Disgust to Humanity: Sexual Orientation and Constitutional Law*, Oxford New York: Oxford University Press, 2010.

Paret, Christoph, "'Habe die Wut, dich deines eigenen Verstandes zu bedienen!' Über Empörung als emanzipative Psychotechnik", in: Alexandra Schwell und Katharina Eisch-Angus (Hg.), *Der Alltag der (Un)Sicherheit. Ethnographisch- kulturwissenschaftliche Perspektiven auf die Sicherheitsgesellschaft*, Berlin: Panama, 2017 (im Erscheinen).

Paret, Christoph, "Aktives Zuhören oder Reden, um nicht füreinander da zu sein-Thomas Gordon und die Verwandlung von Autoritätspersonen in gesprächige Projektionsflächen", unveröffentliches Manuskript.

Pinker, Steven, *The Better Angels of Our Nature: The Decline of Violence in History and its Causes*, London: Penguin, 2011.

Pithers, William D., "Empathy Definition, Enhancement, and Relevance to the Treatment of Sexual Abusers", in: *Journal of Interpersonal Violence* 14.3 (1999), S. 257-284.

Plantinga, Carl, "Facing others. Close-Ups of Faces in Narrative Films and in Silence of the Lambs", in: Lisa Zunshine (Hg.), *The Oxford Handbook of Cognitive Literary Studies*, Oxford: Oxford University Press, 2015, S. 291-311.

Porter, Stephen, Leanne ten Brinke und Chantal Gustaw, "Dangerous Decisions: The Impact of First Impressions of Trustworthiness on the Evaluation of Legal Evidence and Defendant Culpability", in: *Psychology, Crime & Law* 16.6 (2010), S. 477-491.

Preis, M. A. und B. Kroener-Herwig, "Empathy for Pain: The Effects of Prior Experience and Sex", in: *European Journal of Pain* 16.9 (2012), S. 1311-1319.

Premack, David G. und Guy Woodruff, "Does the Chimpanzee have a Theory of Mind?", in: *Behavioral and Brain Sciences* 1 (4) (1978), S. 515-526.

Preston, Stephanie D. und Frans B. M. De Waal, "Empathy: Its Ultimate and Proximate Bases", in: *Behavioral and Brain Sciences* 25.1 (2002), S. 1-20.

Prinz, Jesse, "Against Empathy", in: *The Southern Journal of Philosophy* 49.s1 (2011): S. 214-233.

Prinz, Wolfgang, *Selbst im Spiegel. Die soziale Konstruktion von Subjektivität*, Berlin: Suhrkamp, 2016.

Prinz, Wolfgang, "Modes of Linkage between Perception and Action", in: ders. (Hg.), *Cognition and Motor Processes*, Berlin, Heidelberg: Springer, 1984, S. 185-193.

Propp, Vladimir, *Die historischen Wurzeln des Zaubermärchens*, München: Hanser, 1987.

de Quervain, Dominique J. F., Urs Fischbacher, Valerie Treyer und Melanie Schellhammer, "The Neural Basis of Altruistic Punishment", in: *Science* 305, Nr. 5688 (2004), S. 1254-1259.

———

Ramachandran, Vilayanur S. und Lindsay M. Oberman, "Broken Mirrors: A Theory of Autism", in: *Scientific American* 295, Nr. 5 (2006), S. 62-69.

Reinhardt-Becker, Elke, *Seelenbund oder Partnerschaft? Liebessemantiken in der Literatur der Romantik und der Neuen Sachlichkeit*, Frankfurt/M.: Campus Verlag, 2005.

Rice, Marnie E., "Empathy for the Victim and Sexual Arousal among Rapists and Nonrapists", in: *Journal of Interpersonal Violence* 9.4 (1994), S. 435-449.

Robinson, Michael E. und Emily A. Wise, "Prior Pain Experience: Influence on the Observation of Experimental Pain in Men and Women", in: *The Journal of Pain* 5.5 (2004), S. 264-269.

Rogers, Kelly (Hg.), *Self-Interest: An Anthology of Philosophical Perspectives from Antiquity to the Present*, London: Routledge, 2014.

Rosa, Hartmut, *Resonanz*, Berlin: Suhrkamp, 2016.

———

Saarela, Miiamaaria V., Yevhen Hlushchuk, Amanda C. de C. Williams, Martin Schürmann, Eija Kalso und Riitta Hari, "The Compassionate Brain: Humans Detect Intensity of Pain from another's Face", in: *Cerebral cortex* 17, Nr. 1 (2007), S. 230-237.

Scheler, Max, *Das Ressentiment im Aufbau der Moralen* [1913], Frankfurt/M.: Klostermann, 2004.

Schlaffer, Heinz, *Das entfesselte Wort. Nietzsches Stil und seine Folgen*, München: Carl Hanser 2007.

Schiffrin, Holly H. et al. "Helping or Hovering? The Effects of Helicopter Parenting on College Students' Well-Being", in: *Journal of Child and Family Studies* 23.3 (2014), S. 548-557.

Shamay-Tsoory, Simone G., Judith Aharon-Peretz und Daniella Perry, "Two Systems for Empathy: A Double Dissociation between Emotional and Cognitive Empathy in Inferior Frontal Gyrus versus Ventromedial Prefrontal Lesions", in: *Brain* 132.3 (2009), S. 617-627.

Shirtcliff, Elizabeth A., Michael J. Vitacco, Alexander R. Graf, Andrew J. Gostisha, Tania Singer und Olga M. Klimecki, "Empathy and Compassion", in: *Current*

Biology 24.18 (2014), S. R875–R878.

Singer, Tania, "Understanding others: Brain Mechanisms of Theory of Mind and Empathy", in: *Neuroeconomics: Decision Making and the Brain* (2009), S. 251–268.

Singer, Tania, Ben Seymour, John P. O'Doherty, Klaas E. Stephan, Raymond J. Dolan und Chris D. Frith, "Empathic Neural Responses are Modulated by the Perceived Fairness of others", in: *Nature* 439 Nr. 7075 (2006), S. 466–469.

Smith, Christian, Kari Christoffersen, Hilary Davidson und Patricia Snell Herzog, *Lost in Transition: The Dark Side of Emerging Adulthood*, Columbus, Ohio: Ohio UP, 2011

Stein, Edith, *Zum Problem der Einfühlung*, Halle: Buchdruckerei des Waisenhauses, 1917.

Stiegler, Bernd, *Spuren, Elfen und andere Erscheinungen. Conan Doyle und die Photographie*, Frankfurt/M.: Fischer, 2014.

——

Tangney, June P., Roy F. Baumeister und Angie Luzio Boone, "High SelfControl predicts Good Adjustment, Less Pathology, Better Grades, and Interpersonal Success", in: *Journal of Personality* 72.2 (2004), S. 271–324.

Tine, Michele und Joan Lucariello, "Unique Theory of Mind Differentiation in Children with Autism and Asperger Syndrome", in: *Autism Research and Treatment* (2012), S. 1–11.

Todorov, Alexander, Manish Pakrashi und Nikolaas N. Oosterhof, "Evaluating Faces on Trustworthiness after Minimal Time Exposure", in: *Social Cognition* 27.6 (2009), S. 813–833.

Tomasello, Michael, *Die kulturelle Entwicklung des menschlichen Denkens: Zur Evolution der Kognition*, Frankfurt/M.: Suhrkamp, 2006.

Tomasello, Michael, *Die Ursprünge der menschlichen Kommunikation*, Frankfurt/M.: Suhrkamp, 2009.

Tucker, Corinna Jenkins, Kimberly A. Updegraff, Susan M. McHale und Ann C. Crouter, "Older Siblings as Socializers of Younger Siblings' Empathy", in: *The Journal of Early Adolescence* 19, Nr. 2 (1999), S. 176–198.

——

Vermeule, Blakey, *Why do We Care about Literary Characters?*, Baltimore: Johns Hopkins UP, 2011.

de Vignemont, F. und P. Jacob, "What is it Like to Feel another's Pain?", in: *Philosophy of Science* 79, (2012), S. 295–316.

Vogl, Joseph, *Kalkül und Leidenschaft. Poetik des ökonomischen Menschen*, München: Diaphanes, 2002.

Voss, Christiane, "Einfühlung als empistemische und ästhetische Kategorie bei Hume und Lipps", in: Robin Curtis und Gertrud Koch (Hg.), *Einfühlung. Zu Geschichte und Gegenwart eines ästhetischen Konzepts*. München: Fink, 2009, S. 31–47.

———

de Waal, Frans, "Empathy in Primates and other Mammals", in: Jean Decety (Hg.), *Empathy. From Bench to Bedside*, Cambrdidge, Mass: MIT Press, 2012, S. 87–106.

de Waal, Frans, *Chimpanzee Politics*, Baltimore: Johns Hopkins University UP, 1998.

Wahrman, Dror, *The Making of the Modern Self: Identity and Culture in Eighteenth-Century England*, New Haven: Yale University Press, 2006.

Wallach, Wendell und Colin Allen, *Moral Machines. Teaching Robots Right from Wrong*, Oxford und New York: Oxford UP, 2008.

Wilson, Richard A., *The Politics of Truth and Reconciliation in South Africa: Legitimizing the Post-Apartheid State*, New York, NY: Cambridge University Press, 2001.

Worringer, Wilhelm, *Abstraktion und Einfühlung. Ein Beitrag zur Stilpsychologie*, [1907] hg. von Helga Grebing, München: Wilhelm Fink Verlag, 2007.

———

Young, Allan, "Empathic Cruelty and the Origins of the Social Brain", in: *Critical Neuroscience. A Handbook of the Social and Cultural Context of Neuroscience* (2012), S. 159–176.

———

Zahavi, Dan und Søren Overgaard, "Empathy without Isomorphism: A Phenomenological Account", in: Jean Decety (Hg.), *Empathy: From Bench to Bedside*, Cambridge Mass.: MIT Press, 2012, S. 3–20.

Zahn-Waxler, Carolyn et al., "Psychophysiological Correlates of Empathy and Prosocial Behaviors in Preschool Children with Behavior Problems", in: *Development and Psychopathology* 7.01 (1995), S. 27–48.

나도 그렇게 생각한다

초판 1쇄 발행 ｜ 2019년 6월 20일
초판 2쇄 발행 ｜ 2019년 12월 10일

지은이 ｜ 프리츠 브라이트하우프트
옮긴이 ｜ 두행숙
펴낸이 ｜ 박남숙

펴낸곳 ｜ 소소의책
출판등록 ｜ 2017년 5월 10일 제2017-000117호
주소 ｜ 03961 서울특별시 마포구 방울내로9길 24 301호(망원동)
전화 ｜ 02-324-7488
팩스 ｜ 02-324-7489
이메일 ｜ sosopub@sosokorea.com

ISBN 979-11-88941-25-4 03180
책값은 뒤표지에 있습니다.

이 도서의 국립중앙도서관 출판예정도서목록(CIP)은 서지정보유통지원시스템 홈페이지(http://seoji.nl.go.kr)와
국가자료공동목록시스템(http://www.nl.go.kr/kolisnet)에서 이용하실 수 있습니다. (CIP제어번호 : CIP2019021194)